银行业数字化转型20讲

高峰 杨涛 ◎ 主编

人民日报出版社
北京

图书在版编目（CIP）数据

银行业数字化转型20讲/高峰，杨涛主编．— 北京：人民日报出版社，2022.10

ISBN 978-7-5115-7490-9

Ⅰ.①银… Ⅱ.①黄… ②杨… Ⅲ.①银行管理－数字化－研究－中国 Ⅳ.①F832.1-39

中国版本图书馆CIP数据核字（2022）第178880号

书　　名：	银行业数字化转型20讲 YINHANGYE SHUZIHUA ZHUANXING 20 JIANG
主　　编：	高　峰　杨　涛
出 版 人：	刘华新
责任编辑：	蒋菊平　李　安
版式设计：	九章文化
出版发行：	人民日报出版社
社　　址：	北京金台西路2号
邮政编码：	100733
发行热线：	（010）65369509　65369527　65369846　65363528
邮购热线：	（010）65369530　65363527
编辑热线：	（010）65369528
网　　址：	www.peopledailypress.com
经　　销：	新华书店
印　　刷：	大厂回族自治县彩虹印刷有限公司
法律顾问：	北京科宇律师事务所　010-83622312
开　　本：	710mm×1000mm　1/16
字　　数：	244千字
印　　张：	19.25
版次印次：	2022年11月第1版　2022年11月第1次印刷
书　　号：	ISBN 978-7-5115-7490-9
定　　价：	48.00元

序言1 Preface

数字经济领域的核心科技

姚期智

数字经济是我国经济发展的新引擎。中共中央、国务院先后发布了《关于构建更加完善的要素市场化配置体制机制的意见》与《关于新时代加快完善社会主义市场经济体制的意见》，明确提出要加快培育数据要素市场，健全要素市场运行机制，建立数据资源清单管理机制，完善数据权属界定、开放共享、交易流通等标准和措施，发挥社会数据资源价值。近日，收到中国银行业协会高峰首席的邀请，为《银行业数字化转型20讲》图书作序，我将结合数字经济领域的核心科技谈一谈自己的思考。

作者系中国科学院院士、清华大学交叉信息研究院院长、交叉信息核心技术研究院院长。

数字经济的三大核心要素是数据、模型与算力，每一个核心要素都有相应的前沿核心技术。

数据正在成为经济的关键生产要素，我们需要推进数据确权和分类分级管理，畅通数据交易流动，实现数据要素市场化配置，合理分配数据要素收益。首先，以隐私计算、区块链技术与零知识证明为代表的交叉信息技术将扮演基础设施的角色。其次，清华大学交叉信息核心技术研究院金融科技团队探索实践的数据定价算法，在数据流通、多方协作的过程中，可以解决数据要素的经济收益共享与分配的问题，并将与中央企业数字化发展研究院共同搭建全球首个数据要素定价的计算平台，逐步推出公共服务。最后，在算力方面，我院金融科技团队将基于智能芯片的基础研究与实践落地，在央企数字化研究院平台上实现转化，为数字经济的发展提供算力基础。

一、数据技术在打破"数据孤岛"中扮演重要角色

数字化转型的最大挑战之一是"数据孤岛"问题：对于不同主体，涉及数据安全、数据隐私的法律法规要求其不能将数据简单整合；对于同一主体，数据可以通过管理行政命令有限程度整合，但是出于部门利益、权限管理、安全管理等障碍也无法依靠简单的管理要求进行完全整合。在个人数据隐私法与数据安全法的要求前提下，数据在隐私保护的环境下进行流通成为必要的基础。

一方面，隐私计算技术使数据要素流通成为可能，"数据可用不可见"，利用这项技术，可以打破"数据孤岛"，形成数字化转型的基础。在中央企业数字化发展研究院平台上，将规划以下方面的工作：一是打造"数据中台"，在数据安全、数据隐私合规和部门职责权限管理、安全管理等现实情况的可

行边界下，进行尽可能地有限整合；二是利用隐私计算技术，"数据可用不可见"，在多企业集团内部先行形成数据流动平台；三是在监管框架内，建设央企间合作联盟，打造行业级的隐私计算平台，形成企业间的数据要素流通市场。

另一方面，数据要素市场需要监管与治理，这就需要在数据安全的前提下建设"监管工具"与"监管算法"，确保数据要素流通平台上的业务活动、生产活动在监管的框架下进行，并且可以接受监督与治理。零知识证明①技术可以有效实现这一目标：政府部门或行业联盟可以共同利用零知识证明技术实现监管与隐私共存，验证数据要素使用的合规性、公平性等原则，保障数据隐私与企业机密，从而可以实现"党管数据，央企先行"的目标。

二、数据定价理论与算法有效解决数据要素的经济收益分配问题

数据流通的技术设施可以助力打造数据要素的流通市场。这样的技术可以帮助实现数据确权和分类分级管理，畅通数据交易的流通。此外，在解决数据安全、隐私保护和数据监管等数据流通问题之后，形成合理的经济分配机制是工作重点，从而驱动企业内部的部门独立核算、企业间的数据共享，以形成数据要素市场，实现数据要素市场化配置，合理分配数据要素收益。制定合理的经济分配机制的前提是建立数据要素的定价理论与算法，这是一项融合了信息经济学、博弈论、计算机科学的前沿交叉理论。

---

① 密码学术语。零知识证明，指的是证明者能够在不向验证者提供任何有用信息的情况下，使验证者相信某个论断是正确的。零知识证明实质上是一种涉及两方或更多方的协议，证明者向验证者证明并使其相信自己知道或拥有某一消息，但证明过程不能向验证者泄露任何关于被证明消息的信息。

一方面，数据是用来建模的。通过数据的分析，经济主体可以进行有效的决策，这一过程被抽象为决策模型。不管是机构还是个人，经济主体都希望获取最好的经济价值，这种对经济价值的目标可以抽象出一个功效函数。基于经济学理论与数学的推导，可以建立起经济主体的功效函数与决策模型直接的联系。另一方面，根据博弈论的合作博弈理论，确立不同的数据对于决策模型的贡献度，贡献度大的数据要素更有价值。因此，通过经济主体功效函数与决策模型贡献度的耦合，我们可以对不同数据要素实现的经济价值做出合理公平的定量评估，计算得到数据要素在经济活动中产生的经济价值。

在不同的经济主体中，如何基于数据要素流通的方式赋能经济活动，并在各数据源间分配公平合理的经济价值？一是基于市场营销的场景，可以在隐私计算的环境下，通过多源外部数据源与内部CRM数据的联合建模，生成智能营销的模型，提高营销获客的效率。二是基于供应链管理的场景，可以在隐私计算的环境下，通过多源外部数据源与内部ERP数据的联合建模，生成智能调度的模型，提高物流、金融流管理的效率。三是基于生产制造的场景，可以在隐私计算的环境下，通过多外部数据源与内部MES数据的联合建模，生成智能生产的模型，提高生产的效率。

经济效率的提升是基于模型精度的提升。例如精度高一倍的营销模型可以帮助机构获得多一倍的业务量，这些业务的经济价值是由于使用了多方的数据要素，并建立了更高精度的模型带来的。我们可以通过建立多方数据合作博弈的框架，利用分配算法，按照贡献度公平合理地分配经济价值。谁的数据对模型精度以及相关联的经济价值贡献度高，谁就应该获得相应更多的经济价值。综上所述，经济价值可以用经济主体的功效函数与数据的模型贡献度相耦合来进行刻画。

针对数据定价工作，建设路径可以采取以下方案：一是在企业集团内部不同部门、不同法人主体之间可以建设数据要素流动与定价平台，推动数据共享与收益核算分配，推动数据资产计价、核算与审计。二是在跨企业之间建立数据要素流通市场与数据定价算法平台，推动数据流通与收益分配。三是在央企建立"监管沙盒"先行先试，基于央企数字化研究院搭建全球首个数据要素定价计算平台。

目前，我院在央企数字化研究院平台，已经与华润集团和华润银行开始了基于产业金融场景的实践。在路径方面，华润集团有丰富的场景资源，可以用产融结合为抓手，形成"以产助融，以融促产"的产融协同模式，并推动产业链全面数字化，将协同模式逐步向外部生态移植。在建模方面，华润集团内部可以打造智能化模型，利用华润银行与产业集团的数据，在隐私计算的环境下进行联合建模，产生各类生产模型，如智能营销、智能推荐、智能信贷风险模型等。在联合建模的同时，我们可以根据数据的贡献度，利用数据定价算法在不同法人主体、不同部门之间进行经济价值的分配和部门贡献的独立核算，这样以市场化的力量将整个集团协同起来，利用经济动力将基于数据要素的生产活动调动统一起来，形成强大的经济效率提升力。

基于华润集团内部的成功实践，可以进一步推广到集团外部，形成产业链的互联互通，成为数据要素联动的数字经济体，实现"产业链核心企业带动上下游企业协同创新，提升创新链产业链水平"。

三、人工智能算法的应用与模型治理问题

如前所述，数字经济时代的千千万万的生产活动会催生海量的智能化模

型。近年来，人工智能技术取得了巨大的进展，大数据与人工智能的结合使得海量模型的建立成为可能。无论是在纵深的算法研究层面，还是在横向的创新场景层面，人工智能技术都为数字经济拉开了波澜壮阔的巨幕。一方面，人工智能模型有非常强大的优势。人工智能不需要预设的逻辑、不需要专家观点就可以实现建模，并且各类算法工具平台可以支持快速建模。另一方面，人工智能也有劣势。主要集中在模型的可解释性、校验方法的可靠度、模型缺陷与局限性等方面。因此，人工智能的下一篇章在于如何进行算法模型的治理，即模型的可解释性、模型的精度与风险、算法公平性等方面。

模型治理既是技术，又是制度，成熟的数字化企业会形成完整的模型治理制度。目前，在人工智能的应用方面，一方面要致力于推广人工智能能力建设，另一方面也要推广成熟的模型治理制度建设。其中，对抗攻击、因果分析与可解释性分析的研究工作为模型治理指出了发展方向。在这些方面，建设路径可以采取以下方案：一是建立模型治理制度，形成模型价值评估、精度评估、风险与缺陷管理的成熟体系。二是建立模型评测中心，结合各类场景牵头建设数据模型标准，并实践模型评测，赋能行业。

此外，模型治理的另一面是算法的合规性。在数字经济时代，越来越多的生产活动需要依靠算法模型开展，算法与业务的深度融合是未来发展的趋势。对业务的合规性要求同样会传导到对算法的合规性要求。目前，深圳市已经开始先行先试，在2021年8月宣布拟建立人工智能分级监管机制。同时，行业监管也在逐渐建立之中，例如2021年3月国家金融行业标准委员会发布了《人工智能算法金融应用评价规范》，8月国家网信办发布了《互联网信息服务算法推荐管理规定》。此外，央企行业也应建立相应的行业规范与标准，在数据安全法、数据隐私法的框架内，发展测评中心，对算法使用的合规性、公平性进行测试。

我院与中国人民银行旗下的国家金融科技测评中心共建了金融科技与监管科技的联合实验室，落地模型治理的测评工作。随着数字化智能化深入发展，模型算法得到大规模使用，有些模型直接自动化开展业务，有些辅助人工开展业务。对模型算法的治理评估越来越重要，机构普遍关心智能化算法的业务价值与精度、风险与缺陷；监管部门关心模型算法的系统化风险与合规要求等。中国人民银行在《金融科技发展规划（2022—2025年）》中提出，要"加快建立智能算法模型安全评估和合规审计体系，及时披露决策机理、运行逻辑和潜在风险，提升算法可解释性、透明性、公平性"。银保监会印发的《关于银行业保险业数字化转型的指导意见》也明确指出："防范模型和算法风险。建立对模型和算法风险的全面管理框架，制定管理制度，对模型数据的准确性和充足性进行交叉验证和定期评估。审慎设置客户筛选和风险评估等模型的参数，并使用压力情景下的参数进行模拟校验。定期评估模型预测能力及在不同场景下的局限性，确保模型的可解释性和可审计性。模型管理核心环节要自主掌控。加强消费者权益保护，防止算法歧视。"在数字经济时代，模型治理与算法监管将是监管机构评估模型价值与精度、风险与缺陷、公平性与合规性等的重要手段。

四、数字经济的建设离不开算力的支持

算力是进行数据流通与算法分析的基础，在实现数据流通的底层技术方面，不论是隐私计算、数据定价，还是在训练人工智能模型并进行模型治理方面，都需要越来越多的算力，以达到越来越多的业务要求。因此，算力作为底层供给，是不可或缺的。

目前，清华交叉信息学院与交叉核心院在提升计算效率的智能芯片与进

行隐私计算的智能芯片两方面，都在开展前沿研究，并已成功孵化出落地的技术成果。

在数字经济的大时代中，我们都将是时代的弄潮儿，愿与诸位一起携手共进，为数字经济的伟大时代，为新时代的"十四五"规划与2035年远景目标而共同奋斗！

序言2 Preface

金融科技提升数字化能力
守正创新做好银行业服务

邢　炜

党的十八大以来,习近平总书记站在统筹中华民族伟大复兴战略全局和世界百年未有之大变局的高度,把发展数字经济上升为国家战略。国家"十四五"规划明确提出"加快数字化发展,建设数字中国",要求金融业"稳妥发展金融科技,加快金融机构数字化转型"。2022年初,银保监会发布《关于银行业保险业数字化转型的指导意见》(以下简称《指导意见》),明确

作者系中国银行业协会党委书记、专职副会长。

了银行业保险业数字化转型的指导思想、基本原则和工作目标。银行业数字化转型既是顺应数字经济快速发展的必然要求，也是深化供给侧结构性改革、提升自身竞争力的内在需要，更是提升服务实体经济质效、助力数字经济发展的责任担当。

中国银行业协会作为银行业自律组织，坚决贯彻党中央、国务院决策部署，全面落实银保监会党委工作要求，始终牢记"国之大者"，以"服务实体经济和人民群众对美好生活需要"为数字化转型主线，近年来围绕"自律、维权、协调、服务"职能，通过加强调查研究、搭建科技平台、制定团体标准、强化人才培养等方式赋能行业数字化转型，助力银行业在服务经济高质量发展中发挥更大作用。

一、强战略重实践把握行业数字化特征

近年来，金融科技的快速发展为商业银行提供了持续不断的创新动力，数字技术和数据要素正在改变中国银行业发展轨迹，金融与科技的深度融合持续推动银行业提质增效，数字化转型成为商业银行高质量发展、更好服务实体经济的关键。中国银行业协会和普华永道联合发布的《中国银行家调查报告2021》显示，推进数字化转型连续两年成为银行业高质量发展的首要战略重点，大型银行金融科技走向纵深，中小银行全面拥抱金融科技。现阶段，银行业数字化转型实践呈现五个新特征。

一是金融科技整体投入持续加大。超七成银行近三年金融科技投入占营业收入比重超2%。从银行类型来看，大型银行和股份制银行对金融科技的投入最高，农商行对金融科技投入的增速最明显。2021年上市银行年报显示，国有大行平均科技投入为179.2亿元，股份制银行为62亿元，城商行为8.1亿

元,农商行为4.7亿元。

二是金融科技人才建设发力明显。近八成银行的金融科技人数占员工总数比重超2%,多数银行大量引入大数据、区块链、云计算、人工智能等关键领域技术专家。金融科技人才开发主要通过两种途径:内部挖掘人才进行复合型培养,外部常态化吸收人才;金融科技人才培养主要采取两类措施:优化科技人员发展路径,建立专项激励机制。

三是金融科技各项技术逐步落地。银行家关注度最高的三项技术为大数据、区块链和云计算。大数据技术已日趋成熟,且已被证明可广泛应用到银行的业务营销、风险管理、后台管理等多个环节,有助于提升管理效率、降低运营成本、创新业务模式。区块链在商业银行的主要应用包括跨界贸易融资、供应链融资等。

四是数字人民币带来发展新机遇。发展数字经济,数字人民币试点成为重要突破口。银行家高度评价数字人民币推广工作,最为看好数字人民币带来的"显著降低银行日常经营成本"和"降低反洗钱风险"两项机遇,同时普遍关注其安全风险机制建设。

五是更加关注金融科技公司合规风险。监管部门高度关注金融与科技融合带来的风险,强化监管科技运用和金融创新风险评估。在选择外部合作机构时,银行家首先关注科技公司的科技实力,其次关注风控措施,再次关注产品和解决方案的成熟度和标准化程度。

二、建智库搭平台构筑行业数字化底座

第一,建设中国银行业管理人才库。中银协全面贯彻中央人才工作会议精神,深入学习领会习近平总书记"特别是要注意培养金融高端人才,努力

建设一支宏大的德才兼备的高素质金融人才队伍"的重要指示精神,落实中央财经委员会和国务院金融委部署,在银保监会指导下,高标准建设中国银行业管理人才库,并于2021年年底顺利试运行。人才库重点服务地方中小机构,助力改革化险,完善公司治理。截至目前,入库合格人选640余人,开展了多批次地方政府部门、试点金融机构的人才选用对接并达成一定成果。在人才库建设中,金融科技发挥了重要作用。

一是依托数字技术,提升服务质效。人才库包括高管人选、独立董事、外部监事三个子库,设置了政策展示、信息披露汇总、研究分享、在线教育等多个公共服务板块,数字技术的全面应用为人才库敏捷运行和高效服务提供了良好保障。

二是应用人工智能,促进人才精准匹配。人才库充分运用区块链信息存证、智能化图谱分析等技术,通过人才画像、机构需求画像、能力测评、风险评估实现AI智能匹配,促进高效精准的人才供需对接。

三是筑牢安全屏障,保护数据合规应用。人才库注重发挥数字技术对信息保护和合规应用的管控作用,坚持技防、人防、物防并重,严格分类分级管理,实现数据应用的全生命周期安全防护。

第二,搭建银行函证区块链服务平台。在银保监会和财政部指导下,中银协牵头建设银行函证区块链服务平台,并于2020年12月对外发布。函证平台使用数字化手段解决了传统函证存在的多方面问题,实现银行函证业务的三大目标。

一是通过数字化方式实现业务高效。函证平台由传统函证一对一手工线下办理,转变为全流程线上流转办理,实现了自动化回函,函证状态全程可跟踪,业务效率大幅提高。截至2022年8月31日,平台已累计技术接入银行业金融机构44家、会计师事务所135家;累计处理事务所发函4529份,银行回函4391份，回函率96.95%；银行平均处理时长2天10小时，相较于传统线下纸质函证5至15天的业务办理时长，数字化优势明显。

二是通过区块链技术实现数据可信。函证平台实现了函证信息分布式区块链节点存储，可回溯且不可篡改，可防范数据错漏和舞弊风险，大幅提高函证可信度；注重用户间信息隔离，不保留函证业务敏感数据信息，仅保留函证流转信息，有效防范信息泄露和确保信息安全。

三是通过状态管理实现流程规范。函证平台在提升审计质量和效率，加强机构内部控制，降低操作风险、技术风险及声誉风险，建设社会信用体系等方面发挥了积极作用。2021年，函证平台成功入选由中央网信办、中央宣传部、国务院办公厅等18个部门和单位联合组织评选的"国家区块链创新应用试点"名单。

三、立标准育人才提升行业数字化能力

第一，发布银行业产品和服务系列标准。近年来，中银协不断加大银行业产品和服务标准供给，以标准的基础性、引领性作用积极助推行业数字化转型。

一是以标准引领业务创新。截至2022年8月31日，中国银行业协会已经发布14项银行业产品和服务团体标准，涵盖银行产品服务、银行函证、远程银行等多个领域。这些标准通过规范与指导数字技术在银行业务中的应用，引领银行业不断加强科技创新。特别是2022年发布的《集成了5G与物联网的抵质押物管理技术方案》，给出了"5G+物联网"在智能金融应用领域的框架应用，有力促进了创新业务的规范健康发展。

二是以标准促进金融普惠。中银协牵头编制的国家标准《银行营业网点

无障碍环境建设规范》通过保障特殊群体享有金融服务权益，助力银行业打造全方位、多层次、有温度的数字普惠金融服务体系。

三是以标准支持金融扩大开放。中银协积极推动银行产品服务标准与国际接轨，参照ISO标准工作规则首创制定了团体标准工作规则；以中银协团体标准为蓝本的《银行产品服务手册描述指南》历经两年打磨，已进入ISO终审阶段。

第二，培养金融科技复合型人才。2022年7月，人社部公示的修订版《中华人民共和国职业分类大典》首次标注了数字职业，其中包含"金融科技专业人员"，"金融科技师"由此成为新职业。中国银行业协会自2019年以来率先推出金融科技师（CFT）培训项目，整合各方资源，为行业培养懂业务、懂技术、懂产品并坚持合规底线的金融科技复合型人才。

一是培训体系兼具国际化与本土化。"金融科技师"培训在体系设计上既借鉴国际经验，又注重吸收本土实践，以"产教融合、复合培养、与时俱进、逐步实施"为原则，坚持以问题为导向，采用"mini-MBA"培养模式，以实际案例教学提升学员运用数字金融技术解决实际问题的能力。

二是培训内容兼具前沿性与实操性。课程内容紧密结合行业发展趋势，持续吸纳先进理论与行业实践，聚焦金融科技在银行业的应用与发展，全面覆盖主要金融科技ABCDI（人工智能、区块链、大数据、云计算、互联网）在不同类型银行业金融机构的应用场景及解决方案，汇集了金融科技在零售、对公、运营、风控等多场景的优秀案例。

三是培训对象覆盖行业内外。三年来，累计已有上万名学员参加金融科技师认证培训。2021年，中银协金融科技师项目被纳入北京市地方金融监督管理局"金融科技职业技能提升培训"，为80余家在京金融科技企业3000余名员工提供培训课程，为提升首都金融科技人才队伍建设水平及金融科技产业高质量发展提供了有力的人才保障和智力支撑。

银行业数字化转型是一项系统工程，需要包括银行在内的各方力量共同努力，完整、准确、全面贯彻新发展理念，久久为功，循序渐进。《银行业数字化转型20讲》一书汇聚了众多研究领域、监管领域的专家学者及金融行业从业代表的集体智慧，体现了他们对银行业数字化转型的内涵、路径、实践经验与未来趋势的深入思考，兼具理论性和实践性，对业界深入了解金融数字化转型、进一步发挥金融数字化潜能、助力数字经济和数字社会的高质量发展有着很好的参考价值。

中银协将深入贯彻党中央、国务院决策部署，全面落实银保监会工作安排，按照"疫情要防住、经济要稳住、发展要安全"的要求，继续引领会员单位深刻认识金融工作的政治性、人民性，不断推进数字化转型为民利企走深走实，持续增强人民群众高质量金融服务的获得感、幸福感、安全感！

目 录 Contents

序言1 数字经济领域的核心科技 / 001
姚期智　中国科学院院士、清华大学交叉信息研究院院长、交叉信息核心技术研究院院长

序言2 金融科技提升数字化能力　守正创新做好银行业服务 / 009
邢　炜　中国银行业协会党委书记、专职副会长

第1讲 全面推进银行业数字化转型 / 001
中国银保监会·刘春航

以大数据、人工智能、云计算、区块链为代表的数字技术快速发展，全面渗透到经济社会发展的各个领域，为银行业数字化转型提供了强大科技驱动力。数字化转型已经成为我国银行业高质量发展的关键环节和重要支撑

第2讲 推进伦理治理　护航金融科技行稳致远 / 010
中国人民银行·李　伟

金融业要充分认识金融科技伦理治理的重要性和紧迫性，把握伦理问题矛盾根源与本质规律，有的放矢、化挑战为机遇，建立健全符合我国国情、与国际接轨的金融科技伦理治理体系，为金融数字化转型加速推进、行稳致远保驾护航

第3讲 加强风险管控　推进金融机构数字化转型 / 016
中国银保监会·骆絮飞

数字化转型中，还要加强战略风险、价值链管控风险以及算法模型风险的管控。提高网络安全的保障能力，防范攻击威胁，提升数据安全的防护水平，强化隐私保护，降低信息泄露的风险

第4讲 如何评价银行数字化转型成效 / 024
中国银行业协会·高　峰

界定数字化转型的成功或失败，帮助银行厘清当前所处的数字化位置，并对数字化转型的路径有清晰的认识，可为后续制定适合自身的数字化转型战略和可行的行动计划提供参考和决策依据

第5讲 中小银行数字化转型研究 / 045
中国社科院·杨　涛

银行业数字化转型过程中，中小银行作为内在禀赋和发展环境都具有特殊性的群体，在各国都是监管者、行业与研究者关注的焦点，需要进行更加理性的研究与探讨

第6讲 以高质量数字化转型赋能高质量发展 / 058
中国工商银行·吕仲涛

银行具有天然的数字化基因，是数字化转型的先行者。力争建成具有更强适应性、竞争力、普惠性、与现代经济体系相适应的数字工行，积极融入数字中国建设大局，助力数字经济健康发展

第7讲 数字化浪潮下银行如何纵深推进金融科技发展 / 069
中国建设银行·金磐石

面对数字化浪潮，作为"经营数字"的行业，主动拥抱科技革命、适应数字化变革是大型商业银行适应社会发展的必然，也是锻造核心竞争力的不二选择

第8讲 以数字化转型助力乡村振兴的思考与实践 / 085
中国农业银行·蔡钊

商业银行在落实乡村振兴战略的过程中，要充分挖掘数字化转型的潜力，深度参与数字乡村建设的方方面面，以金融科技作为核心驱动力，将"大三农"和"全县域"作为服务对象，加快形成"三农"数字化金融服务体系

第9讲 科技洞见未来，在解决问题中成长 / 099
招商银行·江朝阳

数字化转型如何做？想，都是问题；做，才有答案。数字化转型就是一个面向问题、解决问题的实践过程。数字化的未来，科技一定是平民化的

第10讲 银行数字化转型认知、方向与实践 / 116
中国光大银行·杨兵兵

数字化转型对于银行不是从零开始，是在明确方向的基础上，在信息化（电子化）、线上化基础上持续推进、长期而渐进的过程

第11讲 数字化转型加速重构商业银行价值体系 / 132
中信银行·吕天贵

数字化转型作为一项价值重构的系统性工程，系统内各要素并不是孤立的，而是存在相互依存和制约的关系。创造客户价值是数字化转型的出发点和落脚点

第12讲 产业数字金融模式创新与未来展望 / 149
华夏银行·关文杰

商业银行应该而且能够乘势而上，探索数字化的深层次内涵，对服务理念与能力进行换代升级和革新，融入产业链供应链金融生态，耦合数字产业链圈，推动产业领域的数字化转型升级

第13讲 智能化零售银行转型路径探析及行业展望 / 157
平安银行·蔡新发

回归初心，商业银行数字化转型的核心宗旨在于以客户为中心，让老百姓感受到智能便捷的服务体验，感受到新时代商业银行的先进生产力。

第14讲 突破固有思维 阶梯式发展数字化 / 171
上海银行·胡德斌

数字化转型是一项长期的复杂工程，涉及范围广，资源投入多，产出见效相对较慢。在推进过程中，中小银行需要充分把握当前和长远的关系，科学合理地制定数字化转型的推进策略和计划

第15讲　增强自身韧性，实现数字化战略下沉落地 / 186
苏州银行·张小玉

中小银行开展数字化转型的首要任务便是认识数字化将带来的长期红利，认识到这是一场长期、连续、先苦后甜的变革，它最终将会为各层级人员赋能，而不是一项额外的工作"负担"

第16讲　中小银行持之以恒拥抱数据赋能 / 205
宁波银行·罗维开

一些中小银行将数字化转型当作解决当下所有问题的"良药"，希望立竿见影取得成效，对利用数字技术打造新产品、培育新客户、打入新市场缺少耐心，未从发展的角度正确看待数字化转型的长期性

第17讲　农村金融机构数字化转型实践 / 222
重庆农村商业银行·谢文辉

地方银行应将数字化转型作为创新发展的推动力和"新引擎"，加速在金融科技方面的能力建设、研究储备和创新应用，推动金融服务提档升级

第18讲　区域商业银行数字化转型的思考与实践 / 239
北京农商行·李保旭

与全国性大型商业银行相比，区域性中小银行在资金、人才、科技能力等方面均处于劣势，面对激烈的竞争形势，如何进行数字化转型，是中小银行需要面对的重要课题

第19讲 商业银行数字化转型新阶段的特征及演进方向 / 251
中原银行·王 炯

进入数字化转型新阶段,商业银行更加聚焦以提升服务客户能力、提升经营管理能力为目标导向,加大科技与业务融合力度,真正让数字化转型赋能客户价值实现、经营业绩提升、管理能力增强

第20讲 数字金融在小微普惠金融领域的应用 / 265
网商银行·高 嵩

数字化金融服务,不仅要投入新技术手段,更要从业务方向选择、业务模式设计、技术底层建设、创新技术应用以及开放合作理念的形成,全方位搭建数字化经营方式,有效为客户提供优质高效的服务

第1讲　全面推进银行业数字化转型

刘春航

　　党的十八大以来，以习近平同志为核心的党中央高度重视发展数字技术和数字经济。"十四五"规划对"打造数字经济新优势"作出专门部署，要求加快建设数字经济、数字社会、数字政府。近年来，以大数据、人工智能、云计算、区块链为代表的数字技术快速发展，全面渗透到经济社会发展的各个领域，为银行业数字化转型提供了强大科技驱动力。数字化转型已经成为我国银行业高质量发展的关键环节和重要支撑。作为监管部门，银保监会于2022年初印发《关于银行业保险业数字化转型的指导意见》，明确银行业数字化转型的目标、路径和监管要求，引导银行机构稳妥、有序开展数字化转型，提升金融服务质效，推动经济与金融良性循环。

作者系中国银保监会统计信息与风险监测部主任。

一、市场环境变化与银行业数字化转型

（一）新一轮科技创新推动金融业务、模式深刻变革

近年来，全球范围内移动支付、电子钱包、数字货币、移动银行、众筹融资、智能投顾等新型金融服务和产品层出不穷。支持这一轮金融创新的技术包括移动互联技术、大数据、云计算、人工智能、生物识别和区块链等。在我国，金融科技的应用和推广取得了巨大成绩：随着电子支付，特别是移动支付的普及，中国已经实现基本金融服务城乡全覆盖；数字信贷从根本上改善了对小微企业、个体工商户和农户的贷款服务，数字保险显著拓宽了保险覆盖范围；金融数字化为脱贫攻坚和防疫抗疫工作提供了有力的支持等。

现代商业银行的发展历程经历了数次科技创新，催生了ATM、电子支付、网上银行、电话银行等新服务渠道和产品，银行运营效率和服务便捷性不断提升。但无论是从普及的速度，还是从影响的范围来看，似乎没有一次创新可以与本轮创新同日而语。金融科技的应用与发展比以往数次创新都要快许多。ATM在欧美市场的普及用了20多年，网上银行的广泛使用花了将近10年，而移动支付从出现到成熟、推广不过短短数年。现在，手机银行客户端几乎每个月都会推出新的产品和服务内容。金融科技能够在短时间内得到快速推广应用，很大程度上得益于移动互联技术的普及；人们对新技术的接受程度和使用能力与以往任何时期相比都要高出许多。

金融科技影响的范围之广、程度之深也绝非以往的数次创新能够比拟。从市场环境来看，金融科技推动的新业务模式改变了支付、信贷、投资等领域的竞争结构。从银行业务流程来看，金融科技的运用改变了银行的底层业

务逻辑。从银行经营生态来看，银行正在自身价值链的各个领域与金融科技企业进行业务合作，以提高自身竞争力。有评论认为，以人工智能为代表的金融科技所带来的金融业务革新很可能是根本性、断层式的。

（二）银行的传统竞争优势受到挑战

在新的经营环境中，银行的传统竞争优势受到挑战。首先，银行的服务场景和渠道发生深刻变化。传统上，客户只能从银行物理网点获取存、贷、汇等银行服务。网络及电话银行普及之后，服务渠道更多转向银行专属的互联网和电话渠道。而在金融科技时代，客户可以在不同的消费和工作场景中，通过互联网和移动平台获取银行服务。丰富的应用场景和优良的用户体验成为推动互联网金融快速发展的利器。由此，客户服务由以银行物理网点为中心逐步转向以客户应用场景为中心。在互联网和移动平台上，客户选择银行服务以及服务商的自由度大幅提高。

在客户信息方面，由于之前几乎所有的金融服务流程都在银行体系内部完成，银行掌握了大量的客户财务信息和金融需求。在新的竞争环境下，越来越多的金融交易与客户消费或工作生活场景相关联，提供此类场景的平台企业开始掌握大量的客户行为数据，包括消费偏好、生活习惯、社交关系等，亦可通过大数据分析推导出客户的金融需求、财务能力和财务状况。

在资金方面，互联网金融创新产品对银行存款形成了有力的竞争。沉淀在第三方支付体系的资金通过基金等方式直接进入货币市场及资本市场；各类互联网理财的快速发展也在加速银行存款的分流。

金融科技从根本上改变了银行业原有的经营环境，市场竞争的核心要素发生深刻变化，竞争的方式和对象随之转变。随着金融服务的渠道方式和产品的不断丰富，客户黏性降低，竞争压力大幅上升，传统金融机构依靠信息优势"躺着挣钱"的时代一去不返，银行必须根据自身特点，以更具有针对性的定位为基础，制定专业化的发展战略。

（三）传统银行加速战略调整、推进数字化转型

为应对急剧变化的竞争环境，大部分银行正在积极拥抱金融科技。同时，银行的传统管理体制已经无法适应新的竞争环境，尤其是原有模式中条块化、封闭式的业务流程，"烟囱"和"孤岛"式的数据治理模式，层级化、官僚化的组织架构，都在不同程度上限制了新环境下银行竞争力的提升。因此，许多银行正在从战略规划、组织架构、业务流程、数据治理、人才结构等方面，全面推动数字化转型。

从金融科技的应用来看，大部分银行前、中、后台的业务流程和经营模式发生了根本性的变化。在业务前台，银行通过移动互联、生物识别、人工智能等技术拓宽服务渠道，提升客户体验。金融科技使银行的柜面延伸至整个网络空间，不再受物理区域和固定营业时间的限制，同时将金融服务嵌入消费者生活、工作场景，以满足客户一站式、个性化、便捷化的服务需求。

在业务中台，银行通过大数据、人工智能等技术，加强对客户数据和信息的挖掘应用，推动业务流程的优化和服务能力的提升。金融科技大幅提升了银行的数据洞察能力，通过对客户进行精准画像，产品定价和风控能力显著提升，银行服务得以从"千人一面"向"千人千面"转变。同时，推动中后台运营流程进一步优化，提高业务集中自动化处理能力，大幅提升业务控制和风险管理效率；加强合规科技（Regtech）应用推广，提高银行合规管理水平。

在后台基础设施建设方面，银行通过云计算等分布式计算技术，建立随需而变的科技资源分配模式，提升数据传输、存储和计算能力，保障业务发

展中系统的弹性可扩展。同时，通过构建统一技术平台以及敏捷开发模式，提升系统及应用交付水平，支撑金融科技源源不断地输出业务能力。

二、银行业数字化转型面临的挑战

在金融科技迅猛发展、市场竞争环境深刻变化的背景下，不少银行乘势而为、积极布局，大力推进数字化转型，持续加大科技资源投入，在构建敏捷组织、拓展线上服务、挖掘数据价值、搭建基础设施、应用网络技术等方面取得了积极成果。2021年，银行机构信息科技资金投入超过2300亿元，信息科技人员数量13.5万人。

在转型过程中，也有机构走了弯路、转型效果不佳。从实践情况看，银行业数字化转型还面临一些挑战。一是传统经营理念和管理体制不适应数字化转型需要。有的银行缺乏统一、长远、适合自身的数字化战略，简单照搬同业经验，有的单纯将传统金融业务线上化，业务与IT建设未有效衔接，组织架构、协调机制、创新机制、考核激励机制不能适应转型需要。二是业务架构、数据架构、科技架构无法满足数字化转型需求。典型问题包括：信息系统重复建设、竖井式开发；科技投入不足，难以满足基础建设需要；过度依赖科技外包，沉淀技术和数据资产的能力不足等。三是数据治理存在缺陷，数据价值挖掘能力不足。部分银行数据标准不统一，数据碎片化和数据孤岛问题突出，数据安全保障能力不足，数据质量不高、信息挖掘技术不强，海量信息难以有效转化为数据要素。四是数字化人才短缺。与数字化转型相匹配的具有互联网思维、掌握数字化技能、拥有金融知识和大数据分析能力的复合型人才尤其缺乏。

与此同时，数字化环境下，银行面临的风险表现出新的特征。对银行管理者而言，战略风险、信用风险、流动性风险、操作风险、法律风险与系统性风险都不是新概念，但其内涵和外延都在新的环境中发生了变化，而在科技风险、网络安全、数据安全等领域也出现新的挑战。

例如，在信用风险识别方面，越来越多的银行将尽职调查和客户筛选过程自动化、模型化，模型风险日益凸显。银行掌握和使用的客户行为数据，尚未经历完整的经济和金融周期，能否准确评估客户实际信用风险水平尚待检验。在流动性风险方面，互联网平台上快速发展的创新金融产品，对银行存款形成分流，导致银行负债稳定性下降。部分中小银行对客户黏性差、收益敏感度高、流失比率大的互联网存款依赖度较强，流动性风险管理面临新的挑战。开放银行业务模式中，银行与第三方合作机构或外包商之间网络系统互联互通，数据流转交换频繁且路径复杂，数据安全保障难度加大。由于与银行相关联的其他市场主体在网络安全方面可能受到不同强度的监管，银行面临的网络安全风险也在增加。这些风险的新形态和新特征，无疑使银行数字化转型过程面临的挑战更加复杂，需要银行机构立足实际、统筹规划、稳妥推进、防范风险，努力探索适应市场、适合自身的数字化转型之路。

三、银行业稳步推进数字化转型的举措

数字化浪潮已奔涌而来、势不可挡。银行机构要主动把握数字化变革大势，立足新发展阶段、贯彻新发展理念，坚持以人民为中心的发展思想，按照《关于银行业保险业数字化转型的指导意见》要求，全局谋划、战略布局、协同推进，大力提升业务能力、数据能力、科技能力和风险管理能力，循序渐进，久久为功，以科技为金融服务赋能，稳步推进数字化转型。

一是加强数字化转型战略规划。数字化转型是银行经营管理的深刻变革，

涉及业务模式、组织架构、管理机制流程、人才队伍、信息科技架构等多个领域的协同调整，是一项系统性工程。银行机构应当根据自身定位和风险偏好，科学制定数字化发展战略，紧紧围绕服务实体经济这一根本目标，将数据作为关键生产要素，充分应用金融科技，创新金融产品、经营模式、业务流程，提升市场竞争能力、风险管理能力和金融服务水平。

二是面向客户推动业务模式转型。充分利用金融科技，拓展产品营销和服务渠道，提高金融服务的便利性、普惠性、可获得性，提升客户体验。积极支持国家重点区域、战略性新兴产业、先进制造业和现代服务业发展，建设产业金融服务平台，为产业链上下游企业提供更优质的金融服务。地方中小金融机构应立足地域优势发展特色业务，主动对接当地经济发展战略，推进产品和金融服务模式创新，走特色化金融发展道路。同时，加强智能应用适老化改造，不断改善老年人服务体验。

三是构建与数字化战略相匹配的组织架构和机制流程。积极探索组织架构创新，以价值创造为导向，在银行内部加强跨领域、跨部门、跨职能横向协作和扁平化管理，组建跨业务条线、业务与技术相融合的共创团队，建立新产品、新业务、新模式的孵化机制，增强快速响应市场变化、创新产品服务和持续迭代优化能力。

四是着力提高数据治理水平。银行机构应当树立数据是核心资产的经营理念，挖掘数据潜能、激发数据活力，使大数据成为推动银行高质量发展的新动能。优化数据治理架构，确立企业级的数据管理和数字化应用推动部门，发挥数据体系建设和组织推动作用。充分发挥数据标准对提升数据质量、打通数据孤岛、释放数据价值的重要作用。运用大数据技术全面整合内外部数据，建设具有高效数据服务能力的数据中台，加强数据资产管理。建立健全数据治理体系，形成以数据认责为基础的数据质量管控机制，完善考核评价体系，强化数据治理检查、监督与问责。

五是强化科技能力建设。积极稳妥推进技术架构转型，加强基础设施建设与资源供给，构建稳健灵活、可拓展、高可用的科技平台。通过分布式架构重塑基础设施，打造可扩展性强、处理效率高、容错能力强的技术中台。优化应用架构，打造企业级、平台化的业务中台，实现传统竖井式架构向业务中台转型，推进标准化、模块化的产品、业务、流程建设，为前台业务的灵活扩展和快速创新提供支持。同时，积极稳妥推进新技术应用和关键技术自主可控。

六是大力引进和培养数字化人才。积极引进和培养既懂金融业务又懂数据和科技的复合型人才，重点关注数据治理、架构设计、模型算法、大数据、人工智能、云计算、网络安全等专业领域人才。加强高端核心人才引进、培养和激励机制建设，强化对领军人才和核心专家的激励措施，加强科技人才梯队储备。

七是构建安全可靠、合作共赢的金融服务生态。围绕客户全生命周期需求，与科技公司、互联网平台等不同领域的企业依法依规开展合作，优化拓展服务场景，强化业务控制和风险管理能力，提升市场竞争力。同时，强化系统集成能力，加强内外部资源整合，统筹规划金融产品服务内容和流程，建立健全面向开放生态的技术架构体系和敏捷安全的平台管理机制，对金融服务价值链中的关键活动进行有效管理和协调。

八是加强数字化转型过程中的风险管理。加强战略风险管理，防止因战略定位和经营目标选择错误而过度承担风险。建立健全业务审批流程，对新产品、新服务及新业务渠道的合规性进行审查，评估范围应覆盖消费者保护、数据安全及客户隐私保护、合规销售、产品及服务定价、反洗钱及反恐融资等方面。建立有效的业务变更管理流程，对新产品、新服务以及新业务渠道带来的技术和业务逻辑变化进行评估，针对相应风险制定专门管理策略。操作风险的评估与管控框架应符合新经营环境中开放式价值链的风险特征。建立新技术引入安全风险评估机制，加强技术风险管理。此外，关注信贷管理中的数据风险和模型风险，对模型数据的来源、准确性及充分性进行定期评估，定期评估模型的预测能力及在不同场景下的局限性，确保模型的可解释性和可审计性。

新一轮科技革命加速演进，为经济高质量发展提供了新动能，同时也在深刻改变金融业的竞争格局和经营生态。银行机构要抓住金融科技提供的新机遇，加强顶层设计与统筹规划，积极稳妥推进数字化转型，通过变革金融服务方式、降低金融服务门槛、提升金融服务质量和效率，推动金融业高质量发展，为加快推进数字中国建设、打造数字经济新优势作出应有贡献。

第2讲　推进伦理治理　护航金融科技行稳致远

李　伟

金融数据具有高完备性、高价值度，应用不当易造成金融科技伦理失范危机。构建完整严密的制度体系是金融科技伦理治理的重要抓手任务，也是治理工作取得实效的重要保障。监管部门、从业机构、行业组织等应各司其职、密切协作，携手构建多元主体共同参与、协同共治的新格局。

源洁则流清，行端则影直。科技既是发展的利器，也可能带来伦理风险，强化伦理治理对数字经济、科技创新驱动发展具有重要战略意义。"十四五"规划纲要提出，探索建立金融科技等监管框架，完善相关法律法规和伦理审查规则。2021年12月，中央全面深化改革委员会第二十三次会议审议通过了《关于加强科技伦理治理的指导意见》。金融业要充分认识金融科技伦理治理的重要性和紧迫性，把握伦理问题矛盾根源与本质规律，有的放矢、化挑战为机遇，建立健全符合我国国情、与国际接轨的金融科技伦理治理体系，为

作者系中国人民银行科技司司长。

金融数字化转型加速推进、行稳致远保驾护航。

一、深刻剖析金融科技发展面临的伦理挑战

第一，数据安全不容忽视。在数字经济背景下，数据成为最具时代特征的生产要素。金融数据具有高完备性、高价值度，应用不当易造成金融科技伦理失范危机。在数据采集方面，部分机构未经授权私自收集个人信息或设置"不授权就不能使用"的霸王条款，过度采集用户个人身份、行为、偏好等隐私数据，致使消费者被置于"隐私裸奔"的尴尬境地。在数据使用方面，以"精准定制、个性化服务"为名肆意开展用户画像，将大数据作为杀熟、过度营销、诱导消费的工具，侵害金融消费者合法权益。在数据共享方面，将所掌握的金融数据甚至未经脱敏的个人金融信息作为利益交换的筹码，在未经用户同意情况下随意共享或售卖数据资源，拓展衍生业务非法牟利。

第二，算法滥用日益严重。当前，算法已深度融入生产生活的方方面面，催生了更丰富、智能的金融服务产品，但也带来了更多复杂的伦理问题。部分机构或利用算法黑箱特性隐藏定价规则，将不同用户群体"标签化"并实施差别定价，严重损害金融公平性和普惠性；或与同业达成"算法共谋"形成市场垄断，将低收入人群、民营小微企业等拒之门外，以"防范风险"之名行"牟取利益"之实；或利用基于智能算法的信息推荐技术，违反金融消费者适当性原则，蓄意构建充斥高风险金融产品服务的信息茧房，以算法优势排除和限制市场竞争、阻碍消费者自主选择，导致"劣币驱逐良币"。

第三，无序竞争亟须规范。近年来，基于技术手段的流量挟持、市场垄断、监管套利等问题严重扰乱市场竞争秩序、损害社会公众利益，引起广泛关注。部分平台公司在经济利益驱使下，滥用市场支配地位，凭借在电商、社交

等领域积累的用户群体规模优势、数字渠道流量优势或闭环商业生态优势，利用网络效应进行不公平竞争，甚至强迫实施"二选一"，造成线上服务高度集中，形成"赢家通吃"的垄断局面，甚至引发"大而不能倒"风险。更有甚者违背金融科技初心使命，打着"科技创新"的幌子模糊业务边界、层层包装产品、掩盖风险本质，开展无照或超范围经营，绕过现有资本充足率、资产负债率等监管要求，游离于金融监管之外、利用监管空白套利，致使潜在风险伴随失德行为蔓延滋长。

第四，数字鸿沟有待弥合。"数字鸿沟"一直是关系社会公平公正和可持续发展的重要伦理议题。我国老年、残障、少数民族、农村偏远地区等群体人数众多，受理解能力弱、接受度低、适应性慢等因素制约，不少人不会上网、不会使用智能手机，在预约出行、电子支付、网络购物等场景面临很多困难。然而，一些智能化、数字化金融产品在设计时缺乏"老吾老以及人之老""金融服务一个都不能少"等具有伦理意蕴的设计理念，没有抓住特殊群体需求痛点针对性优化金融服务体验及流程，使数字时代的"弱势"群体无法充分享受智能化服务带来的便利，导致"数字鸿沟"伦理问题日益严峻。

二、正确树立金融科技创新应用的伦理理念

一是以人为本。习近平总书记指出，要坚持把实现好、维护好、发展好最广大人民根本利益作为一切工作的出发点和落脚点。金融科技工作要始终坚持以人民为中心的发展思想，从人民群众实际金融需求出发，尊重并维护人民群众尊严和利益，切实通过技术创新着力解决老百姓金融服务痛点难点和急难愁盼问题，增强人民群众金融服务获得感、安全感、幸福感，满足人民群众对美好生活的期待与向往。

二是科技向善。金融科技的本质是金融,科技仅是金融服务提质增效的手段和工具。金融科技伦理治理的关键核心是厘清金融与科技的关系,坚守金融为本的底线,明确科技赋能的定位,坚持科技创新以遵循金融发展规律、履行金融天职使命为前提,确保技术应用不偏离金融服务实体经济的正确轨道,严防"有技术就任性、有数据就滥用"的伦理失范行为,让科技创新成果更为安全、更可持续、更具生命力地在金融土壤中生根结果。

三是权益保护。消费者权益保护是金融转型发展的内在要求,也是维护金融稳定的基石,对于促进社会公平正义、和谐发展具有重要意义。在运用科技手段为消费者提供便捷多元的金融服务的同时,从业机构要充分尊重和保障消费者隐私权、自主选择权、依法求偿权等合法权益,坚持公开透明、公平公正的行为准则,以消费者知情同意为服务前提,严格履行适当性义务,严防技术应用带来的数据绑架、算法歧视、信息茧房、隐私泄露等问题,严禁以侵害金融消费者合法权益为代价攫取不当商业利益。

四是责任担当。从业机构只有真诚回报社会、切实履行社会责任,才能真正得到社会认可,实现自身更有效率、更可持续的发展。这就要求我们通过科技伦理治理深入贯彻落实中央和国家战略部署,围绕新时代经济社会发展的战略目标、战略重点,始终把社会效益放在首位,坚持社会效益和经济效益相统一,牢固树立绿色发展、可持续发展理念,用"负责任"的科技创新打造"有温度、有情怀"的金融服务,助力促进经济发展、社会进步、民生改善和碳达峰碳中和目标实现。

三、多措并举强化金融科技伦理的规范治理

首先,健全纲目并举的伦理制度。不以规矩,不能成方圆。完整严密的

制度体系是金融科技伦理治理的重要抓手,也是治理工作取得实效的重要保障。一是加强科技伦理重点领域顶层设计和立法研究,适时将必要的科技伦理规范上升为法律法规,借助法治手段的刚性约束划定伦理底线、明晰责任边界,为健全科技伦理治理框架、巩固治理成果提供法律遵循。二是加快研究出台金融科技伦理管理办法,明确金融科技伦理治理的总体目标、基本原则和工作要求,从事前审查把关、事中动态监测和事后评估优化等全流程各环节强化对金融科技创新活动的伦理监管。三是配套制定金融科技伦理相关行业标准,从应用范围广、创新活跃度高、对生产生活影响深的领域入手,细化伦理治理的具体要求和操作规程,以标准为支撑、以评估为手段,进一步强化科技伦理治理力度、引导伦理道德要求落地见效。

其次,构建协同高效的治理体系。金融科技伦理治理是复杂的系统工程,需要监管部门、从业机构、行业组织等各司其职、密切协作,携手构建多元主体共同参与、协同共治的新格局。监管部门做好科技伦理治理工作的统筹协调和监督指导,探索建立行业级科技伦理委员会、专业性科技伦理审查机制,提升科技伦理审查结果互认水平,强化对敏感领域高伦理风险活动的跟踪评估和伦理事件应急处置,严肃查处科技伦理违规行为。从业机构切实履行金融科技伦理管理主体责任,研究设立企业级金融科技伦理委员会,加强内部科技伦理审查,做好信息公开、自觉接受外界监督,积极运用数字手段强化伦理风险监测预警,提前预防、有效化解金融科技伦理问题。行业组织充分发挥贴近行业、机制灵活的优势,汇聚多方智慧、广泛借鉴经验,通过自律公约、行动倡议、宣传教育等手段,构筑纵向有序衔接、横向灵活联动的伦理自律防线,营造科技向善的行业创新氛围。

再次,加强金融创新的伦理规范。科技驱动的金融创新是向未知领域的探索,若缺乏有力的规范手段,则可能偏离守正向善的伦理航线。为此,要充分发挥金融科技创新监管工具作用，进一步明晰金融科技"有所为，有所不为"的伦理边界，有效规范金融科技创新活动。一是通过信息披露、声明承诺等方式充分披露创新机理与服务内容，凝聚监管机构、从业机构、行业组织等多方力量深入剖析创新实质、综合研判伦理风险，切实保障金融创新不触碰科技伦理红线。二是运用监管科技强化创新应用监测，畅通投诉建议渠道、完善风险补偿机制，提前识别、预警潜在伦理风险，及时纠正伦理违规行为，严防无牌经营、虚假场景、资金脱实向虚、数据泄露滥用等乱象，切实维护消费者财产安全、依法求偿、监督建议等合法权益。三是健全以守正向善为导向的创新测试指标体系与评价机制，通过数据流式分析、资金链式分析、关系谱式分析等方法引导测试机构打磨满足伦理要求、兼具经济价值和社会价值的创新产品服务，为数字经济、碳达峰碳中和、乡村振兴等国家战略实施提供有力支撑。

最后，提高科技人才的伦理素养。习近平总书记多次强调，坚持正确用人导向，坚持德才兼备、以德为先。金融科技从业者的品德操守水平决定了金融"创新"究竟是增进人民福祉的"助推器"，还是成为经济社会发展的"绊脚石"。因此，要将科技伦理深度融入金融科技人才工作，引导从业人员将伦理要求内化于心、外化于行。在高等教育方面，研究将科技伦理作为本科生、研究生教育的"必修课"，完善科技伦理教育相关教材和课程，增强青年学生的科技伦理意识和求真向善理念，培育更多兼具专业知识和伦理素养的金融科技人才后备军。在职业培养方面，强化在职人才培养的伦理导向，加强入职伦理培训和职业操守教育，研究制定企业级科技伦理守则并开展常态化宣贯培训，不断提升从业人员科技伦理素养，打造德才兼备的金融科技人才队伍。在人才评价方面，将伦理道德作为衡量人才综合素质的"定盘星"，发挥伦理因素在人才选用育留中的决定性作用，让品行兼优的人才脱颖而出、大显身手，让违背科技伦理要求的行为无处遁形，为金融科技健康有序发展打下坚实基础。

第3讲　加强风险管控　推进金融机构数字化转型

骆絮飞

《中华人民共和国国民经济和社会发展第十四个五年规划和2035年远景目标纲要》绘制了加快数字化发展、建设数字中国、打造数字经济新优势、营造良好数字生态等数字化战略的宏伟蓝图。2021年的政府工作报告中也明确提出，要协同推进数字产业化和产业数字化转型，加快数字社会建设步伐，把数字化转型作为推动国家经济发展，拉动经济增长的核心部件，充分体现了"双循环"新发展格局下，国家加速推进产业转型升级，促进数字技术与实体经济深度融合，依靠创新驱动经济高质量发展的战略预图。

目前，不少行业、地方政府加快了数字化转型步伐，国资委、工信部相继发布了促进数字化转型和工业互联网创新发展的政策，银保监会也在积极推动行业开展相关工作。

作者系中国银保监会统计信息与风险监测部副主任。

一、银行业保险业数字化转型的重要意义

第一,数字化转型是顺应当前新一轮科技革命和产业变革、释放数字红利的必然趋势。当前,数字技术创新和迭代速度明显加快,成为新要素最多、应用最广、拉动作用最强的创新领域。加快数字化转型,发展数字经济,是抓住新一轮科技革命和产业变革机遇,进而赢得未来发展和国际竞争主动权的关键。在新技术快速发展的大背景下,金融机构将前沿科技嵌入产品渠道和流程,以数字化手段推动获客、活客和业务升级,新技术应用已经在领先的银行保险机构中焕发出巨大的活力和价值,金融业开展数字化转型势在必行。

第二,数字化转型是提高金融体系效率、实现高质量发展的重要途径。银行保险业加快数字化转型就是加快产品流程、服务、管理决策的线上化和数据化。通过数字技术增强信息采集能力,改变信息交互方式,充分发挥新技术的倍增效应,实现数据加算力加算法的自动化决策,实现让数据说话、用数据决策、靠数据管理,使企业生产效率和生产水平得到跨越式提升。数字技术可以催生金融新模式、新产品、新服务,改善服务体验,降低融资成本,提高风控水平,显著提高金融体系的效率。数字化转型为优化金融服务供给结构,提高金融服务供给质量,推动金融业创新发展提供了全新动能,是实现高质量发展的重要路径。

第三,数字化转型是推动金融服务结构调整、加速新旧动能转换,实现金融行业高质量发展的必然选择。科技是引领创新的第一动力。受宏观经济放缓、人口红利消失、行业竞争加剧的影响,金融机构普遍面临结构调整、经营转型的巨大压力,而数字化转型将成为互联网时代化解发展痛点的关键抓手。数字科技在金融行业的深度应用,有助于创新服务模式、提升服务效

率、改善服务体验、降低运行成本，有助于提高风险管控水平。数字化新技术在金融行业的全面渗透应用，能够助力金融机构打造连接产业端和消费端的金融新应用、新业态和新模式，为优化金融服务供给结构，提高金融服务供给质量，推动金融业创新发展，提供全新动能。

第四，数字化转型是适应数字经济发展，实现数字金融服务与实体经济深度融合的必由之路。金融作为现代经济的核心、实体经济的血脉，只有实现自身的数字化能力与经济社会数字化程度的匹配，才能融入经济发展大潮，为实体经济之树浇灌源源活水。同时，金融服务触达社会的各行各业，通过金融开放信息基础资源、共享科技服务、合作建立生态等方式，金融的数字化进程，可以进一步向产业延伸，为产业助力，汇聚消费、产业链各环节和多种生产要素，促进产业数字化转型，发挥数字经济建设的孵化器和加速器作用。

第五，数字化转型是满足人民群众对金融服务和美好生活需要，真正践行以客户为中心的必备条件。互联网时代是以用户为中心的口碑时代，线上场景覆盖居民衣食住行的方方面面。金融服务要满足人民群众对美好生活的需要，就需要建立与客户的数字化连接与紧密关系，基于数字化手段，洞察客户需求，为用户提供更加多元化、个性化的普惠金融服务。目前，银行保险业加快推进数字化转型，数字技术已成功应用于获客、风控、营销等银行业务核心环节，保险机构利用数字技术提升风控、精算、核保理赔服务水平，开放共享的金融服务生态圈逐步建立。银行保险业从信息化逐步向移动化、智能化、生态化方向迈进。

第六，数字化转型是践行人民至上发展理念的重要举措。数字化转型是提升金融服务可获得性、便捷性的重要途径。大数据和数字技术的深度应用，能够拓展金融服务渠道，丰富服务内容，能够深入洞察用户需求，优化资源配置，提高金融服务能力和服务效率真正实践人民至上理念，使金融服务更加普惠便捷和精准直达。金融服务成本的降低能够促进金融消费，进一步扩大市场，实现金融消费端和供给端的双赢发展。

二、银行业保险业金融科技和数字化转型发展现状

一是银行业保险业不断加强金融科技数字化转型的体制机制建设。很多机构都成立了信息化委员会、数字化委员会和数据治理委员会，研究数字化转型的战略方案，制定转型规划和实施路线。不少银行保险机构，特别是多家全国性银行，都设立了金融科技子公司，不断增强科技实力，更好应对科技竞争。

二是持续加大金融科技的资源投入，加快金融创新和转型升级。截至2021年底，银行保险机构信息科技资金投入超过2700亿元，同比增长12%，信息科技人员数量超过16万人，同比增长10%，有力地支撑和促进了数字金融体系的建设。

三是加强新技术应用，精准识别客户个性需求，定制化金融产品。便捷化智能化7×24小时随时随地金融服务已经成为标配，利用信息技术，银行保险机构不断优化业务流程，风险管理逐步从人控向数控、智控转变。

四是加快建立数字生态。银行保险机构加强外部合作，利用信息技术打造场景金融，将输出与引入相结合，加强G端、B端、C端、F端的联动。

五是在监管层面，银保监会加强政策的引导。银保监会印发《关于银行业保险业数字化转型的指导意见》，全面推动银保机构转变经营理念，以数字化转型来驱动金融生产方式和治理方式的变革，支持金融高质量发展。指导意见进一步明确银保机构要强化顶层设计和转型的战略目标设立，以业务变

革为核心，业务与技术双向发力形成合力，积极推进产业零售和金融市场业务的数字化，构建以客户为中心、端到端服务的数字化运营体系，鼓励银保机构制定大数据发展战略，推动数据资源向数据资产转化，加强数据治理和数据人才的培养，不断提高数据规模化的应用能力。加强信息基础设施建设，提升核心技术的掌控能力，形成弹性高效的供给能力，同时在转型过程中要更加注重风险防控，要加强战略风险管理，建立稳健的新业务管理流程，对新的经营环境下的价值链集成，包括模型算法和新技术要加强风险评估，强化数据安全与隐私保护。

三、银行业保险业推进数字化转型的五个原则

一是坚守金融本源。服务实体经济是金融行业的出发点和落脚点，数字化转型不能脱实向虚，要支持实体经济发展重点领域和薄弱环节，要坚持以人民为中心的发展思想，全面提高人民群众对金融服务的可获得性和满意度。

二是坚持系统观念。数字化转型是企业在组织战略、业务流程和技术管理方面的全方位变革。银行业保险业数字化转型首先需要有系统的思维，要从企业层面统一思想、转变理念，系统性地整体推进体制机制变革和组织方法创新，加强战略规划和顶层设计。数字化转型的目标是提升价值，要以业务变革为核心，业务和科技双向发力形成合力，以技术赋能带动业务突破增长和创新，更快地响应市场要求。

三是坚持数据驱动。数据是数字化转型的基础和核心，如何发挥数据要素的倍增作用是金融业数字化转型的关键。银行保险机构要加强数据资产管理，建立数据认责为基础的数据治理体系，积极引入数据人才，加强以数据为核心的数字基础设施建设，对大数据进行标准化建设，切实提高数据的规

模化应用能力。

四是坚持互利共赢。数字时代要树立开放思维，利用信息技术，银行业、保险业与政府、社会、个人等社会经济主体建立广泛的数字连接，形成以数据循环流动为基础，多主体数字化协同的生态体系，构建安全可靠合作共赢的金融生态圈。要结合机构自身的定位和优势，深化科技和业务的融合创新，加强金融服务与社会经济发展、人民群众生活场景的深度融合，提升生态利用效率，助力双循环、新发展格局。

五是坚守风险底线。数字化转型要加强对战略风险、价值链管控风险、算法模型风险等的管控，提高网络安全保障能力，防范攻击威胁，提升数据安全的防护水平。强化隐私保护、降低信息泄露的风险。要创新风控手段，推动风控自动化、智能化。在数字化过程中，金融价值链活动被逐步分解，要加强对第三方机构合作内容及风险的关注。

四、银行业保险业推进数字化转型工作具体实践

一是要加强顶层设计。数字化转型不单是信息化的过程，也不单是信息攻关、技术攻关，而是企业整体性的意识和思维方式的转变，是组织机制、业务模式的变革，是向"以数据洞察需求，以数据驱动经营管理决策"的方向性转变。金融机构在数字化转型过程中，首先，要从企业层面统一思想，转变思维。以业务的变革为核心，推动业务与技术形成共识与合力，用新思维、新方法、新模式，实现数字化转型攻关与突破。其次，要制定企业级的数字化转型战略。进行系统化的顶层设计，明确转型方向、目标和重点。不同类型的机构发展阶段存在差异，要探索特色化的路径，大型机构要加强对中小机构的技术服务和输出，破解中小机构数字化转型的困局。

二是要建立敏捷的组织。要采用更为扁平化的组织架构，打破部门壁垒，探索建设企业内跨部门的联合团队，实施内新型数字化组织，建立敏捷的工作机制，在资源灵活配置方面取得突破，加强业务与科技、总部与分支机构的联动，提高数字化运营和对客户端到端的服务能力。

三是要增强数据驱动。利用数据的能力，实现机构竞争优势的核心能力。用好数据、发挥数据要素的倍增作用，将是金融数字化成功转型的关键。银行保险业作为数据密集型行业，要充分发挥数据要素的驱动作用，积极参与数据要素市场的建设，推动数据资源向数据资产转变。要制定大数据的发展战略，明确数据的应用目标和实施路径，加强经营场景的数据分析和数据的规模化应用。以价值为导向，实现应用落地和业务能力提升，要构建企业级的数据管理和服务平台，加强数据治理，促进数据贯通与融合共享。

四是要重塑业务体系。要以客户为中心，深化金融应用场景，促进金融服务与生产生活场景的深度融合，推动金融服务生态体系建设；要打通数字化的服务渠道，形成线上线下完整的服务体系；要加强对新形势下，产业、行业、商业模式、金融生态变化的分析，研究业务发展趋势，积极运用新技术加强业务模式的创新和数字化风控能力提升。

五是要实现IT高效供给。要优化架构，夯实技术平台底座，建立信息基础设施的弹性调度机制，形成快速交付能力，支持海量业务和敏捷创新。加强核心技术掌控和高端人才队伍的建设，逐步形成大规模敏捷研发、大规模技术工程的管理能力。新技术进入具体应用领域，规模化应用的时间周期越来越短，银行保险机构要构建持续关注新技术，并能够将新技术快速应用到产品、服务中的能力。同时要注意降低技术组合应用的复杂性。

六是要强化风险防控。数字化转型中，还要加强对战略风险、价值链管控风险以及算法模型风险的管控。要提高网络安全的保障能力，防范攻击威胁，提升数据安全的防护水平，强化隐私保护，降低信息泄露的风险。要创新风控手段，推动风险管控自动化和智能化。

七是要严守网络信息安全红线。随着金融业务的全面线上化，信息安全的风险暴露面增加，而海量数据的集中交互和开放共享客观上加大了数据管理和保护的难度，目前国家已经先后出台了网络安全法、数据安全法、个人信息保护法等法律法规，为进一步做好网络安全和数据保护工作打下了基础。第一，完善监管政策。加强金融数字化转型过程中的数据安全保护，全面推进银保行业的数字化转型安全稳定发展。第二，加大网络信息安全的检查和处罚力度。银保监会将持续深入开展网络安全、数据安全有关的监管执法和检查评估工作，加强网络和信息安全的专项治理。以零容忍的态度依法加大对相关违法违规行为的惩处力度。第三，加强外包第三方合作服务中的风险监管。强化外包风险监测和评估，督导金融机构加强对行业集中度高的第三方合作机构开展风险核查，保障数据安全，保障个人信息的安全。第四，持续加强对关键信息基础设施的保护。在理念、制度、技术、人才等多方面综合施策，加快建立更适应数字化发展形势下的网络信息安全防护体系。

第4讲 如何评价银行数字化转型成效

高 峰

数字化转型的前提需要认清国内外形势,中国经济由高增长、转入高质量发展阶段,数字化转型成为银行业高质量发展的必由之路。当前疫情防控呈现复杂性、艰巨性和反复性,迫切需要金融服务线上化、智能化,数字化转型!备受大家关注的几个主要问题体现在:银行业数字化转型应该从哪里开始?数字化转型的路径和方法包括哪些?数字化转型过程中如何避免走弯路?数字化可能带来哪些风险?这些问题,似乎很难找到统一的答案。2022年初,银保监会发布《关于银行业保险业数字化转型的指导意见》(以下简称《指导意见》),为金融机构数字化转型指明了方向,银行业数字化转型呈现加速发展的态势。同时,如何评价银行数字化转型成效成为近期大家思考的新问题,不同的人对此可能有不同的见解。如何通过一套行之有效的方法论或模型对银行现阶段数字化转型的能力,以及未来数字化转型的目标进

作者系中国银行业协会首席信息官。

行评价，成为银行数字化转型的焦点。界定数字化转型的成功或失败，可以帮助银行厘清当前所处的数字化位置，并对数字化转型的路径有清晰的认识，为后续制定适合自身的数字化转型战略和可行的行动计划提供参考和决策依据。

一、全面的数字化能力建设是推进银行数字化转型的关键

数字化转型的成功或失败，不能简单地从某一维度考量。因为即使制定了战略转型规划或优化了组织建设流程，但可能缺少数据思维、没有数字技术驱动；即使创建了数字化组织，但可能与业务转型战略相脱离，不切实际另搞一套；即使强化了科技创新能力和数据应用能力建设，但可能忽视了转型带来的新的风险，尤其是科技伦理和数据安全以及隐私保护等。《指导意见》明确提出银行数字化转型需要的是全面的数字化能力，尤其是包括从战略到执行力、数字化经营与管理能力、数据治理与应用能力、科技支撑与敏捷开发能力和数字化转型风险防范能力等。

（一）从战略到执行力应充分体现数据领导力与差异化竞争力

1.需要制定业务战略统领的数字化转型规划。数字化时代，金融机构需要重新思考业务战略，即重新定义如何为客户创造价值、重构业务发展模式。对此，我们发现尽管咨询公司、科技公司以及各家银行对银行数字化战略有各自的定义和表述，但核心理念都是"利用数字技术和智能技术推动银行实现商业模式、组织文化、业务流程的转型"。咨询公司着重讨论的是数字经济、消费互联、产业互联、数字孪生等；科技公司或IT服务商着重讨论的是中台构建、云原生解决方案等；而银行讨论更多的是数字化商业模式创新或

重构。如此看来，为更好地保证银行从战略到执行，需要结合咨询公司和科技公司的观点，从数字经济政策到技术解决方案以及重构商业模式等多个视角全面深刻理解银行数字化转型战略。

2.从数字化转型差异化战略中寻找竞争力。一是不同类型的银行可能选择不同的路径。大型银行和股份制银行，从全局发展着眼，进行整体生态系统的升级，形成了"智慧银行"数字化转型版图；中小银行集中在差异化目标规划和资源禀赋层面，制定比较清晰的数字化转型目标，主要体现在引进和培养数字化转型所需的专业人才，加强数据基础能力和治理工作。二是以价值创造为导向，进行组织架构创新，是从战略到执行力的关键。银行董事会加强顶层设计和统筹规划，科学制定数字化转型战略；高级管理层统筹负责数字化转型工作，建立数字化战略委员会或领导小组，明确专职或牵头部门，开展整体架构和机制设计，确保各业务条线协同推进转型工作，重点在于加强跨部门、跨职能横向协作和扁平化管理，组建不同业务条线、业务与技术条线相融合的共创团队，优化业务流程，增强快速响应市场和产品服务开发能力。

3.数字化转型战略需优先考虑数字化人才队伍建设。这就需要选聘具有科技背景的专业人才进入董事会或高级管理层，加强数字领导力。数字领导力（Data Leadership）是实现数据价值的关键，具备数字化技能的高管将在转型中起主导作用。数字领导力由数据安全、数据架构、数据梳理、数据开发、操作和运维五个类别组成，有助于达成人员、流程、技术和数据管理功能之间的平衡，以实现数据价值最大化。现行的管理层选任标准也越来越重视数字化知识和技能，所以企业常常倾向于设立首席信息官（CIO）或首席数字官（CDO）职位来弥补管理短板，二者在数字化转型中起主导作用。数据领导力是指选择利用有限的精力和资源来创建数据的能力，实际上是协调人们之间的职能和管理变化，数据是其形式，但首先是人与人之间的协调，然后是系统，最后是数据，这才能真正创造价值。同时，要引进和培养金融、科技、数据复合型人才，重视培养数字化运营人才，提高金融生态经营能力；加大数据治理、架构设计、模型算法、大数据、人工智能、网络安全等专业领域人才培养；关注对领军人才和核心专家的激励措施。

（二）从业务经营数字化到数字化运营是转型落地的关键路径

银行数字化转型经历了从业务数字化到数字业务化两个阶段，代表银行数字化转型的进化方向。数字化转型的核心是为主营业务发展服务，而主营业务经营数字化主要体现在产业数字化和个人金融服务数字化两个方面。

1.产业数字金融是数字经济不可或缺的一部分，产业数字金融成为银行数字化转型新动能。数字金融的发展有两大部分：一是消费数字金融，二是产业数字金融。近几年，消费数字金融在各大型互联网公司的带动下发展迅猛，无论是获客、运营还是风控等都达到了较为成熟的水平。《指导意见》明确提出"积极发展产业数字金融"，强调积极支持国家重大区域战略、战略性新兴产业、先进制造业和新型基础设施建设，打造数字化的产业金融服务平台，围绕重大项目、重点企业和重要产业链，加强场景聚合、生态对接，实现"一站式"金融服务。产业数字金融是以产业互联网为依托，以数据为生产要素，以数据信用为核心特征的一种新型金融形态。智能制造、智慧医疗、智慧物流、数字乡村等各类产业数字化方案的实施所产生的融资需求，均可以与产业数字金融深度融合，并孕育出产业链金融、物联网金融、绿色金融、农村数字金融、科创金融等新模式、新业态，为更广泛的生产经营者提供更智慧的金融服务、更精准的产品定价、更低廉的融资成本。

2.个人金融服务数字化转型需要线上化、智能化，提升金融产品和服务可获得性，推动解决"数字鸿沟"问题。经营业绩增长和客户满意度提升，可以检验银行业务经营数字化的能力。受新冠肺炎疫情影响，客户线上化、个性化、非接触式服务需求强烈，疫情催生远程银行新业态，远程银行作为线上金融服务的重要入口、维系客户关系的重要平台、众多服务渠道的连接枢纽，拥有海量的客户交互数据，代表着金融科技赋能传统客服中心的转型新业态，成为零售银行数字化转型"突破口"。一是充分利用科技手段开展个人金融产品营销和服务，拓展线上渠道，丰富服务场景，在丰富完善线上服务的同时，赋能线下网点，加强线上线下业务协同，提升一体化金融服务体验，实现"客户在哪里，服务就在哪里"，让客户享受无界、无限、无感的服务体验。二是构建面向互联网客群的经营管理体系，强化客户体验管理，增强线上客户需求洞察能力，推动营销、交易、服务、风控线上化智能化。三是提升普惠金融服务体验，以远程方式为客户搭建无障碍办业务的便捷桥梁，触达传统服务模式一直服务不好、服务不了、服务不到的"长尾客群"；坚持守正创新，将传统金融服务与智能创新相结合，弥合数字鸿沟，为老年客户提供更周全、更贴心、更直接的便利化服务。

3.数字化运营是以用户为中心、以营销为导向的运营模式，已成为银行数字化转型的核心能力。如今，缺乏有效场景成为银行获客的核心难点，客户到访银行物理网点的频率逐年下降，需建立线上运营管理机制，促进场景开发、客户服务与业务流程适配融合，加强业务流程标准化建设，持续提高数字化运营服务能力。数字化运营作为链接业务和数据技术的纽带，不能脱离业务单纯基于数据做事情，否则就会本末倒置。数字化运营把人、货、场有效结合起来，结合实际业务场景、建立运营管理体系，围绕数据智能化地开展工作，数据分析、算法优化、数据标签体系分析与优化等都是有效的抓手。相比以流程为中心的传统运营模式，数字化运营具有五个特点：一是深入从营销获客、促活转化直至订单交付等整个过程；二是满足用户需求，实现前中后台一体化协同运作，提升运营效率、降低运营成本，为用户提供端到端的价值和体验；三是与合作伙伴共同建立产业生态，实现整个产业链的协同运作，共同为用户提供更好的产品与服务；四是以数据驱动的运营方式充分发挥数据价值；五是IT运营成为重要组成部分。

（三）健全数据治理体系并深化数据在全业务全场景的应用能力

1.健全数据治理体系，需制定大数据发展战略，确立企业级的数据管理部门，完善数据治理制度，完善考核评价机制。一是以数据战略作为银行数字化转型的方向指引和执行步骤。数据战略包括银行未来三至五年数据发展的里程碑阶段及每个阶段的重要工作内容，具体包括现况分析、目标设定、里程碑划分、组织及人员设置、重要工作事项、重要成果、期待应用效果等。大数据发展战略涉及业务、技术、管理等各方面的协同发展，业务是主导和驱动，技术是支撑，管理是保障，三者有计划、有步骤地落地实施。二是确立企业级的数据管理部门，发挥数据治理体系建设的组织推动和管理协调作用。设立由计财部或科技部牵头，业务、技术均参与的一级或者二级数据管理部门；由数据管理部门牵头，各业务条线和管理部门配合、科技部支撑，共同推动制定大数据发展战略。三是完善数据治理制度，制定数据标准、元数据、数据质量、数据安全等各领域的数据治理制度及管理细则，从制度上推动数据治理各项工作有序开展和落实。充分利用自然语言处理、人工智能、机器学习等先进技术提高数据治理效率、减少对人工的依赖。四是完善考核评价机制，强化数据治理检查、监督与问责。开展构建包括数据治理各项工作在内的考核评价机制，设置考核评分卡，制定考核评估机制，并将考核结果与绩效考核挂钩，设置数据治理考核在全部绩效考核中的合理比重，督促各相关部门、各分支机构重视。

2.深入理解并区分数据治理、数据管理与数据管控三者的关系对数据应用至关重要。数据治理强调顶层的策略，数据管理侧重于流程和机制，而数据管控侧重于具体的措施和手段，三者是相辅相成的。一是深入理解数据治理。数据治理是银行顶层设计、战略规划方面的内容，是数据管理活动的总纲和指导，它指明数据管理过程中有哪些决策要制定、由谁负责，更强调组织模式、职责分工和标准规范。数据治理是一项系统工程，需要坚持可持续发展和流程嵌入的原则，与银行现有的业务、科技、管理等流程深入融合，以实现数据治理各项内容按照流程化的方式开展工作。二是深入理解数据管理。数据管理是执行和落实数据治理策略并在过程中给予反馈，强调管理流程和制度，涵盖不同的管理领域，比如元数据管理、主数据管理、数据标准管理、数据质量管理、数据安全管理、数据服务管理、数据集成等。银行应结合实际，构建涵盖数据治理规划层（数据治理规划部门）、数据管理层（数据管理部门）和技术支持层（信息科技部门）的组织架构，明确数据治理决策、组织、执行层面的角色与职责，明晰各条线、各分行职责边界，以及重大事项汇报决策路线。三是深入理解数据管控。数据管控侧重于执行层面，是具体落地执行所涉及的各种措施，例如数据建模、数据抽取、数据处理、数据加工、数据分析等。数据管控的目的是确保数据被管理和监控，从而让数据得到更好的利用。数据管控具体包括从权限最小化、多人负责、职责分离的设计角度出发，在各个角色之间形成制约关系；通过加强对权限的定期复核和审查实现杜绝越权行为；对特权行为应当结合权限采取限制措施，比如时间窗口限制、多人复核操作、特权审计与异常情况报警，甚至需要签订严格的法律协议。

3.全面深化数据在业务经营、风险管理、内部控制中的应用。数据已经成为银行业的重要资产,在提供金融服务的过程中,积累了海量的用户数据、交易数据以及外部数据,通过数据驱动催生新产品、新业务、新模式。一是紧密结合银行业实际,在产品开发和销售、客户服务、风险管理、经营分析等领域深入挖掘数据价值,丰富数据服务种类,提供更优质的数据服务,支持业务创新。银行业通过数据挖掘、分析和应用,使静态数据流动起来,对客户群体进行精准画像,充分了解客户需求,构建真正"以客户为中心"的金融产品与服务。二是提高大数据分析对实时业务应用、风险监测、管理决策的支持能力。应用大数据分析,通过数据治理整合各类业务的数据信息,进行业务分类和市场分析,充分发挥信息数据的价值,为管理层提供科学的决策依据。三是以标准的统一化作为数据应用的保证。商业银行的数据来源广泛,数据量庞大,一旦缺乏统一的数据标准,便会出现数据指标口径不统一、指标重复建设等问题,最终导致数据的可用性不高。银行业在开展数据治理的过程中,做好内部数据标准建设,才能有助于保证数据的统一性、完整性和真实性,从而更好地实现数据应用。大型银行均已启动了数据标准化工作,开展路径可以大致分为建立企业级的数据标准和建设全行的数据标准管理系统两个方面。四是以实现数据价值为目的开展数据治理,以价值驱动数据资产管理。打造数据的技术底座,构建企业级数据平台是实现数据价值的重要工具。在数据价值实现方面,数据湖、数据仓库、数据集市以及大数据平台等都是重要的布局领域。

(四)科技架构支撑与敏捷开发能力协同提升安全应用新技术

1.推动数字化转型,科技架构支撑能力是基础,分布式转型已成为银行IT架构演进的必然选择。推进传统架构向分布式架构转型,主要业务系统实现平台化、模块化、服务化，逐步形成对分布式架构的自主开发设计和独立升级能力。一是IT架构分布式转型过程中存在金融科技能力发展不均衡、行业级IT架构能力建设不充分、关键核心技术掌握不彻底等问题，全面架构转型面临诸多挑战。自移动互联网时代起，金融业务场景化、线上化趋势逐步明显，线上金融产品和服务越来越多，扩展能力受限的传统集中式架构难以适应时代需求。二是围绕解决"关键技术自主可控"这一核心问题，建设分布式技术架构，打造基于多技术栈的银行核心系统，提升IT架构先进性和稳定性，为业务创新与应用研发提供动能。银行应体系化推进分布式架构转型，在基础设施层、平台层和应用层同步推进国产技术栈分布式改造，形成体系化的分布式架构方案和端到端的银行业信息技术应用创新解决方案。三是分布式改造工作中，需综合考虑平台建设、架构转型和应用移植，考虑未来的架构演进。近几年大型银行通过不断实践与探索，结合银行系统现状、业务发展规划、系统改造成本等综合因素，基于分布式架构基础能力，逐步确定了适合的技术能力体系建设方案、转型路径，形成自主可控、符合金融行业IT发展规划的分布式系统技术体系。

2.建立能够快速响应需求的敏捷研发运维体系，积极引入研发运维一体化工具，建设企业级一站式研发协同平台。一是数字化转型战略启动后，投入大量资金进行各种数字化技术相关的平台、系统建设，但转型效果可能并不明显，技术可以推动商业发生变革，但是只有技术，商业是不会发生变革的，商业与技术双轮必须有机结合。技术产品与项目应适当解耦，推行技术产品化运作，将技术融入业务，共同组建业务和技术一体化产品团队，并实现"业务、数据、技术"联合组队，做到"业务人员懂技术，技术人员懂业务"，让业务、数据、技术有机融合在一起。二是在金融科技和数字化转型双重作用下，重新定义数字化转型赋予敏捷研发的全新内涵，银行业所追求的敏捷已从一种单纯迭代研发模式转向全方位敏捷化的IT基础设施和工程管理能力。银行正在将敏捷内化到技术基因，融入科技管理流程，敏捷研发将成为与数字化经营相适应的最主要的创新模式，敏捷的最终目的是提升响应力。三是落地敏捷没有固定套路和捷径，必须寻找适应自身经营特点和战略定位的方式。通过精益生产管理方法，提高对大规模科技队伍和复杂技术工程的管理能力，确保部门之间能够更好地去协同数字化进程。当然，敏捷决不能以牺牲质量和影响安全为代价，敏捷与质量、敏捷与安全要形成互补关系，而非对立关系：一方面敏捷研发要以质量和安全为前提，另一方面敏捷研发要为质量和安全赋能。

3.提高新技术应用和自主可控能力。密切持续关注金融领域新技术发展和应用情况，提升快速安全应用新技术的能力。一是鼓励有条件的银行保险机构组织专门力量，开展前沿技术研究，探索技术成果转化路径，培育金融数字技术生态。二是坚持关键技术自主可控原则，对业务经营发展有重大影响的关键平台、关键组件以及关键信息基础设施要形成自主研发能力，降低外部依赖、避免单一依赖。立足于提高分布式技术的易用性，提升分布式产品及服务成熟度，探索分布式架构在异地多活、开放平台等方面的应用。三是加强自主研发技术知识产权保护，加强技术供应链安全管理。具备应用单元化、多活部署以及故障快速自动化恢复高可用部署支撑能力，能够有效支撑应用快速按需的弹性扩缩容能力，支持突发海量交易处理的能力。鼓励科技领先的银行保险机构向金融同业输出金融科技产品与服务。

（五）全面提升数字化转型进程中的各种风险防范能力

1.建设与数字化转型相匹配的风险控制体系，将数字化转型相关风险纳入全面风险管理体系。《指导意见》在第六章"风险防范"中提出了相关各类风险在数字化转型中的管理要求，表明了监管对银行保险机构传统风险的特征变化和新型风险因素的累积予以高度重视。一是数字化转型中金融机构信息科技风险管理的诸多挑战，成为金融机构信息科技风险管理需要回答的重要问题。具体包括：如何有效把控数字化转型过程中的金融科技风险、应对快速变化的风险态势与行业环境、持续提升管理能力、顺势而为调整管理机制和抓手。二是建立企业级的风险管理平台，实现规则策略、模型算法的集中统一管理，对模型开发、验证、部署、评价、退出进行全流程管理。利用大数据、人工智能等技术优化各类风险管理系统，将数字化风控工具嵌入业务流程，提升风险监测预警智能化水平。三是加强数字化转型中的战略风险管理，确保数字化转型战略和实施进程与机构自身经营发展需要、技术实力、风险控制能力相匹配。明确数字化转型战略与银行保险机构风险偏好的关系，将数字化转型相关风险纳入全面风险管理体系，在推进数字化转型过程中牢牢守住风险底线。

2.强化网络安全防护，加强数据安全和隐私保护。一是银行保险机构在数字化转型过程中，网络安全管理方面所面临的一系列新挑战，以及相应的提升方向，包括构建云环境、分布式架构下的技术安全防护体系，强化与外部合作的网络安全风险监测与隔离，加强开放平台、开源软件等方面安全管理，以及建立安全运营中心，充分利用态势感知、威胁情报、大数据等手段，持续提高网络安全风险监测、预警和应急处置能力，加强行业内外部协同联动。二是网络安全法、数据安全法和个人信息保护法的出台，《个人金融信息保护技术规范》的发布，以及监管就客户信息保护不到位的一系列处罚，将网络安全、数据安全和隐私保护的重要性提升到了前所未有的高度。三是银行保险机构应尽快完善数据安全和隐私保护体系，分别从自身和对外合作角度出发覆盖主要风险要素，包括建立数据分级分类管理体系，强化安全访问控制和全生命周期安全闭环管理,加强对外合作中的数据安全管理等。

3.加强数字化转型的风险控制体系和管理平台、模型算法管理,将数字化风控工具嵌入业务流程。一是模型算法及其驱动的自动化决策是金融科技从信息化迈向智能化的进化关键,也是数字化转型实施的核心要素。以往由于模型算法专业性较高,针对模型算法的风险管理范围和深度相对受限。数字化转型过程中,建立对模型和算法风险的全面管理框架,制定管理制度,对模型数据的准确性和充足性进行交叉验证和定期评估。二是审慎设置客户筛选和风险评估等模型的参数,并使用压力情景下的参数进行模拟校验,定期评估模型预测能力及在不同场景下的局限性,确保模型的可解释性和可审计性,模型管理的核心环节要自主掌控。同时,要加强消费者权益保护,防止算法歧视。三是建立符合数字化环境中开放式价值链风险特征的操作风险管理体系,有效管控对外合作的集中度风险、供应链风险,做好业务连续性规划和应急管理,保障关键外部合作方的可替代性。坚持管理责任、核心能力不外包原则,强化对外部合作方的准入管理,加强风险评估、监测、预警和退出管理。

二、银行数字化转型能力评估、投入有效性评价以及成熟度等级

《指导意见》特别强调各银行保险机构要保障人力和财务资源投入,贯彻落实数字化转型工作目标要求。银保监会及各级派出机构要加强对辖内银行保险机构数字化转型工作的指导和监督,将数字化转型情况纳入银行保险机构信息科技监管评级评分。银行数字化转型评估对数字化转型的战略制定、

执行过程、实现效果等进行跟踪监测，具有重要意义。一是引导方向和路径，数字化转型的切入点较多，从哪里入手、沿着什么路径推进，关系到转型的效率和效果。建立多维度数字化转型评估体系，有利于厘清数字化转型方向，帮助银行明确数字化发展路径和举措。二是评估进展和成果，有利于帮助银行根据各业务条线数字化的深入程度来评估数字化转型的效果，衡量战略转型周期内的进展情况。三是明确重点资源投入，有利于帮助银行厘清数字化转型所需的关键资源和短板领域，协助银行确定资源投入的优先顺序，做到有的放矢。

如何正确地评价银行数字化转型成效？真正的数字化转型不是技术的转型，也不是组织的转型，而是整个价值链的转型。只有把数字化技术和商业银行的价值链生态有机结合起来，商业银行才能获得真正预期的竞争优势。商业银行最终还是要通过产品服务和商业模式的差异化来实现生态价值可持续成长，数字化转型也应该以获得这样的竞争优势为目标。近年来，中国银行业协会联合国家高端专业智库以及会员单位共同开发的银行数字化转型成熟度评价体系、银行数字化转型投入有效性评价体系分别从六大关键能力、五大价值维度对银行数字化转型成效提供了评价方法，并将银行数字化转型成熟度划分为五级特征，为银行机构数字化转型发展路径和建设目标提供参考。

（一）银行数字化转型成熟度评价体系：六大关键能力

为助力银行机构明确自身数字化能力建设方向，中国银行业协会与中国信息通信研究院联合多家银行机构专家，紧扣《指导意见》总体要求，直击银行数字化转型痛点问题，结合企业数字化转型成熟度模型（IOMM），在银行业做了进一步适配落地，形成了一套凸显银行转型特色的银行数字化转型成熟度评价体系标准（IOMM-Bank），为数字化能力建设评估提供路径参考。IOMM-Bank标准面向银行数字化建设和运营主管单位，适用于大型银行、股份制银行和中小银行的数字化转型建设和运行阶段。IOMM-Bank标准和《指导意见》相呼应，通过治理战略化、运营数智化、数据资产化、平台云智化、管技融合化、风控合规化六大能力，明确了银行数字化转型的能力要求。

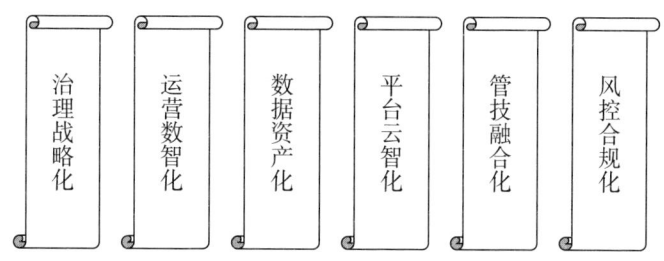

1. 围绕战略规划与组织流程建设，打造"治理战略化"能力

银行数字化转型战略应结合自身类别、资产规模、所处地域、特色经营业务布局等，制定适合银行自身成熟度及发展战略的数字化转型方案。如以银行规模为例，大型银行应积极支持国家战略性新兴产业、基础设施建设，打造数字化的产业金融服务平台。"治理战略化"能力的成熟度评估，应从数字化转型战略制定、组织机制优化、数字化人才队伍建设、全方位绩效考核等方面进行重点考察。一是银行董事会应加强顶层设计，科学制定和实施数字化转型战略，明确分阶段（长、中、短）实施目标。二是银行应加强跨领域、跨部门、跨职能横向协作和扁平化管理，并组建不同业务条线、业务与技术条线相融合的共创团队。三是银行应积极选聘具有科技背景的专业人才进入领导层，注重引进和培养金融、科技、数据复合型人才。

四是健全数字化转型管理评估和考核体系，综合KPI、OKR、360环评等绩效考核机制。

2. 围绕业务经营数字化，打造"运营数智化"能力

近年来，随着客户需求、行业环境、移动社交的发展和变化，银行应以用户场景为中心构建新的数字化运营管理体制，通过数字化、智能化的手段围绕用户提供全渠道、场景化、一站式的服务。"运营数智化"能力的成熟度评估，可从客户运营、渠道运营、生态运营等方面进行重点考察。一是银行应建立标准化、可量化、智能化的客户服务运营体系，重塑客户体验之旅，同时应加强大字版、语音版等针对特殊人群的应用软件建设。二是拓展线上渠道，丰富金融/非金融服务场景，加强线上、线下渠道业务协同，推动场景营销与前端开发有机融合。三是加强银行内外部资源整合，统筹规划与第三方企业合作平台，构建开放银行体系，实现跨界生态融合。

3. 围绕数据能力建设，打造"数据资产化"能力

数字时代下，数据成为资产，充分挖掘数据价值已成为许多银行的战略方向。银行通过大数据驱动业务更加精准、运营更为高效，并实现全行资源的优化配置。"数据资产化"能力的成熟度评估，可从数据治理、数据共享、数据应用、数据安全等方面进行重点考察。一是全行要加强数据标准、数据模型、数据架构等数据治理工作，厘清数据权属关系，完善数据考核评价机制，构建覆盖全生命周期的数据资产管理体系。二是银行应在合法合规的前提下构建跨部门、跨机构、跨行业的数据共享平台，实现多主体间数据的统一管理、集中开发和融合共享。三是提高数据应用能力，加强数据可视化和分析能力，通过数据驱动挖掘业务场景，推进数据在普惠金融、绿色金融、供应链金融等重点领域的融合应用。四是建立数据分级分类管理、全生命周期的安全闭环管理机制，完善数据安全技术，保护用户隐私和数据安全。

4. 围绕科技能力建设，打造"平台云智化"能力

伴随科技的进步，以人工智能、区块链、云计算、大数据、移动互联、物联网（ABCDMI）等为核心的金融科技飞速发展，提升了银行服务平台整体的云原生化和智能化水平，给用户带来随时随地、碎片化、多场景地获取信息和享受服务的便利。"平台云智化"能力的成熟度评估，可从数据中心建设、基础架构管理、新技术应用、自主可控等方面进行重点考察。一是优化数据中心布局，开展数据中心绿色化建设、运维、改造以及基础设施虚拟化、云化管理等。二是企业级架构设计，推进银行传统架构向分布式架构转型，建立适应"敏态"和"稳态"的双态交付能力。三是设立前沿技术研究实验室，推进对ABCDMI等新技术在移动支付、数字征信、智慧网点等领域规模化应用。四是应坚持自主可控和创新发展并重，加强自研技术知识产权保护、技术供应链安全管理。

5. 围绕业务管理数字化，打造"管技融合化"能力

通过促进新技术与银行业务场景（如核心业务类、产品服务类、渠道服务类、风险管理类等）在产品设计、研发、测试、上线等流程的适配融合，加强业务流程标准化建设，实现银行业务全生命周期的数字化管理。"管技融合化"能力的成熟度评估，可从业务流程重构、模块化改造两方面进行重点考察。一是以用户流程为中心梳理原有分散的各业务能力（信用卡、网银、支付、直销、理财等），通过RPA、BPM等数字工具实现流程优化贯通，打通业务与管理间的流程断点。二是构建敏捷高效可复用的技术中台、数据中台、业务中台等，支撑银行新业务、新产品、新服务的快速开发和应用模式创新。

6. 围绕风险防范，打造"风控合规化"能力

随着经济全球化发展进程的加快，银行所面临的合规风险日益严峻和复杂，各家银行应高度关注数字化转型过程中的风险，始终坚持维护金融安全、坚守风险底线的基本原则。"风控合规化"能力的成熟度评估，可从风险管理体系、风险管理流程、金融风险类别等方面进行重点考察。一是构建与数字化转型相匹配的风险管理体系，包括风险管理治理框架、策略、审计制度等。二是建立企业级风险管理平台，对风险识别、计量、评估、缓释、监测等全流程进行管理。三是加强金融风险类别管理，包括战略风险、合规风险、流动性风险、操作风险、外包风险等。

（二）银行数字化转型投入有效性评价：五大价值维度

近两年，银行业的数字化投入持续增加，数字化已经成为银行企业级的战略投资，围绕着新技术、新平台、新业务、新生态、新模式不断延伸。数字化转型的投入链路涉及银行内外部各利益相关实体，由于其视角不同、方法不同，对数字化转型价值的结论也会有所差异。这些差异会导致在规划制定、投资预算、投入执行、投入评审等方面很难达成一致，进而影响到银行数字化转型的进程，成为数字化转型的瓶颈。银行业需要建立一套统一、权威的价值展现和评价模型，统一利益相关方对数字化价值认知和目标认知。在这样的背景下，中国银行业协会和中国信息通信研究院共同牵头，联合银行侧和产业侧成立了银行数字化转型投入有效性评价研究课题组。经过半年的课题组研究、讨论、试点，最终形成了数字化转型投入绩效"RIVER"指数模型。RIVER取自数字化转型效果的五大评价维度，从银行监管、股东、高管层的视角出发，体现银行在社会责任（Responsibility）、创新及竞争力（Innovation）、价值创造（Value）、发展潜力（Edge）、风险和安全（Risk）

五大维度的能力。

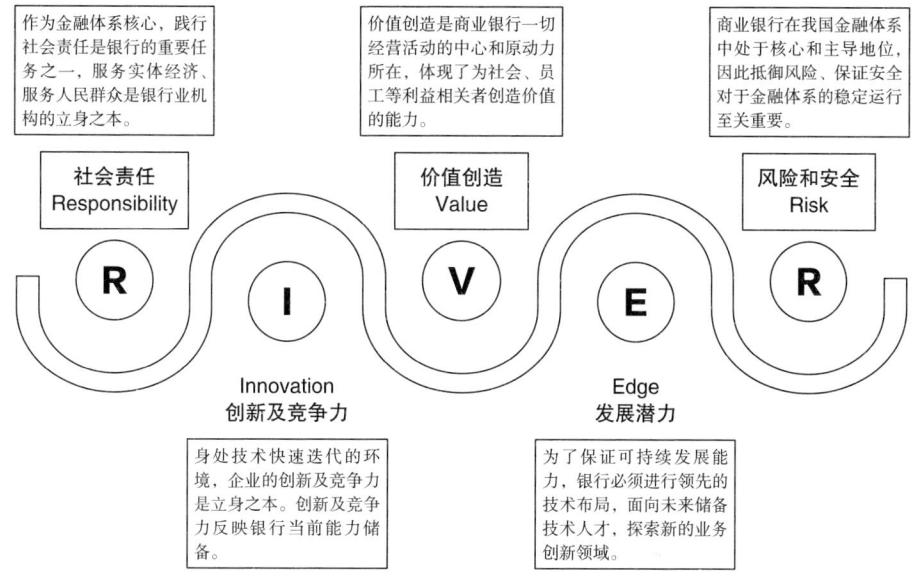

图 1 "RIVER"指数模型

1. 社会责任（Responsibility）

企业社会责任是治理层、股东、监管机构不可忽视的核心要素之一，目前银行重点聚焦的三大企业社会责任包括绿色、普惠、三农。实施数字化转型，有助于提高金融服务效率和质量，银行可以更快捷、有效触达"长尾客群"。

2. 创新及竞争力（Innovation）

创新表现在业务模式、服务模式、产品体系上，竞争力体现在科技创新能力、自主研发能力和生态规模化等方面。银行的数字化转型，通过拓展技术和服务边界，提升用户服务体验，带来银行创新及竞争力的提升，助力银行的持续增长。

3. 价值创造（Value）

安全性、流动性、效益性是商业银行经营的三大原则。其中，效益性是商业银行经营目标的要求，体现了银行为社会、员工等利益相关者创造价值的能力。流动性原则是商业银行保持随时满足客户提取存款和正常贷款所需资金的经营原则，体现了银行为客户创造价值的能力。

4. 发展潜力（Edge）

发展迅猛的数字技术在金融领域的应用也迅速迭代。为了保持持续竞争力，银行必须进行领先的技术布局，面向未来储备技术人才，探索新的业务创新领域。数字化转型能够扩展银行的创新边界，有助于银行打破传统的研发路径，更好地与数字技术融合。

5. 风险和安全（Risk）

商业银行经营的安全性原则是避免经营风险、保证资金安全。商业银行在我国金融体系中处于核心和主导地位，因此其安全性对于金融体系的稳定运行至关重要。银行数字化转型，能够通过前沿数字技术的应用，实现减少信息不对称性、提升风险防范能力、增强安全性的目标。

（三）银行数字化转型成熟度：五级特征

根据IOMM-Bank标准指标要求，银行数字化能力和运营效果成熟度将分为基础级、增强级、优秀级、先进级和卓越级五个级别，分别为电子化、线上化、协同化、智能化、生态化。银行机构可依据不同级别定位自身数字化转型发展所处阶段。在各个评价维度，通过雷达图直观展示能力特性与短板，描绘未来发展路径与趋势，为银行机构数字化转型发展路径和建设目标提供参考。

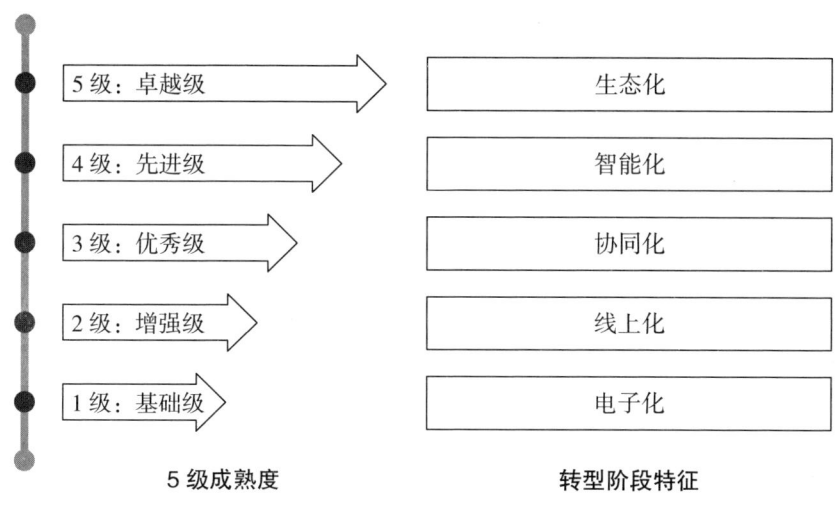

图2　IOMM-Bank 5级成熟度及关键特征

1. 基础级：电子化

处于实体银行阶段，实现了通过ATM、自动发卡机、外币兑换机、POS机等设施使用金融服务。在这一阶段，银行主要利用科技手段来优化现有的业务流程和金融服务，以提高效率、增加用户黏性。

2. 增强级：线上化

进入网络银行时代，用户可以在网上进行查询、转账、汇款、开户等操作。在这一阶段，银行虽然实现了业务的线上化，但金融服务是围绕现有网点业务和基础客户群体开展的，只是业务的渠道方式发生变化，缺乏基于互联网平台的营销思维模式。

3. 优秀级：协同化

随着互联网的深入，原本线下的银行业务模式转变为线上即时的融资和服务流程，实现业务处理的协同化和实时化。如交易协同，通过全新的流程梳理、功能分区和渠道分流，用户可以使用二维码支付等新技术手段购买商品，使得服务更顺畅、更协同。在这一阶段，传统的柜台被压缩，银行工作人员穿梭在大堂中随时发现服务用户的机会，但和互联网金融业务本质上还存在一定差距。

4. 先进级：智能化

随着智能手机的广泛应用，用户可以随时随地享受金融服务。银行进入使用数据和征信的智能化阶段，如各家银行建立电商平台，将银行原有的金融资源优势和客户优势转变为线上电商平台的流量和数据优势。在这一阶段，银行通过大数据、人工智能等新技术的应用，实现精准营销、监测客户流向、提供决策分析等智能化服务。

5. 卓越级：生态化

随着社会生活互联网化的逐渐深入，"开放、合作、共赢"成为银行新的战略理念。银行通过搭建全场景服务生态圈，围绕金融核心业务，与其他行业开展跨界经营与合作，打造全场景的综合金融服务平台，实现"金融+"的生态化服务场景。在这一阶段，银行将实现业务产品数字化、场景生态化，金融服务无处不在，有助于银行在移动互联网时代处于金融行业领先地位。

总而言之，数字化转型是一个系统化工程，涉及商业银行的业务战略、经营模式、组织机制、人才结构、技术工具、科技敏态、企业文化等方面的转型，并非简单通过一个项目的实施就能完成。对于传统银行的数字化转型，重中之重是数字化能力要素的构建，同时还需要有清晰的、差异化的战略指导，精准定位自身数字化转型能力的发展状态，明确转型提升的具体发展方向和进阶路径。商业银行需要在实践中不断提升转型认知、明确转型目标、提升数字化战略推进信心，探索适合自身发展的转型之路。

第5讲　中小银行数字化转型研究

杨　涛

当前,伴随经济社会发展中数字化应用程度的不断提升,数据要素成为推动增长与创新的重要动力,与之相应,金融业从核心要素到基本功能,都迎来了数字化转型的挑战与压力。相比于新兴的互联网"类金融组织和产品",持牌金融机构尤其是银行业如何更好地拥抱数字化与金融科技,直接影响到现代金融体系的稳健性和持续性。在银行业数字化转型过程中,中小银行作为内在禀赋和发展环境都具有特殊性的群体,在各国都是监管者、行业与研究者关注的焦点,需要进行更加理性的研究与探讨。

一、中小银行数字化转型的背景

金融创新与发展往往是为了适应经济发展方式的转变,近年来数字经济

作者系中国社科院金融所研究员。

已经成为推动经济供给侧改革、促进高质量发展的重要"抓手",对发展金融科技提出了更高要求。

习近平总书记在中共中央政治局第三十四次集体学习时强调:"数字经济发展速度之快、辐射范围之广、影响程度之深前所未有,正在成为重组全球要素资源、重塑全球经济结构、改变全球竞争格局的关键力量。"回顾历史,2017年数字经济首次出现在政府工作报告中,此后自2019年至2022年,连续4年被写入政府工作报告,国家先后提出"壮大数字经济""打造数字经济新优势""加快数字化发展,建设数字中国""促进数字经济发展,加强数字中国建设整体布局"等重要论述。

客观来看,即便在新冠肺炎疫情对经济增速带来全面冲击的背景下,数字经济相关产业也成为少数支撑经济持续增长的"亮点"。例如,就2022年一季度经济数据来看,装备制造业增加值同比增长8.1%,其中电气机械和器材制造业,计算机、通信和其他电子设备制造业增长均超过10%,二者拉动规模以上工业增长约1.7个百分点;一季度高技术产业投资增长27.0%,其中高技术制造业和高技术服务业投资分别增长32.7%、14.5%。高技术制造业中,电子及通信设备制造业、医疗仪器设备及仪器仪表制造业投资分别增长37.5%、35.4%;高技术服务业中,信息服务业、科技成果转化服务业投资分别增长21.3%、19.0%。

数字产业化与产业数字化的发展,以及数字化时代居民需求模式的演变,加上疫情"非接触时代"的外在约束,共同形成了金融科技变革的内生动力。虽然遭遇了互联网金融整治、大型互联网平台治理等挑战,但目前我国金融科技还是迎来守正创新、合规发展的时期。2021年以来,一是相关政策法规不断完善,如相关部门先后发布《中华人民共和国数据安全法》《中华人民共和国个人信息保护法》《保险中介机构信息化工作监管办法》《移动互联网应用程序个人信息保护管理暂行规定(征求意见稿)》等政策文件,金融科技应用与数字化转型的底层规则不断完善。二是金融科技标准化建设逐渐加强。人民银行发布《金融标准化"十四五"发展规划》，强调金融标准化的经济效益、社会效益、质量效益和生态效益充分显现，标准化支撑金融业高质量发展的地位和作用更加凸显。三是银行数字化转型的规划与政策支撑更突出。其中，2021年12月人民银行发布《金融科技发展规划（2022—2025年）》，明确未来几年金融科技创新的原则与重点；2022年1月银保监会发布《关于银行业保险业数字化转型的指导意见》，从背景、目标、原则和保障等方面对金融及银行科技发展进行规划和指导，包括数字化转型的内涵、数字化发展的各方面要求、系统性建设数字金融的思路和实际转型的建议等内容。

据统计，截至2021年末，我国共有银行机构4602家，其中城市商业银行共计128家，村镇银行共计1651家，农村商业银行共计1596家。面对日益复杂的国内外新挑战，银行业纷纷拥抱金融科技。其中，大中型银行已经成为创新的主力。根据已披露的年报数据，2021年6家国有银行的金融科技投入合计1074.93亿元，同比增长10.77%；8家股份制银行（招行、中信银行、平安银行、兴业银行、光大银行、民生银行、恒丰银行、渤海银行）金融科技投入合计479.24亿元，同比增长17.02%。与之相比，中小银行由于综合实力弱、情况千差万别，其金融科技发展与数字化转型则呈现"良莠不齐"。

在实践中，伴随数字技术赋能传统银行业务，一方面各类金融科技公司通过直接获取各类信贷信息，挤占银行业市场份额，使得传统商业银行失去比较优势（Stulz，2019[1]；Arner et al.，2015[2]；邱晗等，2018[3]）；另一方面

---

[1] Stulz R. M.(2019): "Fintech, Bigtech, and the Future of Banks", *Journal of Applied Corporate Finance*, 31(4): 86–97.

[2] Arner D. W., Barberis J., Buckley R. P.(2015): "The Evolution of Fintech: A New Post-crisis Paradigm", *Geo. J. Int'l L.*, 47: 1271.

[3] 邱晗、黄益平、纪洋（2018）：《金融科技对传统银行行为的影响——基于互联网理财的视角》，《金融研究》，第11期。

技术进步对商业银行经营效率和风险承担的正面影响逐渐发挥作用，并得到了证实。如刘孟飞和蒋维（2020）[1]发现金融科技显著提升了中国银行业盈利能力；杨望等（2020）[2]发现金融科技有利于商业银行经营效率的提高；温博慧等（2022）[3]证实了数字金融发展对传统银行小微贷款业务具有整体和空间区位的促进作用。在外部冲击与内部驱动双重因素影响下，商业银行纷纷将金融科技作为重大发展战略，积极推动数字化转型。

中小银行是我国金融体系的重要组成部分，也是推动金融科技发展的主力军，其前景不仅影响着金融稳定与金融安全，而且关系银行服务实体、地方、小微的效率与能力，因此其能否通过数字化来改变"命运"，也是新形势下的重大历史命题。"加快推进中小银行数字化转型"已经形成了广泛共识（宋鹭，2020[4]；万建华，2020[5]；杨涛，2019[6]）。综上所述，研究中小银行数字化转型问题具有重要的理论价值和实践意义。

二、中小银行数字化转型的发展现状

在银行数字化转型浪潮中，虽然中小银行比大银行的资源禀赋相对较

---

[1] 刘孟飞、蒋维（2020）：《金融科技促进还是阻碍了商业银行效率？——基于中国银行业的实证研究》，《当代经济科学》，第3期。

[2] 杨望、徐慧琳、谭小芬、薛翔宇（2020）：《金融科技与商业银行效率——基于DEA-Malmquist模型的实证研究》，《国际金融研究》，第7期。

[3] 温博慧、刘雨菲、程朋媛（2022）：《数字金融对传统银行小微贷款影响的空间效应——基于非平衡空间计量模型的实证检验》，《国际金融研究》，第3期。

[4] 宋鹭（2020）：《后疫情时代中小银行数字化升级的趋势、挑战与策略》，《国际金融》，第11期。

[5] 万建华（2020）：《商业银行数字化转型的路径选择》，《清华金融评论》，第11期。

[6] 杨涛（2019）：《商业银行数字化转型的重点与路径分析》，《农村金融研究》，第6期。

弱，但在内外压力与动力作用下，其业务的线上化、数字化也在不断深入，初步形成了包括网上银行、手机银行、直销银行、微信银行以及小程序等在内的线上全渠道服务能力，也有部分中小银行进一步探索线上信贷产品的智能化发展。虽然与大型银行相比来看起步较慢，但中小银行的数字化转型意识也在提升，许多中小银行已经开始制定数字化转型战略，选择转型方案，努力储备和培养金融科技人才。尤其是近年来"非接触"式金融服务需求快速增加，更促使中小银行不断加速线上经营布局、加强技术合作、深化改革等方式。

具体来看，一是从渠道布局来看，中小银行仍然以手机银行、网上银行为主，其他的线上化布局形式仍在发展探索中。其中，远程银行成为转型新方向，因为具有前台场景化、中台智能化、后台云端化等特征。部分优秀的中小银行不仅努力改造提升线下渠道，而且尝试聚合各类线上服务入口，打造一站式全场景综合服务平台，实现线上、线下有效结合。

二是从技术与数据能力看，中小银行普遍缺乏自主研发能力，在数据治理、人才储备、生态构建等方面都没有比较优势，因此通常与外部金融科技公司和同业领先银行开展技术合作。同时，顺应银行业技术创新自主可控的总体要求，部分中小银行稳定有序推进信创进程，逐渐建立起安全、可靠、高效、开放、弹性的信息系统架构。

三是创新特色产品与服务，许多中小银行借助于区域优势，深耕客户需求，通过数字标签、分析、建模，完善对客户的全生命周期管理，努力开发特色金融科技产品。同时，中小银行在智能营销、智能客服等领域也进行了大量创新探索。通过发挥地缘特殊、基层经验丰富、体制机制灵活等优势，整体上在服务三农、小微、地方经济等方面的作用持续提升。

四是在组织架构方面更加适应数字化时代特点。许多中小银行努力推动治理架构创新，尝试建立符合自身数字化转型路径的扁平化科技治理组织，也有部分中小银行通过合并重组来整合资源，顺应数字时代背景、培育核心竞争力、实现科技赋能。此外，有的头部中小银行成立了全资金融科技子公司，多数普遍单独设立科技部门；对于综合能力较弱的农村金融机构来说，也能够依靠省农村信用社联合社科技部门提供技术支撑。

五是人才布局持续加强。如根据中国银行业协会2021年陀螺评价指标体系，体系智能化能力排名前十的城商行金融科技投入占营收的平均比例达到5.69%，金融科技人员占比平均比例为6.7%；排名前十的城区和县域农商行金融科技人员平均比例分别为5.1%和5.8%。

六是努力完善数据治理与风险控制。中小银行普遍缺乏数据治理能力，而部分领先银行则进行了许多有价值的探索，如把关键点放在打造数据中台，努力提高数据使用效率，更高效地把标准化数据产品和服务提供给前台。也有许多中小银行利用内外数据与技术支撑，一方面努力提升反欺诈能力，另一方面综合评估企业客户的信用状况，不断优化对个人和企业客户服务的风险控制水平。

三、中小银行数字化转型存在的问题与挑战

根据中小银行互联网金融（深圳）联盟等机构联合发布的《2021中小银行金融科技发展研究报告》，与很多大型银行相比，中小银行在开放合作方面的深度和广度还不够，同时面临商业模式、数据安全、技术漏洞等方面的风险。城商行、农商行和民营银行之间的发展差异较大，农商行由于规模普遍较小、创新能力不强等方面的约束，在金融科技发展的大趋势下面临着更大的压力。

具体而言,当前中小银行数字化转型存在几方面突出问题。

第一,战略规划不够清晰。银行数字化转型是一项系统工程,并非科技、业务某个具体部门的工作,需要在全行层面上制定明确的规划,梳理转型的目标、原则、路径与重点等,从而更有效地指导数字化转型的具体工作。对于中小银行来说,由于存在更突出的经营压力,通常更重视短期业绩问题,而对长期培育整体创新能力关注不足,对战略层面问题的重视相对较弱,因此迫切需要进行"企业级"的数字化战略规划与安排,结合自身情况、因地制宜地把数字化转型作为银行战略前提,明确数字化、线上化的资产与业绩目标等。

第二,资源投入能力不足。近年来,受到经济下行和疫情冲击与影响,众多中小银行的资产质量和盈利能力承受外部冲击,补充资本的需求不断增加,但部分中小银行资质相对较差或经验不足,也难以通过市场化方式发行资本补充工具。尤其是数字化转型需要长期、大量的研发能力、信息建设、人才配置等投入,且难以短期带来盈利回报,这更使中小银行无法在资源约束下更多投入金融科技创新中。因此,许多中小银行不仅难以保持金融科技资源投入的增长,而且可能连基本投入都远低于行业平均水平。

第三,技术与数据基础薄弱。银行数字化转型需要有一定的技术与数据能力支撑,但是中小银行在这些方面存在明显不足。一方面,大数据、人工智能、移动互联、物联网、云计算、区块链、安全技术等突飞猛进,成为银行业务创新的重要源泉。如果银行在此方面有一定的原创性技术突破或拥有专利,则更容易推动技术与业务的融合,但显然多数中小银行并不具备此条件。另一方面,机构数字化转型的基础应该是拥有较好的数据管理能力,包括数据的发掘、开发、运用、储备、管理、治理等,多数中小银行在此方面仍处于"粗放"阶段,无法支撑业务线上化、智能化的要求。

第四,业务创新与场景应用不够顺畅。银行数字化转型也是为了更好地服务于客户,而部分中小银行过度追求数字化的热点,盲目跟随大银行和金融科技公司的前沿技术,脱离了客户需求,忽视自身客群体特征和业务特点,与"服务本土"和特色业务结合不够。同样,数字化转型并非技术或业务"单兵突进",也需要依托于有效场景实现技术积累与业务探索的同步展开。就此来看,多数中小银行的技术与业务板块缺少联动机制,相对比较分割,即便有创新成果可能也仅限于系统改造、技术引入方面,难以找到较好的业务场景,无法嵌入具体业务流程的升级中。

第五,人才支撑有所不足。人才是银行数字化转型最重要的要素保障,而根据北京立言金融与发展研究院在2021年开展的一项调研[①],以被调研的城市商业银行样本为例,发现在金融科技人才机制建设方面,仅有52.57%的城市商业银行将"金融科技人才培养"列入董事会工作目标,仅有51.29%的城市商业银行有完整的金融科技人才发展规划,仅有46.66%的城市商业银行有金融科技人才目录,仅有38.05%的城市商业银行披露了金融科技人员占比信息。在金融科技人才平均薪酬方面,城市商业银行金融科技人员的平均薪酬最低,56.04%的受访银行在5000元以下,明显低于其他类型商业银行,说明中小城市商业银行平均薪酬普遍较低,在金融科技人才市场中竞争力较弱。

第六,外部合作中存在合规挑战。由于自身能力和资源限制,大量中小银行在开展金融科技创新业务时,更多需要引入外部第三方机构来协助完成,例如,与互联网企业合作来导流和获客,依靠第三方数据服务商获取已经加工的数据资源,或者在风险管理方面依赖于专业智能风控机构的信用评估和

---

① 北京立言金融与发展研究院:《中国金融科技人才培养与发展问卷调研(2021)》,2021年12月。

风险决策支持等。对此，一方面有助于部分中小银行在合作与学习中不断提升自己数字化能力，另一方面也使部分中小银行过于依靠外部力量，反而难以真正优化内部创新生态。同时，由于相关合作业务受到监管政策演变的较大影响，也容易导致合规风险问题。

第七，组织架构仍不完善。客观来看，虽然有部分中小银行开始探索部门与组织的创新，但多数仍然相对滞后，这也是制约中小银行实施数字化转型的重要内部因素。在实践中，即便是明确了转型战略，银行业机构也需要强有力的组织架构来助推转型升级的具体落地。我们看到，大多数传统中小银行仍然保留了金字塔形管理机制，决策层次仍然等级分明，并且各部门各条线一直延续垂直化管理模式，使各部门的局部利益约束明显，内部系统、流程和数据往往难以畅通，跨部门、跨条线协同机制更是欠缺。

四、中小银行数字化转型的战略重点

中小银行应该抓住重点，以点带面，稳步推动数字化转型进程。

第一，优化战略布局。中小银行应该高度重视数字化转型，确立数字化战略的"一把手"工程，结合国家政策方向、行业发展规律、自身禀赋与特点，加强数字化统筹与规划。一方面，对于适合全面推动数字化转型的中小银行来说，应该坚定信心并落实步骤，把数字化融入管理、业务、信息技术等各项具体规划中，并充分探索适合自身的差异化发展道路。另一方面，数字化转型并非"灵丹妙药"，不应该促使所有中小银行都陷入"运动式发展"。对于某些基础能力不足、业务经营困难的机构来说，或许应该把更多精力放在风险整治和优化管理上，为将来可能的数字化转型先做好准备。

第二，创新组织架构。在银行数字化转型的过程中，战略决定方向，成败取决于组织能力。长远来看，银行数字化目标不仅是具体的技术应用或产品发布，而是全面改造现有的经营模式、系统架构、数据管理、业务创新，在数字化时代面向新经济、新产业、新主体，重新定位间接金融类中介组织的价值。客观来看，如果缺乏有效的组织保障，银行数字化转型则如同汽车缺少了发动机。相比大银行而言，中小银行的组织灵活性较强，更应该对标先进的金融机构和互联网企业，积极优化管理组织、人事架构等，努力打造全新的敏捷组织。

第三，夯实数据基础。在推动银行数字化转型过程中，数据是最重要的生产要素。中小银行应该努力运用先进的数据管理理念和方法，不断优化自身数据管理能力，持续完善数据管理组织、程序和制度。一方面，努力优化业务活动中的数据质量并解决标准缺失问题，整合各条线各部门分布零散的数据；明确数据治理架构，建立数据控制机制；强化数据分析和应用能力，努力尝试挖掘数据价值、搭建数据应用场景。另一方面，中小银行还应该打造覆盖数据全生命周期的安全防范系统，重视数据质量检核、数据治理自检自查等，有效保障数据安全。

第四，提升技术能力。当前，银行业金融科技发展迫切需要加强核心技术的应用攻关。人民银行也强调要聚焦金融科技应用前沿问题和主要瓶颈，实行"揭榜挂帅""赛马"机制，加大关键软硬件技术金融应用的前瞻性与战略性研究攻关。对于中小银行来说，虽然多数不具备独立的技术创新能力，但通过积极参与行业组织、孵化平台、专项合作等方式，既能够及时锻炼队伍、跟上行业技术前沿，又能够有助于利用外部力量打造具有竞争力、可商业化运营的科技产品，更好地服务于业务发展。

第五，改善业务场景。银行业数字化转型需要牢牢抓住客户需求特点，真正实现对客户的价值贡献，围绕客户需求来打造服务体系、提升有效供给。

整体上看，中小银行也需运用新技术、新理念，全面重构原有业务模式，真正将数字化、新技术融入各类应用场景中，使金融"无感化"且"有温度"，从而提升服务精准性、便捷性、普惠性。一是积极发展产业数字金融，尤其是结合区域经济、产业特色，打造特色化金融科技应用，更好地支持地方的产业数字化发展。二是大力推进个人金融服务数字化转型，优化零售金融服务的质量与可得性，并且推动解决"数字鸿沟"问题。

第六，加强风险控制。商业银行面临的风险包括信用风险、市场风险、操作风险、流动性风险、利率风险、声誉风险、战略风险、集中度风险等，这些风险在数字化背景下变得更加复杂。与大银行相比，多数中小银行的全面风险管理工作尚处于起步阶段，风险管理的精度、广度、深度都有所不足。为了促进数字化转型的良性发展，中小银行必须以风险管理体系的升级为前提，重点关注关联交易、数据产权、个人隐私和金融消费者权益保护等风险，以及重视在信息科技外包服务中的合规风险问题。

第七，巩固发展生态。一方面，中小银行数字化转型的关键之一就是充足的人才保障。对此，数字化人才资源管理关键要做好"选、用、育、留"，尤其需要注意的是，中小银行依靠外部招聘人才并不容易，更应侧重于内部培育复合型数字化人才，长期关注和发掘技术、业务能力较好，且学习能力较强的员工，探索建立有针对性的晋升机制和激励机制。另一方面，数字化转型也不能"单打独斗"，需要着力构建有效的外部生态，努力与客户、金融科技企业、同业机构、政府等共建多维度的金融科技合作圈；同时只有对各类资源和渠道进行场景化配置，与不同合作伙伴通过共建生态来相互赋能，才能使中小银行数字化转型获得更持久的动力。

五、中小银行数字化转型的外部保障

中小银行数字化转型并非仅依靠自身即可顺利推进,也需要来自监管、行业协会、地方政府等各方的引导、支持与规范。

第一,需要合理政策支持与差异化监管措施。一方面,对于中小银行数字化转型中的监管,既需要明确相应的底线原则,有效防范潜在风险的累积,探索主体监管、功能监管、科技监管的融合路径;又要不断优化与数字化转型相适配的制度规则,给予适度的风险容忍度,并且根据不同中小银行情况差异大的特点,构建动态、弹性的多层次监管机制。另一方面,相关部门应有效协调现有政策,并进一步探索可用政策空间,努力为中小银行数字化转型提供更多的外部资源支持,如合理运用资金补贴和费用抵扣等措施,帮助中小银行降低金融科技研发成本。

第二,需要突出开放生态与搭建合作平台。中小银行数字化转型需要更多的行业协同与支持,因此需要进一步发挥银行业协会等行业组织的纽带作用,并合理支持各类跨区域的中小银行数字化转型服务联盟或组织,实现技术资源利用和创新协同的最大化。正如人民银行《金融科技发展规划(2020—2025)》强调,"加强金融科技共性技术、资源和服务的开放合作、互惠共享,联合高等院校、科研院所、高新技术企业等搭建专业化金融科技产用对接平台,依法合规参与数字技术开源社区等创新联合体"。对此,需要通过各类开放性生态与平台建设,推动中小银行的金融科技、战略管理、风险管控等部门间的有效协作,搭建与金融科技企业之间更加互信、高效的对接平台,整合中小银行生态圈伙伴资源,从而助力提升中小银行的金融科技水平与业务创新能力。

第三，完善地方金融科技发展环境。面对数字化浪潮，目前各地方都高度重视金融科技的发展。由于不同地区、不同城市的金融发展水平差异较大，金融科技创新环境更是优劣不同，使得中小银行与金融科技融合的区域政策环境相差较大，数字化转型进展也呈现地方分化的现象。对此，考虑到中小银行大多数属于地方法人银行，在现有监管规则下本身就扎根于地方、无法跨区域经营，因此更易受到地方金融科技政策环境的影响。对地方政府来说，一方面应该推出更多措施来直接支持中小银行数字化探索，如在强调合法经营和规范发展的前提下，探索为中小银行设立引导、补偿基金等方式来鼓励创新，或者给予相关的成本补偿来支持中小银行的数字普惠金融创新等；另一方面需要在数据、征信、司法等方面不断优化地方金融科技生态环境，为中小银行的数字化转型提供更健康的发展"土壤"。

第四，推动中小银行体制机制完善。一方面，中小银行数字化转型能否成功，还取决于能否"练好内功"，近年来部分中小银行的经营战略出现失误，引发潜在风险，如不良资产较高、内部治理水平较低、关联交易、数据不准确、大股东和实际控制人行为不规范、外部监管不到位等。对此，监管部门不断强化"三会一层"，履职监督和问责，严格把关股东资质，规范股东行为，并开展了"农村中小银行股东股权三年排查整治行动"。虽取得了一定成效，但在数字化带来更多挑战与不确定性的情况下，加强中小银行公司治理建设仍任重道远。另一方面，现有中小银行的诸多体制存在矛盾，在数字化转型趋势下更需尽快解决。例如，农信机构的省联社改革一直是焦点问题，而目前除少数头部农商行能自建科技系统外，全国大部分农商行受资本、规模、人才、科技等约束，其科技系统建设基本依靠省联社。由此，如何在数字化背景下加快省联社改革与探索，更好地支持农商行的数据、系统、技术、业务创新，则成为题中应有之义。

第6讲 以高质量数字化转型赋能高质量发展

吕仲涛

当前,数字经济蓬勃发展,加速成为继农业经济、工业经济之后的新经济形态。数字化,正以前所未有的速度、力度和广度奔腾在金融业转型的潮头。数字化转型不是新命题,数字化发展历经电子化、信息化、智能化等主要阶段,不断推动着经济社会发展质效的升级,数字化转型已成为实现金融高质量发展的有效路径。立足新发展阶段,如何用好金融科技的"利器",答好数字化转型的"答卷",赋能金融业高质量发展,成为金融机构未来发展的关键。

作为我国金融服务主力军和科技领先大行,工商银行全面贯彻落实党中央、国务院决策部署,深刻把握金融工作的政治性和人民性,胸怀"两个大局"、心系"国之大者",立足主责主业,始终坚持服务实体经济、服务人民生活的初心使命,正确把握数字经济形态下商业银行的科学发展规律,率先

作者系中国工商银行首席技术官。

谋划提出了"数字生态、数字资产、数字技术、数字基建、数字基因"五维数字化布局。工商银行强化顶层设计与统筹推进，围绕数字化转型五维布局实施了一系列富有成效的深层次变革，探索出一条适合大型银行、具有工行特色的深化数字化转型的实施路径，以数字化转型推动自身高质量发展。

一、深入把握银行业数字化转型面临的时代背景

（一）加快推进数字化转型是银行业融入数字经济和数字中国建设大局的必然举措

习近平总书记在中央政治局第三十四次集体学习时指出，数字经济发展速度之快、辐射范围之广、影响程度之深前所未有，正在成为重组全球要素资源、重塑全球经济结构、改变全球竞争格局的关键力量，要促进数字技术与实体经济深度融合，做强做优做大数字经济。"十四五"规划提出要加快数字化发展，建设数字中国，这对银行业的数字化供给能力、生态化链接能力提出了更高要求。加速深入推动数字化转型，不断拓展金融服务实体经济的路径和方式，助力社会生产方式、人民生活方式和政府治理方式的变革，是银行业融入数字经济和数字中国建设大局的必然举措。

（二）加快推进数字化转型是银行业践行创新驱动发展战略的内在要求

"十四五"规划提出，要坚持创新在我国现代化建设全局中的核心地位，将科技自立自强作为国家发展的战略支撑，深入实施创新驱动发展战略。在新一轮科技革命和产业变革的大背景下，深化数字化转型是银行业践行创新驱动发展战略的必然选择。银行业要着力完善科技创新体制机制，激发人才

创新活力，打好关键核心技术攻坚战，实现高水平科技自立自强，塑造发展新优势，增强发展新动能。在此背景下，人民银行印发了《金融科技发展规划（2022—2025年）》，将"数字驱动"作为首要基本原则，提出"强化金融创新的科技武装、数据加持，加快金融数字化转型步伐"，并明确了金融数字化转型的总体思路、发展目标、重点任务和实施保障，有力指导和推进金融数字化转型步伐。银保监会印发了《关于银行业保险业数字化转型的指导意见》，从机制、方法、行动步骤等方面对全面推进银行业保险业数字化转型，推动金融高质量发展提出了具体要求，为行业的数字化转型指明了方向。

（三）加快推进数字化转型是银行业实现高质量发展的必由之路

当前，我国银行业在金融服务质量效率、金融创新体制机制等方面仍存在一些短板，制约了银行业的高质量发展，加快推进数字化转型成了银行业在新的历史阶段实现高质量发展的必由之路。工商银行作为国有大行，一以贯之坚持数字化发展，始终把创新作为引领发展的第一动力，先后自主研发了四代核心系统，率先实现了数据大集中、"两地三中心"等重大科技创新突破，奠定了在国内同业中的代际领先优势。工商银行敏锐把握新一轮科技革命和产业变革趋势，以新生态重塑业务架构、以新技术推动IT架构转型，工商银行完成智慧银行开放生态建设工程（ECOS），打造了第五代全分布式开放银行生态系统，实现了传统单一核心银行系统向去核心化开放生态银行系统的代际跃升、从传统集中式向全分布式转型突破，构建了多元异构的技术架构体系和全域、全要素大数据驱动的经营管理体系，再次引领银行业金融科技未来发展方向。面对国家赋予金融业"加快数字化转型"的要求，工商银行正确把握数字经济形态下商业银行的科学发展规律，进一步谋划提出了"数字生态、数字资产、数字技术、数字基建、数字基因"五维数字化布局，开启了全面建设数字工行新征程。

二、深刻认识数字化转型的内涵本质

数字经济时代下,需要深刻认识数字化转型的本质。数字化转型本质是以"数据、技术"双要素驱动,加速业务模式、管理模式的创新和重塑,有效提高价值创造能力,实现企业级转型升级和创新发展。从数字生产力的角度,数据、技术助推新兴和传统劳动资料深刻变革与优化重组,催生新的生产方式,对经济社会持续发挥放大、叠加、倍增效用。数字经济时代,提升数字生产力要进一步加强对大数据以及新技术的运用,并持续创造出新的产品、新的服务或者新的商业模式,提升价值创造能力。从数字生产关系的角度,数字化对全社会的生产、分配、交换和消费各环节中的相互联系都产生了影响。数字化生产关系具有普惠化、个性化、共享化等特征,而数字生产关系需要变革性的组织作为支撑,需要加快开展组织架构及机制体制改革,加强数字化人才培养。

当前正处于向全面数字化、智能化转型的历史性时期,科技因素加快渗透金融的每个"细胞",改变着传统金融业务的DNA,对金融服务创新发展的引领作用更加凸显。银行具有天然的数字化基因,是数字化转型的先行者。经过多年发展,我国银行业已走过以电子化、信息化为特征,利用数字技术推动业务发展的"数字化1.0"阶段,进入了以智能化、开放化为特征,利用数字技术引领全面变革的"数字化2.0"阶段。在"数字化2.0"阶段,科技和数据在银行中的战略地位越发凸显,科技与银行的关系正在从后台支撑走向前台赋能,数据在银行的定位正在从资源转变成资产。迈入数字化转型的新阶段,工商银行全新推出了面向未来的集团数字化品牌"数字工行(D-

ICBC）"，加快推动经营模式和治理模式的数字化变革，力争建成具有更强适应性、竞争力、普惠性的、与现代经济体系相适应的数字工行，积极融入数字中国建设大局，助力数字经济健康发展。

三、深化推进数字化转型五维布局

数字化转型是一项全局性系统工程，涉及范围广，复杂程度高，需要上接天线下接地气，以国家战略、监管要求和行党委决策部署为纲，将数字化转型上升到集团战略层面，全集团作战，是一场由思想到行动，由顶层到终端，自内而外的一场深刻变革。商业银行应围绕数字生态、数字资产、数字技术、数字基建、数字基因五个数字化时代的关键要素，走出一条适合自身实际的深化数字化转型的实施路径，以深化数字化转型为高质量发展提供动能。

（一）做活数字生态运营，构建数字化转型的开放生态体系

数字化转型不仅是数据和技术的应用创新，更重要的是实现业务模式的重构。数字生态是数字化时代下银行对客服务的新窗口和新模式，是数字化转型的"牛鼻子"，必须抓牢抓实。其核心是利用"数字+技术"推动产品服务向"外部链接、构建生态"转变，将低频金融服务嵌入高频生产生活场景中，打造无界融通的开放生态，构建共创共赢的数字共同体，满足客户更快速、更智能、更无感、更安全的金融需求。工商银行以服务实体经济和满足人民群众需要为目标，打造链接能力最强、产品供给最广的数字新业态，全面建成开放、合作、共赢的金融场景生态布局，更好地融入和服务产业数字化、数字政府、数字社会建设。

内部生态上，创新推出"云工行"非接触服务模式，为广大客户提供

"业务云办理、急事屏对屏、沟通全天候、服务一体化"的服务体验，支持业务"随时随地"办理。通过"云工行"模式连接线上与线下，实现"两个打通"。线上线下交易主渠道"融合式打通"。通过构建云网点，将物理网点云化入驻手机银行，方便客户从手机银行直接获取网点服务内容及特色活动，强化网点线上引流获客和运营能力；通过手机银行非接触服务模式，使更多柜台业务可以通过线上直接办理；通过"线上预约、集约处理、快递交付"模式，实现线上线下最优组合、无缝衔接的一体化服务。服务资源"嵌入式打通"。通过构建客户经理云工作室，实现网点客户经理营销资源线上线下跨渠道共享；通过优化一体化远程银行服务体系，实现远程银行坐席向线上线下主渠道开放能力；通过打造智能客服"工小智"，实现云网点、手机银行、智能终端等主要渠道人工与智能服务协同伴随。

外部生态上，通过"API开放平台+金融云平台"构建开放生态。依托API开放平台和金融生态云平台，采用"走出去"和"引进来"两种方式构建开放生态。"走出去"是通过API开放平台，把服务和产品做成标准化接口，开放给合作伙伴。"引进来"则是通过金融云，引入了财资、教育、景区等行业应用，与合作伙伴携手为客户提供"行业+金融"综合服务。通过产品输出、平台对接、场景互嵌，现已对接2万余家合作伙伴实现开放化能力输出，在政务、产业、普惠、民生等重点领域打造一批数字化合作标杆和创新精品。

赋能数字政务方面，打造了"1+N"数字政务产品体系，积极助力政务服务"一网通办"，向社保、工商、政法等垂直领域输出"行业+金融"一站式服务，让"数据多走路，居民少跑腿"。与全国29个省（区、市）开展政务合作，落地300多个政务合作场景，做实、做活、做强数据资产，打造与数字中国、数字经济相呼应的数字化能力。深度参与数据交易所建设，成为上海数据交易所首批签约数商，达成上数所首单交易，以及首单基于数据资产凭证的融资，增强地方数据市场合作创新。赋能数字产业方面，紧密对接现代农业、先进制造业、现代服务业等行业龙头数字化转型发展步伐，结合大型企业供应链场景，打造工银聚链、工银聚融等一系列数字供应链平台，服务20余万家上下游企业。比如，创新推出财资管理云服务，引入多家专业财资管理软件公司作为合作方，共同为大中型企业客户提供涵盖多银行账户资金集中管理、统一结算、资金计划等在内的"财资+金融"一站式服务，年交易额超万亿元，助力企业管理数字化转型。赋能数字普惠方面，坚持数字普惠发展方向，不断提升普惠金融专业服务能力，加快完善与数字普惠特点相适应的集中运营体系和线上线下一体化服务渠道，创新推出经营快贷、网贷通、数字供应链等数字化普惠金融产品，精准解决不同场景小微企业融资痛点，以全流程线上化服务满足小微企业融资需求，实现对小微企业的"滴灌式"精准扶持。赋能数字民生方面，全新推出了"工银兴农通"品牌，为农村客户搭建享受便捷式金融服务的一站式"新超市"、数字化生产生活的"新农具"、汇集涉农生态场景的"新平台"，不断丰富服务内涵，积极助力乡村振兴。率先推出"数字乡村"综合服务平台，提供集政务、财务、村务、党务、金融五位一体的综合服务，通过"一窗受理"服务模式实现数字乡村治理，目前已经覆盖了31个省（区、市）、260个地市，为超10万个村集体客户提供普惠便民服务。

（二）做实数字资产应用，增强数字化转型的数据要素动能

数据是金融的核心，是金融业数字化转型的基础性、战略性资源。数字资产是加快数字化转型的新动能，通过做实做强做活数据新要素，大幅提升数据对业务的智慧赋能。工商银行全面加强数据能力建设，推动数据管理工作和数据平台建设转型升级，充分激发数据要素的内在价值，促进数据有序

共享与综合应用。推进数智融合创新。率先构建企业级数据中台，同业首家实现全集团、境内外数据全入湖，覆盖客户营销、产品创新、风险防控、运营管理等领域，全面提升企业数据价值变现能力。在营销领域，综合运用大数据和人工智能技术开展360度客户精准画像，打造了贯穿前中后台的营销"智慧大脑"，为广大个人客户提供数亿套"千人千面"服务方案，适应全量客户差异需求，实现"向合适的客户在合适的时机、渠道提供合适的服务"的服务目标。在风控领域，打造了中国银行业首款外部欺诈防控产品"融安e信"，为各行各业客户提供风险、情报、关联、舆情、报告等九大风险服务，投产10年来，累计拦截拒绝欺诈汇款近45万笔，为客户避免损失超100亿元，取得良好社会成效。工行已通过DCMM（数据管理能力成熟度）5级认证，成为国内金融业首家获评数据管理能力成熟度最高等级（5级）的机构。推进数据要素生态建设。打造数据要素市场建设的行业标杆，作为首家商业银行参与上海市政府公共数据开放合作，创新推出面向政府采购企业的一站式全流程信贷"政采贷"等特色产品；成为上海数据交易所首批签约数商，达成上数所首单交易，以及首单基于数据资产凭证的融资。

（三）强化数字技术赋能，增强数字化转型的技术支撑

数字技术是数字化转型的第一动力，通过打造先进可控的硬核科技，践行科技自立自强使命，着力增强关键技术创新和应用能力。工商银行始终坚持科技驱动、价值创造，争做前沿技术在金融行业应用的先行者。建设全球领先"云计算+分布式"技术架构。引领行业从传统集中式向全分布式转型突破，搭建同业体系最全、应用最广的分布式技术体系，日均服务调用量超过120亿次；建成全球银行业规模最大、技术能力最强、业务场景全覆盖的金融云平台。全力推进关键核心技术攻关。在大型银行中率先实现了下移功能最

全、下移业务最关键、下移业务量最大的历史性突破，境内分行10亿借记卡账户和近7亿个人客户的业务处理已全部实现主机与开放平台并行运行，取得了金融业信息系统创新工程的里程碑突破。同业首家实现"一云多芯"架构部署，率先完成云平台对通用开放平台和自主创新技术体系的兼容适配；围绕云平台、操作系统、数据库等重点领域开展集中攻关，实现多项首创性技术突破，构建了办公管理、数据分析、风险防控、业务管理等多个领域一揽子可复制可推广的技术解决方案，打造金融行业自主创新转型改造与应用推广的示范样板。打造一系列企业级服务能力强、具有行业领跑优势的新技术平台。建成业界容量最大、算力最强、功能最完备、弹性可扩展的大数据服务平台，以此为基础开展服务、产品、运营等智能化转型；升级人工智能技术体系，率先建成企业级RPA（机器人流程自动化）技术平台，同业首家通过工信部及信通院组织开展的RPA系统与工具应用成熟度评估；打造拥有自主知识产权的区块链平台，融合150余项技术突破，首批通过工信部及信通院五项可信区块链技术测评，并入选"福布斯"2021全球区块链50强榜单。探索前沿技术新高地。推进隐私计算研究及应用，同业率先发布《隐私计算推动金融业数据生态建设白皮书》；借助高分辨率卫星遥感数据配套智能化监控模型，对农作物生长、大型工程类项目建设进行贷后智能监控；实现量子技术在重要金融加密场景中的可行性验证及试点应用突破。

（四）优化数字基建布局，夯实数字化转型发展根基

数字化时代下，金融业务场景增多，业务高频复杂特征越发明显，驱动金融基础设施载体向资源更均衡、供给更敏捷、运行更高效、设计更环保的目标升级。工商银行坚持总体国家安全观，积极应对复杂多变的外部形势和技术革新带来的新挑战，推进生产运维转型，构建一体化防护体系，全集团

安全生产继续保持较高水平，筑牢安全生产运营底线。

加快"绿色"数据中心建设，不断提升数据中心的绿色低碳发展水平，有效承接高并发业务下的信息系统稳定运行、海量数字资产存储与智能应用，工商银行数据中心被国家工信部评为"国家绿色数据中心"。升级安全防御体系。依托"两地三中心"基础架构形成本地系统高可用、同城高可用以及异地灾备等措施，构成应用系统灾难恢复能力保障体系；全面构建网络异常行为威胁感知体系、网络追踪溯源和诱捕体系、可持续攻击防御体系，主动防范外部安全威胁，大幅提升精准防御能力。推进运维智能化转型。着力提升运维基础技术支撑、持续交付、监控分析、应急处置、性能容量、变更风险管控等运维核心能力；提升故障感知发现预测能力，构建全面覆盖主机、网络、系统、设备、应用等专业的监控系统，并建设全链路监控系统、故障定位系统持续提升监控智能分析能力。

（五）推动数字基因渗透，激发数字化转型的内生原动力

数字基因的深刻塑造和全面渗透是银行数字化转型成功的重要因素，也是数字化发展过程中必须主动攻克的"堡垒"。深化"一部、三中心、一公司、一研究院"金融科技组织布局，深耕机制创新，推动科技基因渗透，不断提升金融创新响应效率和供给能力，激活释放全行科技创新活力。打造复合型金融科技人才队伍。推进人才兴业工程，积极构建科技与业务互通的科技人才职业生涯通道，探索建立"科技培养—业务使用"的金融科技人才"蓄水池"机制；加大"科技菁英"校园招聘力度，积极引入高端社会化专业科技人才，形成金融科技人才汇聚的高地；建立面向"领军人才、菁英人才、全员队伍"的分层立体式培训体系，在全行范围内提升数字化思维、锻造数字化能力。完善金融科技组织布局。不断优化面向业务、面向基层、面向生

态的研发力量布局，逐步增强面向分行服务支持的队伍力量并向基层一线渗透，推动分行金融科技机构向创新研发转型；成立工银科技（北京）有限公司，强化价值输出能力和市场影响力。健全科技创新机制。建立创新攻关"揭榜挂帅"机制，选取十余个攻坚克难项目和精品工程项目试点，明确市场和业务目标，做精做优产品，着力解决技术难题；全面实施敏捷研发模式，组建敏捷研发柔性团队，以客户为中心，高效响应市场需求；深化产学研用联合创新，进一步发挥金融科技研究院和实验室的科研能力，围绕多方安全计算、联邦学习、量子技术、区块链、5G技术应用等前沿技术领域，共建联合实验室。

百舸争流，奋楫者先；千帆竞发，勇进者胜。工商银行将紧抓数字化时代新机遇，以数字化转型为引领改革创新的总抓手，围绕转型五维布局，以开放生态为重要生产方式，以数据和技术为关键生产要素，以组织机构改革为内生发展动能，进一步增强服务实体经济、服务人民生活的使命感和紧迫感，加快建设高水平"数字工行"，不断增强服务新发展格局的新动能，开创高质量发展的新局面。

第7讲　数字化浪潮下银行如何纵深推进金融科技发展

金磐石

站在"两个一百年"奋斗目标的历史交汇点上，百年变局与疫情影响交织叠加，科技自立自强不再是"附加题"，而是关乎银行自身生存和长远发展的"必选题"，是推动金融科技高质量发展的重要途径，也是把握发展主动权、打造未来竞争新优势的战略选择。面对数字化浪潮，作为"经营数字"的行业，主动拥抱科技革命、适应数字化变革是大型商业银行适应社会发展的必然，也是锻造核心竞争力的不二选择。

一、积厚成势，科技创新夯实新基础

数百年来，银行业的基础都是复式记账，今天区块链技术的产生使全网

作者系中国建设银行首席信息官。

记账成了可能；云存储、云计算、云原生等技术将从根本上对线上线下、本地异地的工作分配和部署进行重构；大数据技术的日益成熟和效率提升，让概率决策成为科学决策的重要方式之一，与传统的经验判断决策和逻辑推演决策共同发挥作用；过去我们与客户的交互界面是网点柜台，现在则向各种智能终端设备迁移。数字化浪潮下，科技极大地推动了金融模式的改变，并将直接决定未来金融业的发展方向。

金融科技将在未来商业银行的转型和发展中起到引领和驱动作用，已经是业界的普遍共识。建设银行早在2010年就拉开了数字化经营实践的序幕，历经了三个主要阶段。首先是通过新一代核心系统的建设，对业务流程进行了企业级再造，打造了建设银行数字化经营的坚实基座。继而，在"新一代核心系统"建设的基础上，开启了金融生态建设，推进平台化、场景化建设，将金融能力和数据以服务方式向社会开放。2019年，进一步开启了全面数字化经营探索，按照"建生态、搭场景、扩用户"的数字化经营思路，构建业务、数据和技术三大中台，全面提升数据应用能力、场景运营能力、管理决策能力。

（一）启航：建设"新一代"核心系统，打造数字化经营基座

2010年前后，中国经济进入换挡期，深化改革、践行新发展理念，需要传统商业银行主动调整经营管理方式。建设银行适时提出了"综合性、多功能、集约化、创新型、智慧型"业务转型战略。"新一代核心系统工程"就是在这一背景下启动的，是建设银行应对挑战、突破瓶颈、开启深刻变革、自觉主动推动整体转型的一次积极探索，是一次企业级的业务流程再造。

善建者，不破不立。"新一代"不是局限于原有系统的修修补补，而是站在企业级的视角，推动业务与技术进行全面转型。转型前，建设银行各业务

部门总共有几十套系统在运转，是舰队式的作战方式，流程漫长、数据难共享。转型后的建设银行，打通了系统级、部门级、分行级的壁垒，实现了航母式的企业级能力。这不是简单的能力加和，而是能力的整合、衍生、企业级价值的最大化。基于此，这一阶段的转型理念有三：以客户为中心、以企业级架构为核心、以企业级业务模型为驱动。

"以客户为中心"就是要从客户维度全面了解客户、经营客户、维护客户。打通产品部门、客户部门、业务中台部门在客户层面的流程断点、数据断点，构建完整、及时、一致的客户统一视图，提供统一、准确、唯一、创新的客户识别方式，实现灵活的客户细分及专业化的营销。

"以企业级架构为核心"就是要打破"部门级""分行级""系统级"等画地为牢的观念限制，从全行、全集团的角度去统筹资源，组织布局。

"以企业级业务模型为驱动"就是从顶层设计入手，将建设银行战略能力需求和日常操作需求有效转换成以结构化、标准化方式描述，以银行价值链为主线的业务模型，并针对转型举措制定了提升业务能力的解决方案，这是保证业务先进性的关键举措。

建设银行在"新一代"建设中先后投入9500余人，经过六年半的不懈努力，于2017年6月24日顺利上线。"新一代"在业务架构和IT架构重构的基础上，依托企业级、组件化、参数化所带来的整体优势，逐步形成和提升了具有建设银行特色的九大业务能力——以客户为中心的综合服务能力，灵活高效的产品创新能力，完整协同的智慧渠道转型能力，集约化的业务运营能力，全面的风险防控能力，精细化的资源配置能力，企业级的数据应用能力，境内外、集团一体化支撑能力，便捷高效的员工服务能力。2018年9月，"新一代核心系统建设工程"荣获"2017年度银行科技发展奖"特等奖，得到业界的广泛认可。通过"新一代核心系统"的实施，建设银行实现了从"单个系统竖井式作坊开发"到"企业级系统工程工厂研发"的转变，为后续数字化经营探索奠定了坚实的基础。

（二）扬帆：构建金融生态环境，开放金融服务

针对多样化的客户需求和愈加同质化的商业竞争，建设银行以"数字化"为总体方向，依托"新一代"，谋篇布局，研究金融科技战略部署，优化金融生态环境。2018年，建设银行正式发布《金融科技战略规划》，明确金融科技战略实施方向——建立技术与数据双轮驱动的金融科技基础能力，对内构建协同进化型智慧金融，对外拓展开放共享型智慧生态，努力打造具有"管理智能化、产品定制化、经营协同化、渠道无界化"特征的现代商业银行。

金融科技战略实施，主要依托六个方面工作的推进。一是深化新一代核心系统推广应用，结合应用实施情况定期重检优化；二是夯实技术创新基础，持续提升金融科技支撑能力；三是完善数据服务体系，优化数据治理能力；四是推进智慧金融建设，不断深化九大业务能力；五是拓展智慧生态，通过构建平台、连接平台、站在平台连平台，共同构建用户生态；六是深化体制机制，完善科技创新孵化机制，不断强化总分一体化研发体系。

建设银行持续优化经营模式，夯实科技支撑能力，落实新金融理念，推进住房租赁、普惠金融和金融科技三大战略，赋能社会发展、服务实体经济、助力国家治理能力现代化。

一是推进住房租赁战略，赋能社会发展。搭建开放共享的住房租赁综合服务平台，覆盖全国96%的地级及以上行政区，为1.5万家企业、3800万个人房东和租客提供包括金融产品支持、房源筹集运营、信息系统支撑等一揽子的综合服务；开发了"数字房产"系统，助力住建领域治理能力提升；创新推出了"存房业务"，激活存量空置房源；打造了住房租赁产业联盟，培育

住房租赁新生态；大力支持保障性租赁住房建设，在全国主要城市对接超过300个保障性租赁住房项目，以专项贷款支持增加小户型、低租金房源供给，保障性租赁住房APP在50多个城市上线运行；公租房APP在30多个城市上线推广，实现公租房业务移动端办理，为保障对象提供服务便利。建设银行相信，当住房租赁市场有了真正成熟的供给后，人们的消费习惯就会改变，住房难、住房贵的问题将会迎刃而解。

二是建设"智能、高效、强风控"的普惠金融，服务实体经济。打造普惠金融新模式，针对"资信不完整、评价手段差"两大痛点，以大数据画像为基础、以场景切入为手段，构建"小微快贷"信用产品体系。推出"惠懂你"移动客户端，融合小微快贷、个人经营快贷、裕农快贷、交易快贷等应用，提供一键评估、一键贷款、一键支用、一键还款等功能，大幅提升服务效率和覆盖范围。创新智能化风控体系，助力普惠金融高质量发展，"小微快贷"线上贷款不良率低于1%。不断优化"惠懂你"手机移动端融资新平台功能，"惠懂你"成为建设银行服务小微企业的重要服务品牌，2021年底"建行惠懂你"APP累计访问量超过1.5亿次，下载量超过1900万次，注册用户1443万户，认证企业639.60万户。通过与工商联、商会、企业信息互联互通，提供场景化服务。推进普惠金融之"创业者港湾"建设，给予创业创新企业股权投资、信贷融资、创业成长等综合化服务。2020年3月成为全国首家普惠型小微企业贷款余额突破万亿元的商业银行，2021年底普惠金融贷款余额达到1.87万亿元。

三是科技慧政，助力国家治理现代化。发挥"金融+科技+资本"融合优势，建设智慧政务平台，开放渠道服务资源，推动网点、手机银行、建设银行裕农通等成为百姓身边的政务大厅；着力"跨地区、跨部门、跨层级"一站式服务体系建设，真正实现"数据多跑路、群众少跑腿"。

四是持续推进金融科技战略，夯实科技支撑能力。聚焦ABCDMIX（人工智能、区块链、云计算、大数据、移动互联、物联网和其他前沿技术），封装技术基础能力，实现技术的平台化、组件化和服务化，降低技术应用门槛，赋能业务创新。同时，持续推进核心技术的自主可控建设，减少对外部的技术依赖，降低不确定因素。

金融科技战略的实施，促进了金融服务开放，以金融的力量赋能社会，拓展了金融服务领域，也为搭建金融服务场景、扩展客户群奠定了基础。

（三）领航：围绕"生态、场景、用户"，全面开展数字化经营

2020年以来，建设银行按照"建生态、搭场景、扩用户"的数字化经营理念，全面开启数字化经营探索。

打造大中台体系。全力打造"数字化工厂"，深入推进"数字力工程"，探索建立数据资产管理体系，搭建包括业务中台、数据中台和技术中台在内的大中台体系。一是打造业务中台。按照"用户—客户"进阶经营和端到端运营要求，提炼账户、支付、营销等可共享复用的业务能力，形成可快捷调取的通用服务模块，赋能前端场景的高效拓展和产品的敏捷创新。二是打造数据中台。构建数据智能中枢和全域数据供应网，强化数据获取、集成整合、挖掘分析、即时赋能等核心功能。三是打造技术中台。技术中台对应用研发、交付、运行所依赖的技术进行平台化、组件化设计，以云服务为主要交付方式，实现人工智能、云计算、区块链、物联网等技术基础能力的快速供给，敏捷赋能业务发展。

围绕"生态、场景、用户"开展探索。打造彼此相连、同步迭代、实时互动、共创共享的生态圈，跨界连接多个客群、多类产业和多种生产要素，为生态圈内各方提供共同演进的机会和能力。针对个人用户，围绕公共服务、

公交出行、生活缴费、商户消费、社区居家等生态场景，全面洞察、精准画像，实现生态数字化连接、产品综合化交付、服务多渠道触达。针对企业用户，建设银行搭建"惠懂你"普惠信贷服务平台、企业智能撮合平台、供应链金融平台等，致力打造企业全生命周期服务的开放共享生态。针对政府用户，建设银行围绕"优政、利民、兴企"目标，率先打造"一网通办"智慧政务的云南模式、山西模式、重庆模式和山东模式，用金融力量助推政府治理体系和治理能力现代化。

在经营理念上，开启了从以产品销售为中心到以客户体验为中心的转变，实现"客户洞察、双向互动、精准触达、千人千面"。在营销模式上，充分应用互联平台，组织构建场景、营造生态的革新，实现了"全链路、全渠道、全天候"的全域营销。在战略推进上，实现跨区域、跨条线、跨部门、跨层级的统筹协同。

二、行稳致远，监管政策指引新方向

2021年12月和2022年1月，中国人民银行和银保监会先后发布《金融科技发展规划（2022—2025年）》（以下简称《规划》）、《关于银行业保险业数字化转型的指导意见》（以下简称《意见》）。《规划》是人民银行编制的第二轮金融科技发展规划，明确到2025年金融科技发展的愿景、原则和重点任务，是未来四年我国金融科技发展的总纲领，在《规划》引领下，我国金融科技将从"立柱架梁"全面迈向"积厚成势"新阶段，实现金融科技整体水平与核心竞争力跨越式提升。《意见》明确我国银行业保险业数字化转型的总体要求和重点任务，提出到2025年银行业保险业数字化转型取得明显成效，将对推动银行保险机构转变经营理念、以数字化转型推动金融业高质量发展，构建数字金融新格局发挥重要作用。

《规划》和《意见》是国家规划体系和数字经济转型政策的有机组成部分，是国家"十四五"规划（《中华人民共和国国民经济和社会发展第十四个五年规划和2035年远景目标纲要》）"加快建设数字经济"、"稳妥发展金融科技，加快金融机构数字化转型"要求的落实，是《"十四五"数字经济发展规划》"数字产业化"、"产业数字化"相关方向政策要求在金融业的落实。

《规划》和《意见》相互呼应、各有侧重、相辅相成。《规划》更侧重指明金融科技和数字化转型方向，前瞻性更强，描绘了金融科技发展愿景和预期成效；对不平衡不充分问题分析更加透彻；强调数字驱动和绿色低碳；关注金融科技治理能力和金融科技伦理治理；注重金融科技人才培养，并与中央人才工作会议精神保持一致。《意见》更侧重从监管视角加强公司治理和风险防范，专辟章节强调风险防范，强调回归本源和严守底线，更强调落实落地、严格检验标准和转型达到的目标效果，充分利用监管检查手段，将数字化转型情况纳入信息科技监管评级评分；人才队伍建设方面，则强调了鼓励科技背景人才进入高管层，注重复合型人才和各专业领域人才、数字化运营人才等人才引进策略，强化人才激励。但两者目标是一致的，旨在"稳妥发展金融科技，加快金融机构数字化转型"，皆对金融业数字化转型描绘了数字化转型方向和蓝图。其中，《规划》提出以加快推进数字化转型为主线，到2025年金融业数字化转型更深化，金融机构数字化经营能力大幅跃升；《意见》提出到2025年银行业保险业数字化转型取得明显成效。《规划》和《意见》等监管政策的发布，为商业银行纵深推进金融科技发展提供了规范、指明了方向。

三、未来已来，金融科技战略迈入新阶段

筚路蓝缕，以启山林。经过十几年的科技能力建设，国内银行业金融科技核心能力不断提升，科技赋能业务稳健发展，金融科技体制机制改革持续深化，我国的金融科技发展从星星之火到燎原之势，呈现出了旺盛的生命力与活力，科技为金融业高质量发展注入了源源不竭的动力。同时，我国金融科技发展也面临诸多机遇与挑战。

一是国内外形势深刻变化和国家政策新要求带来金融科技发展新机遇。党的十九届五中全会将科技创新摆在首位，把科技自立自强作为国家发展的战略支撑，带来加快推进信创工作、做实金融科技国家队、强化国家战略科技力量的重大机遇。二是技术发展新变革带来金融科技发展新机遇。"十四五"时期，5G与物联网结合将推动世界向万物互联时代的快速演进，工业互联网大规模建成，卫星遥感、数字孪生、边缘计算等前沿技术应用将越发成熟，云计算作为数字经济时代的基础设施将迎来新一轮加速发展。三是外部竞争新态势和业务发展新需求带来金融科技新挑战。全球金融业的数字化转型与金融科技创新浪潮不断提升同业竞争的压力，从国际领先银行到国内大型金融企业不断加大金融科技应用和创新投入力度。大普惠、大政务、大住房等各类场景化新金融实践的高质量发展，对研运一体持续交付和支撑能力提出新要求。四是网络安全新威胁和监管趋严新态势带来金融科技新挑战。在审慎合规的前提下，坚持运用现代科技成果，不断提升金融创新服务实体经济和人民群众的能力，有效促进全行业健康有序良性发展。随着业务发展，系统规模愈来愈大，面临的运行风险和运行保障压力也愈来愈大；统筹好发展与安全，是金融科技发展必须解决的时代课题。

基于对新形势的研判，建设银行于2021年7月印发《中国建设银行金融科技战略规划（2021—2025年）》（TOP+2.0），纵深推进金融科技战略。TOP+2.0（T指核心技术，O指能力开放，P指平台生态、+指体制机制）以国家"十四五"规划为方向，以集团"十四五"规划为纲要，把"充分发挥科技创新的驱动和引领作用"作为根本的出发点，以实现技术创新突破和应用、关键核心技术自主可控、强化金融科技对业务发展的支撑作用作为目标，通过自上而下的目标分解、具体领域的布局和对应的保障措施的逐层细化来布局谋划。

TOP+2.0重新校准了建设银行金融科技的定位目标。概括来说，通过实施金融科技，建设银行立志成为"金融科技的领跑者""自主创新的国家队"以及"新金融生态的开拓者"三个战略定位，进一步增强自身科技能力，以此推进金融科技战略纵深发展，践行'人民至上'的新金融行动，纾解社会痛点难点，服务国家建设、服务实体经济、服务社会民生，为促进共同富裕提供有力支撑，助力开启全面建设社会主义现代化国家新征程。具体来说，我们既要巩固既有优势，又要更广泛地攻城略地、开疆辟土，把握科技发展趋势，不断深化、创新现有的技术应用，更好地实现科技赋能业务，从而推动业务创新发展；我们要积极响应国家关于"科技自立自强"的号召，将信创工作和安全自主可控作为科技规划的重点，克服科技领域"卡脖子"的困境，建立良好的自主可控IT生态；我们还要建立起一套有机融合的新金融生态体系，尤其关注数字化技术，深耕科技相关的重点场景搭建和运营，将核心技术广泛融入智慧政务、企业供应链、住房等各种G端、B端和C端场景，实现生态场景建设的"遍地开花"，搭建起高效、跨平台、跨领域的生态场景体系。

在实施TOP+2.0战略规划时期，建行坚持一张蓝图绘到底，纵深推进金融科技战略，围绕"TOP+深化"这个主题，推出TOP+2.0，继续沿用"TOP+"表述并拓展相应的内涵和外延。

首先，核心技术形成新优势。未来，建行要从科技驱动转向驱动与引领并重，坚持科技驱动金融创新，在发挥科技作为"发动机"驱动引擎作用的同时，着力打造科技的"方向盘"作用；坚持技术和数据双要素并进一步拓展为技术中台和数据中台，持续沉淀企业级复用共享的技术能力和数据能力；从初步布局到提升战力，形成一批业内领先的人工智能自主算法，打造业内一流的领域化智能研发工具链；内涵和外延进一步拓展至5G、量子信息、卫星遥感、工业互联网等技术领域；从单项技术到多项技术融合，强调多学科交叉融合和多技术领域集成创新。

其次，能力开放呈现新格局。未来，建行要强调从业务开放拓展为业务和技术生态全面开放。在业务开放方面，要从单向开放到双向开放，加大与外部生态合作；从线上开放到全渠道开放，实现与网点周边商户、用户的广泛链接；从开放服务到"物"的银行，开放金融服务拓展到"物"；从开放金融服务到业务外包，支持云生产；在数据安全合规的前提下，新增开放数据产品服务；加强联邦学习等技术应用，在保护数据安全和用户隐私的前提下，支持广泛的跨法人数据共享应用。在技术生态开放方面，要从封闭到构建众研生态、"建行云"的全面生态开放，聚拢外部大中小科技企业技术力量，增强整体科研供给能力，构建共建共创共享的产业生态发展新格局。

再次，平台生态创造新价值。在解决生态平台建设"从无到有"问题后，未来建行要强调"从有到优"的过程，从初步布局到追求精品，纵深推进生态平台建设，围绕高频生活场景深化客户端核心生态应用，围绕企业全生命周期经营需求建立企业端综合高效的普惠服务能力，围绕智慧生态体系持续推进智慧政务等政府端生态场景建设；从单一平台到融合的生态体系，打通生态平台之间、生态平台与金融服务之间的用户、权益、营销体系，广泛连接全域用户，实现跨生态高效协同，形成生态融合创新的溢出效应；从平台建设到建设运营并重，强调推动生态平台从"建"到"用"，推进研发运营一体化模式，打造一批月活用户数市场领先的APP，在运营中贴源发掘客户的场景化需求。

最后，体制机制焕发新活力。建行将更加强调创新，优化创新能力布局，加强科技人才库和领军人才建设；更加强调集团一体化协同机制的深化；更加强调促进业务与技术、数据的深度融合；更加强调平台运营的组织保障能力，以提升生态平台的敏捷响应能力。

面对日趋激烈的竞争，建行将持续打造金融科技品牌，推动金融科技高质量发展。

一方面，规划明确提出夯实先进、可信、普惠的新金融数字基础设施，打造多元融合、服务丰富、生态开放的"建行云"的目标，首次提出将"建行云"打造成为用户首选的金融业云服务品牌。要做到这一点，要高质量建设布局合理、高速连接、绿色节能的四大金融级数据中心集群，配套建立高速、安全的金融专网和适应万物互联、海量接入的物联专网，形成高效敏捷的科技供给能力底层基础支撑；要高质量打造随需随用的基础设施云服务能力，加强多地域、多功能区、多技术栈的云基础设施融合管理，持续提升针对不同客群量身定制的基础设施服务敏捷交付能力；要高质量打造共享敏捷协同的技术中台、数据中台和业务中台服务能力，推动中台服务的产品化、精品化，实现端到端的敏捷供给和共享使用；要高质量打造建行"云+"生态，将"建行云"的成果推广成行业标准，引入合作伙伴，通过运营持续完善生态，构建新型"云+"生态体系，稳步提高生态赋能水平；要高质量打造金融级云安全品牌，在更多领域推进分布式架构转型和软硬件国产化替代，打造一流的智能运维体系,强化"建行云"的适配能力和应用效率,形成自主、安全、多元的技术特征。

另一方面,建行将持续升级具有"管理智能化(Intelligent)、产品定制化(Customized)、经营协同化(Collaborated)、渠道无界化(Boundless)"四大特征的"I-CCB"(我的建行)服务品牌。建行将以管理智能化夯实智能集约的集团运营服务能力,深化精准、穿透、前瞻、智能的集团风险合规管理能力,提升精细化的资源配置管理能力,强化便捷高效的员工服务能力;以产品定制化强化以"用户+"为中心的全域用户经营能力,提升集团产品统筹管理和协同能力;以经营协同化完善集团一体化统筹协同能力,建立企业级研发运营一体化敏捷协同能力,构建科技供给侧培育研发能力的创新生态;以渠道无界化增强互联互通的全渠道协同服务能力,加强金融生态融合创新能力,持续深化客户端、企业端和政府端生态建设和场景应用。

针对TOP+2.0提出的三个战略定位,建行将从三方面入手,全面实现高水平科技自立自强。

首先,坚持价值创造,争做金融科技的领跑者。为此,建行未来要致力于打造一流的技术和产品,形成企业级复用共享的技术中台和数据中台,拥有一流的研发实验室,拥有一流的技术供给能力、产品化能力,拥有一流的高质量专利和标准;要致力于打造一流的数据中心;要致力于打造一流的用户体验;要致力于打造一流的集团一体化综合服务,打通产品创新、渠道协同、客户共享、智能运营、风险防控等能力的集团内循环;要致力于打造一流的体制机制和人才队伍,打造"国内最佳、国际一流"的最具价值创造力的银行。

其次,坚持自主创新,彰显国家队的使命担当。未来,建行要致力于关键核心技术的研究和试点应用,逐步化解基础设施等关键领域"卡脖子"风险，推动行业信创应用和金融信创生态建设；要致力于国家关键核心技术在金融行业的推广。例如，开展卫星通信、导航和遥感技术应用研究，参与构建工业互联网二级节点，推进量子计算研究等；要致力于数字政府、数字经济、数字社会建设的赋能，助力政府数字化转型；要致力于金融安全防护体系建设，构建企业级网络与信息安全防护体系，服务国家网络安全治理现代化，助力实现行业风险联防联控；要致力于参与国家与行业标准的制定，催生发展新动能。

最后，坚持系统观念，勇当新金融生态的开拓者。未来，建行要致力于新金融生态的融合发展，构筑互联互通新金融生态，以开放促融合，以融合促发展，助力新金融拓维升级；要致力于研运一体化服务模式探索，先行先试场景生态研运一体化建设，提升生态平台"中心化＋属地化"运营能力；要致力于科技联盟生态的合作，构建科技研发供应链，增强整体科技研发供给能力，全面实现科技自立自强，科技全面赋能新金融高质量发展。

四、博观约取，建行转型经验启示

一是战略定力要坚定。"战略不是研究我们未来要做什么，而是研究我们现在做什么才有未来"。好的战略指引是成败的关键。2017年建设银行新一代核心系统全面竣工，不是因为建设银行技术多厉害，而是建设银行有着坚定的战略定力，三任董事长一以贯之，没有领导层"创新的魄力、战略的眼光、坚定的信念"，就没有新一代的成绩。在新一代核心系统建设的基础上，从2018年提出的TOP+战略，到2021年的TOP+2.0战略，均是对建行金融科技战略一张蓝图绘到底、一任接着一任干的体现，战略上坚定，行动上才能清醒。

二是企业合力很关键。转变观念、凝聚共识对于一家大型银行成功转型至关重要。建设银行转型规划的起草经过反复研讨酝酿，先后修改了100多稿，广泛汇聚了全行的智慧。各业务条线制订转型具体实施方案中，将顶层设计和基层创新紧密结合，很多思路、做法乃至具体举措都来源于基层实践。因此，全行上下在转型中做到了认识一致、方向一致，形成了最大公约数、凝聚了最大合力。上下一条线，全行一盘棋，使得转型千头万绪的工作得以协同有序顺利推进。

三是业务流程再造是难点。业务建模难度极大，转型工程不是一个IT项目那么简单，它涉及业务流程再造、组织机构调整、技术架构重构，不是总行技术部和少数业务部门的事，而是事关全行的大事，是配套全行战略转型的重大信息技术工程。同时，这也是一次整体转型，是包括业务（业务战略能力、业务建模）、技术（IT架构、工艺、开发方法）和实施三者转型在内的系统工程。

在业务顶层设计方面，尤其是新一代核心系统建设期间，建设银行投入了不少代价，做了大量的调研，解读建设银行的业务战略，通过战略分析业务痛点以及痛点和目标之间的距离，这个距离就是面临的差距。进一步梳理了全行的业务、数据和产品，构建出涵盖全行经营管理的业务价值链，然后通过解读转型发展战略、"十二五"规划以及与部门访谈，提炼出26个业务方向，进一步分解为102个转型举措。作为需求的重要输入，建设银行组织了28个总行部门300余名业务骨干，抽调分行骨干，引入了19家国内外知名咨询公司150余人，研究制定了针对转型举措的108个提升业务能力的解决方案，这是保证业务先进性的关键举措。据此搭建出建设银行业务架构的框架，也是建设银行未来业务发展的蓝图。

四是科技是核心驱动力。从全球金融发展方向来看，科技创新是商业银行业务的核心驱动力,"无科技不金融",这已经形成了高度的共识。建设银行致力于推动新金融行动,新金融有三个属性,一个是普惠的属性,一个是共享的属性,还一个最重要的是科技的属性;不论哪个国家,任何的企业,要能发展得好,必须要将科技作为核心驱动力。立足新起点,要始终保持对时与势的敏锐觉察、对先进技术的勤勉感知,只争朝夕接续奋斗,夯实金融科技基础底座,增强运用科技能力推动发展的使命感紧迫感,努力打造最懂金融的科技集团,将科技作为核心生产力,闯出一条既发展自身又造福社会的金融科技之路。

行百里者半九十,数字化转型探索永远在路上。建设银行将保持战略定力,坚持一张蓝图绘到底,铭记"国之大者",下沉金融服务重心,借用现代科技建设新金融"水利"基础设施,引金融源头活水通达实体经济最需要的地方,助力社会高质量发展。践行大行担当,持续加大金融科技投入,纵深推进金融科技战略,持续推进科技赋能同业和社会,扩面、上量、提质、增效,朝着"最懂金融的科技集团"和"最懂科技的金融集团"方向坚定迈进。

第8讲 以数字化转型助力乡村振兴的思考与实践

蔡 钊

乡村振兴是新时期"三农"工作的重要抓手,要推动乡村振兴战略落实,尤其要抓住数字乡村建设这一关键环节,形成乡村振兴的"加速度"。商业银行在落实乡村振兴战略的过程中,要充分挖掘数字化转型的潜力,深度参与到数字乡村建设的方方面面,以金融科技作为核心驱动力,将"大三农"和"全县域"作为服务对象,加快形成"三农"数字化金融服务体系。

一、转型赋能:为乡村振兴插上"数字翅膀"

(一)顺应国家全面实施乡村振兴战略的大趋势

乡村振兴战略是习近平总书记于2017年10月18日在党的十九大报告中

作者系中国农业银行科技与产品管理局局长。

提出的。党的十九大报告指出，农业农村农民问题是关系国计民生的根本性问题，必须始终把解决好"三农"问题作为全党工作的重中之重，实施乡村振兴战略。乡村振兴是新时期"三农"工作的重要抓手，要推动乡村振兴战略落实，尤其需要在数字化乡村振兴上用心。

近年来，党中央、国务院高度重视农业农村数字化、智能化、网络化发展，要求大力推进数字乡村建设，以数字技术赋能乡村公共服务，加强农村信息基础设施建设。数字乡村建设已上升为国家战略，中央、省（区、市）两级政策体系基本形成，部分市县制定具体行动计划，统筹协调、自上而下整体推进的建设格局初步形成。2022年4月20日，中央网信办、农业农村部、工业和信息化部等五部门联合印发《2022年数字乡村发展工作要点》，提出强化农村数字金融服务，持续推动农村数字普惠金融发展，加大金融科技在农村地区的应用推广，加快研发适合广大农户、新型农业经营主体需求的金融产品；并且提出强化政策保障和金融服务，持续推进金融科技赋能乡村振兴示范工程等要求。

（二）"三农"数字化发展的深度和广度持续提升

物联网、大数据、云计算等新一代信息技术向农业农村全面渗透，数字技术在农业生产管理各个环节和乡村生活各个方面的应用深度和覆盖广度持续提升。

一是全流程智能化的现代农业将逐步成为现实。农业生产经过1.0传统农场、2.0机械化农场、3.0自动化农场，加快向4.0无人农场时代演变。生产领域，智能感知、智能分析、智能控制及技术与设备加快应用。2019年，山东等地开始对无人大田、无人猪场研究探索。上海提出，2021—2025年建成10万亩粮食生产无人农场。服务领域，大数据、人工智能、移动互联技术深度渗透，农业智能服务水平大幅提升。广东、浙江等地采用"滴滴农机"模式开展农机作业全流程线上化服务，实现在线下单、远程监测、线上结算，农户"足不出户"完成作业。

二是"三农"和县域的电商化发展更加迅猛。根据中国互联网信息中心统计，2021年我国农村网民规模已达2.84亿，农村地区互联网普及率为57.6%，城乡上网差异持续缩小。同时，阿里、京东、拼多多等电商企业纷纷聚焦县域农村地区，电商加速下沉。从消费群体来看，三线及以下城市、县及县以下农村地区等"下沉市场"成为移动电商增量来源。从企业经营方式来看，农业企业加快数字化转型，自建或依托第三方电商平台拓宽线上销售渠道。北大荒大米、九三豆油、完达山奶粉等产品线上销售额超4亿元，电商已成为北大荒农产品销售的重要渠道。

三是智慧场景向农村加快延伸。数字化乡村党务、村务、财务模式全面铺开。云南建成集党务、政务、服务一体的"云岭先锋"综合服务平台中心、站、点1.6万个，实现县乡村三级覆盖。浙江、四川等地区依托"乡村钉""为村"等平台，将党支部建设在云端，实现党组织与党员联系交流直通。数字医疗、数字教育、数字旅游等专业领域的特色场景在"三农"县域地区也得到广泛应用。

（三）农行聚焦服务乡村振兴领军银行的发展定位

2017年以来，农业银行党委高度重视科技赋能服务"三农"，实施互联网金融服务"三农""一号工程"，开展了一系列数字化金融服务"三农"的产品、系统、制度、机制创新。"十四五"时期，农业银行将更加突出"服务乡村振兴的领军银行"的发展定位，全面贯彻党中央关于乡村振兴战略部署，紧紧围绕服务到位、风险可控和商业可持续，全力推动"三农"县域业务渠道转型、模式转型、风控转型，用心、用情、用力把"三农"和县域业务作出特色、作出优势、作出成效，提升县域市场竞争能力和商业可持续发展能力，发挥好服务"三农"国家队、主力军作用。

服务"三农"是党中央赋予农业银行的历史使命和政治责任，也是农业银行安身立命之本、发展壮大之基、竞争优势之源。"十四五"期间，打造县域领军银行的主要目标是要实现"四个领先"。一是市场份额领先。按照上下贯通、形成闭环的思路，不断丰富获客渠道，夯实可持续发展的客户根基，持续增加县域金融供给总量，实现县域主体业务市场份额稳中有升。二是金融科技和服务手段领先。打造县域领军银行，必须做到市场响应迅速、产品创新精准、信贷政策适配、协同作战有力、基础管理到位，用科技构建起农行在县域市场竞争的"护城河"。三是风控水平领先。农行县域点多面广战线长，打造县域领军银行，必须把信贷管理、运营管理、合规管理能力提上来，切实守牢风险底线。四是品牌形象领先。在全行统一品牌下，进一步突出农业银行服务"三农"特色和属性，形成辨识度高、影响力大的"三农"品牌体系。

农业银行党委大力推进"三农"领域数字化转型建设，"三农"业务数字化创新发展实现了"开局破题"阶段的预期成果，金融科技对分支行"三农"业务发挥了较好的赋能作用。一是形成了数字化服务"三农"产品体系。目前，农业银行已初步搭建了涵盖网络融资、支付结算、农村电商、数字扶贫等领域的"三农"和县域数字化服务产品。例如，在网络融资领域，农业银行打造了线上贷款拳头产品"惠农e贷"，依靠农户信息建档和线上化信贷流程创新，为农户发放纯信用贷款。二是县域特色场景建设成效显著。农业银行积极推动农村场景金融创新工作，聚焦医疗、教育、旅游、政务等民生重点领域，以及农业产业链、专业市场、农村商圈等"三农"重点领域，初步形成了智慧园区、智慧市场、智慧商圈、智慧校园、智慧医疗等一系列可复制、可推广的"三农"和县域特色模板。三是数字化服务"三农"机制保障不断完善。在系统建设方面,移动农户信息建档系统、农户白名单管理系统、农户自画像系统、"惠农 e 贷"智能质检系统、掌银人脸识别签约"惠农 e 贷"等先后研发上线,为"惠农 e 贷"扩户上量提供了重要的系统支撑。在平台支撑方面,农业银行掌上银行上线扶贫商城、办贷等"三农"特色功能,为拓宽县域数字化金融服务渠道、抢占县域客户提供了重要支撑;自主研发农村集体资产"三资"(资金、资产、资源)管理平台,搭建股权管理、乡村治理和金融服务功能模块,为探索形成成熟的智慧乡村场景建设模式,扩大场景覆盖面,提升农业银行数字化服务"三农"水平提供了重要支撑。

二、直面挑战:跨越"三农"数字"鸿沟"

中国人民银行数据显示,截至2021年末,本外币涉农贷款余额43.21万亿元,同比增长10.9%。虽然2021年的全国涉农贷款保持了增势,但同比增长10.9%的增速低于全国同期各项贷款同比11.6%的增速。虽然近年来农村金融体系不断完善,但还存在比较明显的短板,主要集中在农村金融基础设施薄弱,以及农村金融有效需求和有效供给不均衡两个方面。

(一)农村金融基础设施薄弱

一是农户基础数据相对缺乏,金融服务难以精准定位。由于农村信息化基础设施及经济水平相对落后,农业信息资源数据库建设不足,共享性不强,造成金融机构对信息的分析、处理、利用效果较差,难以获得农民生产生活一手信息,导致基于农民个人资产和信用数据授信基础匮乏。二是数据"新鲜度"不足，金融服务时效性差。中国幅员辽阔，68万个行政村天差地别，如果乡村数据的活跃度不够，便无法实现金融服务的全面覆盖、全景支撑，对金融产品与渠道触达带来极大的挑战。三是农村信用环境建设滞后，涉农贷款风险把控较难。由于农业生产季节性强、贷款周期长、抗风险能力弱，农民经营收入不稳定，又缺少可担保的抵押物，缺乏对抗风险的保障机制。加之农村地区基础设施相对落后，信息化程度不高，农民参与农村信用体系建设的积极性不高，存在信用意识、履约责任意识不强的情况。涉农贷款市场风险难以识别把控，银行在高风险、低收益的"两难"局面中，信贷投放往往顾虑较多。

（二）供需不平衡造成"三农"融资难、融资贵

从需求侧来看，由于农业存在天生"弱质性"，加上农村空心化、农民老龄化等问题，使农民对金融的需求难以提升，也弱化了基层政府对农村公共设施的投入动力，造成农村金融抑制现象持续存在，金融资源由农村向城市单向流动的趋势未根本扭转。此外，虽然农民对现代征信的接受度不断提高，但征信在农村仍要借助传统信誉机制来维系和推动。农民群众秉承着乡村传统的、非正式的信誉机制，即"父债子还""有借有还，再借不难"，这种代代沿袭的信用机制尽管在某种程度上构成了农村征信市场的促进力量、催生力量，但反过来也折射出现代征信制度在农村的稚嫩及其基础的脆弱性。从供给侧来看，传统线下形式作业成本高。不少农户都被金融机构认定为"高风险群体"。传统金融机构认为这部分群体收入水平较低且不稳定，抗风险能力较弱，并且资金需求呈现小额、短期的特征。加之，当前我国很多农村地区的传统金融机构采用人工审批、线下作业的方式，线下的业务主要是通过客户经理上门尽职调查。这种通过各种权限审批，形成各种形式的表格和文

档,导致传统金融服务周期较长,业务成本较高。许多金融机构为了控制成本和风险,在农村地区只吸储,少放贷,甚至不放贷,这就成了农村金融面临的主要融资难题。

三、破题路径:探索参与构建数字乡村的"五新之路"

习近平总书记指出,"乡村振兴是实现中华民族伟大复兴的一项重大任务"。数字乡村是数字中国与乡村振兴两大战略的结合点。加快推进数字乡村建设,既是乡村振兴的战略方向也是实现路径,既是数字中国的重要内容也是有效手段。商业银行在落实乡村振兴和数字中国两大战略的过程中,应以数字化转型赋能数字乡村建设为切入点,认真挖掘数字化转型的本质,探索依靠数字化手段的破局之路。

(一)银行数字化转型的本质

银行数字化转型的本质是通过对其传统业务、流程等进行解构,再采用"数据+算法"的模式进行重构的过程。在这个过程中,传统业务、流程等要素没有减少,只是通过数据在算法的推动下化解复杂系统的不确定性,优化资源配置。例如,传统信贷中往往依靠各类报表、关系维护、押品管理等发放贷款。而在数字化时代,不仅可以依靠各类报表,还可以利用税务数据、进出口单据、水电煤数据等,通过算法规则进行授信测算和风险管控。因此,认识数字化转型的本质需要正确地理解业务数据化、数据业务化,以及数字化思维。

一是正确认识业务数据化。将全渠道、全场景、全链路下银行与客户的每一次交互抽象为一个触点,客户或员工在每个触点交互下沉淀形成数据资产。在形成银行重要的数据资产的过程中，重点突出了三个特点。第一是积累，数据存在于每个触点之中，它既包含了每个数据实体存储的信息，也包含了实体与实体间的关系；第二是在线，相较于手工记录数据的单一性，数字化时代业务数据实时在线接入，数据的维度变得更加丰富，包含的信息量也增长明显；第三是集成，全渠道、全场景、全链路下的数据是全流程贯通的，它所包含的信息可以重构出相应的业务场景，而并不是仅仅记录了业务场景服务的结果。因此，数字化转型为银行的业务带来了一场工具革命，银行在服务客户的过程中，逐步从积累经验向积累数据资产转型，服务的精细化程度稳步提升。

二是正确认识数据业务化。银行在已有数据资产的基础上，通过决策算法生成日常经营中的作业或任务，再将作业或任务进行部署、执行或监控，最后回收。从业务数据化到数据业务化的整个阶段，还会再产生相应的数据以支撑业务的发展，最终形成循环往复的闭环。在分析运用数据创造价值的过程中，主要突出了以下三个特点。第一是协同，算法的设计需要配合现有的数据资产，同时还需考虑新产生的数据与其他算法的协同，以此来实现数据与算法的协调一致；第二是加工，增强数据的建模能力是提升算法有效性的关键，在实践中算法模型是需要不断迭代调整以适应复杂的业务场景；第三是驱动，算法是驱动全流程、全场景、全链路数据赋能业务的关键，没有算法支撑的数据就如同没有钢筋支撑的沙石，最终还是一盘散沙。因此，数字化转型给银行带来了一场决策革命，不断迭代的算法赋予数据以"灵魂"，助力银行业金融服务行稳致远。

三是努力形成数字化思维。数字化转型归根结底是所有参与者思想观念上的转型，它并不是应对外部市场变化的被动转型，而是在数据引领、科技驱动下的主动转型。从被动到主动，虽然只有一字之变，但是却掌握了支撑金融服务高质量发展的先机。一方面，推动数字化转型是一场思想革命，通过全渠道、全场景、全链路的全流程数字化，推动流程银行向敏捷银行的快速转变。另一方面，推动数字化转型也是一场创新实践，不仅增强了上下互动，实现了组织的扁平化管理，同时也促进了银行内外部的协同，构建了良好的金融服务生态。

（二）探索乡村振兴的"五新之路"

为推进数字化转型建设，农业银行聚焦"业务数据化、数据业务化"，夯实数据基础、分享可信数据、激活数据价值，积极践行十大工程建设。农业银行始终将服务"三农"作为发展的根本，在"三农"领域积极推进数字化转型，围绕"新数据、新技术、新产品、新渠道、新生态"的"五新"建设，积累了丰富的数字化转型经验。同时，农业银行积极构建以贷为主，存贷汇一体化的全金融聚合、全业态包容、全地域直达和全风险管控的数字金融体系，取得了一系列实质性的成果。

在新数据方面，农业银行针对农村地区缺乏有效数据收集渠道、数据质量不高、共享开放不足等问题，一方面，解决"数据在哪里"问题，聚焦涉农数据生成与积累。应用数字孪生理念，创新推出业界首个"三农"信息建档模式。通过线上线下多维度采集，现场远程外部智能化收录，源头、过程、结果全路径管控，构建同业规模最大、覆盖2亿农户的"三农"可信大数据服务体系。另一方面，解决"让数据发声、让数据说话"问题，聚焦涉农数据分析与运用。通过"数据驱动服务＋服务衍生数据"双向闭环，对农时、地域、产业链上下游和所在社会关系网全面刻画，深刻洞察"三农"业态需求和风险变化，形成超过2000个"三农"标签及1000多个业务模型，为产品创新、风险防控提供强大技术支撑。

在新技术方面，农业银行主动布局和深入应用金融科技手段，持续增强营销、风控和产品创新能力，重点结合"三农"业态风险形势变化，强化风控体系，为三农金融服务持续注入发展新动能。例如，农业银行构建了流批一体的计算引擎，实现了海量数据的实时计算、实时分析和实时预测，破除"三农"抗风险能力差、服务风险高的难题。同时，农业银行还研发了遥感影像综合服务处理引擎，支持卫星遥感图像、实景图片和无人机影像的统一识别和处理，推出畜牧活体和农村两权等特色抵押品，解决"三农"可担保物品及担保方式匮乏和单一的问题。

在新产品方面，农业银行基于"Serverless架构+NoOps理念"，量身打造了轻量化、全托管、全流程的应用研发云平台，支撑"通用模式参数配置"+"特色模式轻量开发"双模创新。一方面，可以通过"填空式"配置要素发布新产品，一天时间即可上线一款新产品；另一方面，将通用业务组件函数化，通过流程拼接和函数调用方式，实现资源一次性装配、应用一键发布，最快一周时间即可完成从创意到上线。截至目前，农业银行已孵化出"惠农e贷"系列产品4000余款，覆盖"三农"全业态，真正实现轻量化开发，快速响应农户需求。

在新渠道方面，农业银行在传统线上线下渠道基础上，拓展了"三农"专属渠道，建立了"人工网点+自助网点+惠农通服务点+互联网线上渠道+流动服务"的五位一体全渠道服务体系。通过多渠道协同服务，推动了金融服务向乡村下沉，更快触达不同"三农"客群，提升了农村金融服务可得性和便捷性。2021年农业银行迁址和新建网点中的65%布局在县域、城乡接合部和乡镇地区。目前，农业银行共有县域网点1.26万个，是全国唯一一家在全部县域都有网点的金融机构。同时，为有效补充物理网点，农业银行在农村商店、农资店等设立惠农服务点，对于更加偏远地区，推出移动金融服务车,做到打通农村地区金融服务"最后一公里"。此外,针对农村地区的特色化需求,农业银行设计了更符合农民使用习惯的乡村版手机银行,让更多的农村客户享受便利的掌上银行服务。

在新生态方面,农业银行采用"活点—通链—织网"的场景皆服务的泛化模式,聚合提供金融与非金融一体化、产供销一站式综合服务。通过主动将金融服务输出到专业市场、政企平台等市场核心节点,融入B端和G端,通过活点、通链和织网带动C端客户,实现低成本大批量获客。同时穿透上下游多层级活客,建立健全客户增信和风险缓释手段,提升"三农"服务的广度和深度,大幅增强了客户黏性。围绕农民生活的各方面需求,农业银行建设了智慧医疗、智慧教育、智慧旅游等系列化生活服务场景,为县域农村居民提供更加便捷的全方位综合服务。目前,农业银行已建成县域特色金融场景约1.2万个。

四、总结思考:深化数字乡村发展的建议

从农业银行金融科技赋能乡村振兴实践可以看出,为客户提供多元化、有温度、高效率的数字化乡村金融服务,要以客户为中心,在金融服务创新中,重点打造好数字智能、快速响应、开放生态和全方位服务等四项关键能力。

(一)提升数据资产转化为数字智能的能力

2020年4月发布的《中共中央、国务院关于构建更加完善的要素市场化配置体制机制的意见》中,已将数据作为新型生产要素。随着银行业数字化转型经过开局破题阶段后,掌握了各领域越来越多的数据,但是如何实现数据

资产的管理和应用，并将其转化为生产力仍是当前面临的一个重要问题。未来，我们可从以下四个方面入手。一是夯实数据基础，加强大数据平台、数据集市、数据中台的基础设施建设。二是明确数据所有者的职责，建立健全数据从采集到管理，再到应用的制度和流程，尤其要加强数据归户管理与外部数据引入等工作。三是建立企业级数据标准体系，破解"数据孤岛"难题，将数据汇总到数据中台，对外提供统一的服务。四是提升数据便捷服务能力，提供产品化、工具化、平台化的数据服务，实现数据应用的"托拉拽"，简化业务人员使用的复杂程度。

（二）强化快速响应、快速产品创新的能力

早在十几年前，银行业就开始试图通过流程银行的建设，尽量简化并标准化每一个流程环节，加快响应与创新的能力。但是，从管理的角度提升业务流程的敏捷所得到的效果并不明显。在推进业务流程的快速响应与产品创新方面，我们应加大数字化转型的力度。一方面，将更多的数字化工具和数据要素应用到业务流程中，研究构建高效能的DevOps工具链和CI/CD流水线，建立模块化、组件化、参数化的研发架构，以及全行标准化、协同统一的技术管理体系，实现业务流程的自动化与智能化，极大地提升了业务响应的速度。另一方面，通过加速金融科技创新应用，以大数据、人工智能、物联网、区块链等技术为驱动，打造全场景、全流程、全链路的智能化金融产品，进一步释放乡村金融服务的数字生产力。

（三）构筑开放+场景+生态金融的能力

农业银行于2021年启动数字化转型"十大工程"的建设，其中在渠道领域重点推进数字乡村、掌银、开放金融和智慧网点四大工程的建设。这四大

工程构成了农行金融服务的基础,形成了集开放、场景、生态三位一体的数字化金融服务能力。下一步,在开放金融方面,在持续优化开放金融管理功能、提高相关系统对接效率的基础上,聚焦政务民生、消费零售、产业链等领域,拓展B端与G端的营销,并以高频场景带动掌银客户数的增加,实现C端提升。在场景金融方面,完善数字化用户旅程设计,深化智能化数据应用,形成线上闭环营销,同时加强智慧网点建设,助力推进"用数据管理、用数据决策、用数据转型"的网点智慧经营管理模式落地。在金融生态方面,立足农业银行服务"三农"的根本,大力推进数字乡村建设,打造"农业、农村、农民"孪生数据服务体系。通过构建三农可信大数据库,解决农村金融数据信息难以采集的问题;加强数字化风控体系建设,为农村客户提供多元化、有温度、高效率的数字化信贷产品和服务。

(四)形成全方位客户洞察+金融服务的能力

随着数字化转型进入攻坚阶段,传统人力消耗大的厅堂营销和上门获客逐步被智能手机、轻量化金融终端以及开放场景的线上触点替代。未来,我们应该进一步加大数字化金融服务的力度,利用5G技术与VR/AR、AI数字人等智能技术的融合应用,不断拓展农业银行线上营销的深度和广度。通过探索全方位客户洞察的新赛道,逐步推动农业银行金融服务模式向实时的线上化交互和用户个性需求的智能化感知方向发展,建立全渠道、多策略的闭环管理、智慧营销的数字化金融服务体系。

生产力的发展是不以人的意志为转移的,历史潮流总是浩浩荡荡不断向前推进。在全社会推进乡村振兴建设的大背景下,商业银行必须主动调整生产关系去适应生产力的发展,切实做到通过数字化转型落实建设服务乡村振兴领军银行的定位。"十四五"时期，农业银行将全面融入数字乡村建设的进程中，立足于打造数字时代"三农"服务竞争新优势，以数字化转型驱动全集团工作方式、服务方式和治理方式变革，按照急用先行原则，协调推进数字化转型"十大工程"建设，加快形成科技引领、数字赋能、数字经营的智慧银行新模式。

第9讲　科技洞见未来，在解决问题中成长

江朝阳

近年来，随着云计算、大数据、人工智能等前沿技术的加速创新，数字经济正在加速改变世界，成为重塑全球竞争格局的新变量。

2021年10月18日，中共中央政治局就推动我国数字经济健康发展进行第三十四次集体学习，习近平总书记指出，要发挥数字技术对经济发展的放大、叠加、倍增作用。

2021年12月12日，国务院印发《"十四五"数字经济发展规划》，提出"到2025年，数字经济迈向全面扩展期，数字经济核心产业增加值占GDP比重达到10%"的发展目标。2021年12月、2022年1月，人民银行、银保监会相继发布《金融科技发展规划（2022—2025年）》《关于银行业保险业数字化转型的指导意见》，提出稳妥发展金融科技，加快金融机构数字化转型，并明

作者系招商银行首席信息官。

确了"十四五"期间金融数字化转型的发力方向。

金融是现代经济的核心，是实体经济的"血液"，血脉通畅，经济就能行稳致远。推动金融业数字化转型，实现经营理念和服务模式转变，全面助推经济发展，是新时代赋予金融业的历史使命。招商银行作为国内第一家完全由企业法人持股的股份制商业银行，也是国家从体制外推动银行业改革的第一家试点银行，数字化转型起步比较早，经过几年的试水，用自己的实践探索出一条银行数字化转型之路。

一、一半海水，一半火焰

银行是一个历史悠久的行业。从16世纪的威尼斯银行，到1897年诞生的中国通商银行；从宋代的纸币，到17世纪中叶的英国"金匠券"，银行的"存、贷、汇"模式传承了千百年。

银行本质上是处理信息的机构，是用于解决信息不对称，实现社会资金高效流转、配置的信用中介。因此，信息技术的每一次重大进步，都会推动银行的转型和变革：PC技术的普及，催生了银行的会计电算化；通信技术的发展，催生了银行的网络化。

从某种意义上说，招行的数字化转型起步属于"半推半就"：一半是迫于形势，不转型就面临脱媒危险；一半是归于自觉，因为看到了数字化给银行带来的巨大可能性。

故事的起点回到2014年。移动互联网的兴起，催生了新的客户需求；互联网巨头的跨界经营，重构了新的商业生态，这都给银行带来了巨大的挑战；但同时，技术的进步，也给银行转型发展创造了新的可能性。

一是互联网的迅猛发展带来生态环境的变化。互联网1.0、互联网2.0、移动互联网，推动全社会的数字化。社会行为的线上化，既提供了线上化良好的条件，也冲击了传统的银行服务方式，在数字化"无时无地、高效便捷、无缝融入移动设备"的背景下，银行基于"固定位置+固定时间"开展服务的网点模式受到明显冲击。

二是互联网企业的跨界经营对银行业务带来冲击。互联网企业凭借其流量和生态优势，开始跨界金融服务，从支付到信贷，再到财富管理，渗透到了银行所有零售业务。对以零售业务为主的招行而言，产生了很强的焦虑感。实际上，我们也确实看到了自身对年轻客户的吸引力在下降。

三是云计算、大数据及人工智能技术发展带来新的可能性。云计算技术让我们可以大幅降低计算成本，同时，微服务、快速迭代、高容错等特性，可以更好支持开放、快速创新，降低试错成本；大数据技术则帮助服务更加精准、决策更加科学，尤其在识别、管理风险方面，提供了全新的可能性；人工智能技术提升个性化服务能力，并极大降低服务成本。

20世纪90年代初期，中国银行业有一个比较大的浪潮叫金融信息化，主要是把人工记录变成了系统记录，把手工作业变成了计算机操作。从老百姓的角度来讲，一个明显的变化就是过去的存单、存折变成了磁条卡。当时各家银行做这项工作的部门都叫电脑部，当时大家说信息化程度如何，都说有多少业务都上了系统。信息化其实是数字化的一部分，信息化是对银行局部领域的数字化，主要是交易流程和作业流程的数字化；而数字化则是银行全部行为的数字化再造，包括产品、服务、营销、经营模式等。我们说数字化转型，之所以叫"转型"，是因为这一次银行对科技的应用，在广度、深度和产出上，都将超出以往任何时候，银行将焕然一新。

二、想，都是问题；做，才有答案

坦率地说，招行的数字化转型，其实并不是一个严密论证、计划周详的战略行动。如果重新站在2014年的时间路口，我们恐怕很难想象几年后的招行会长成今天这样。当时的招行并不确切知道未来是什么样的，但相信未来一定是数字化的，于是，朝着这个大致正确的方向，播下了数字化的种子，营造良好的条件，然后放手让它自由生长。

数字化转型如何做？想，都是问题；做，才有答案。招行的数字化转型就是一个面向问题、解决问题的实践过程。行胜于言，在行动中提高认识，在行动中培养能力。数字化转型，银行最需要做的是认真投入、下场去做。

在这个过程中，很关键的一点就是要坚持业务导向，因此，科技洞见就显得尤为重要。要洞察到今天最主要的问题，客户的问题、业务的问题、管理的问题是哪些？如何用最新的科技手段去解决问题？当我们这么做的时候，数字化的东西就慢慢长出来了。我们要做这些事情必须找到关键支点，招行的支点是"两个体验"：客户体验和员工体验。

（一）手机APP的故事

2013年12月，招行手机银行APP的月登录次数首次超越网上银行专业版，成为招行第一大客户交易渠道，这让我们更加坚信APP就是银行服务未来的方向。于是，我们提出"移动优先"，开始着力打造手机银行APP和掌上生活APP。当时，手机银行APP的客户体验存在诸多问题：登录烦琐、功能单一、应用割裂。于是，招行从解决APP的登录问题开始做起，把原先的"银行卡号＋卡密码"登录方式，改为"手机号＋6位数字密码"，完全向互联网看齐，整个登录界面和登录过程变得非常简单，客户体验得到极大提升。

在把方便留给客户的同时，我们自己却遇到了新的麻烦。刚推出"手机号+6位数字密码"登录方式的时候，由于伪基站活动猖獗，导致伪冒交易及盗用金额急剧上升，给银行带来了巨大的压力。当时摆在招行面前的路有两条：一是退回去，改回复杂登录方式，牺牲客户体验以保证安全性；二是跨过去，提升风控能力，兼顾客户体验与安全性。招行选择了迎难而上，由此建立了基于大数据的实时反欺诈风控系统"天秤"，将风险控制在正常范围内。"天秤"迭代到今天，不仅系统能力快速提升，可在30毫秒内对疑似欺诈交易做出拦截判断，将非持卡人伪冒及盗用金额比例降至千万分之0.9，基本与互联网第一梯队在同一水平，而且"天秤"系统还不断通过接入新的数据源，广泛用于信用卡、对公等各类场景的交易风险控制和合规、反洗钱等领域的风险管理，成为非常重要的智能风险管控系统。

登录问题解决后，越来越多的客户活跃在APP上，新的挑战也随之而来。2016年，APP渠道的客户咨询量激增至上年的3倍，客服压力陡增，客服接通率跌至全渠道末位，显然，仅仅依靠传统的人工客服已经无法承接海量的线上咨询。为解决APP带来的在线客服问题，我们建立了基于AI的智能客服体系。到2021年末，APP渠道的客户咨询量已经是2015年的8倍，但人工座席数量仅增加了60%，AI服务占比达78%。后来，我们还把智能客服的能力输送给全国62家公积金中心。

当APP逐渐成为银行与客户交互的主阵地，招行要开始做线上经营，为客户推荐产品和内容，但没数据、不了解客户在APP上的行为轨迹，是没办法做到精准推送的，所以，我们开始做APP数据埋点。埋点就是收集客户在APP上每个页面的动作，他点击了哪些按钮？他停留了多长时间？通过这些记录，我们就可以做很多的分析。这看似简单，但实际做起来难度非常大，在这方面我们走了一些弯路。我们发现数据埋点背后的关键点是对业务经营需求的理解，是数据逻辑的梳理，而不仅是技术系统。随后，招行花了两年时间，不断试错、不断完善，才把这件事做成，我们在APP层面上千人千面的营销能力、个性化服务的能力，也就水到渠成。

手机银行APP的"收支"功能是我们的爆款，每个月有超过3000万招行客户使用该功能去查看自己的账单流水，看这个月花了多少钱，钱花在哪些地方，跟别人相比大概属于什么水平。"收支"其实属于数据产品，当年我们也是花了很大力气才做成的。过去，银行对数据的需求是T+1，而移动互联网客户的要求是实时反馈。我们足足花了两年时间，才在大数据平台上完成了几十个数据文件、上千个数据字段的实时关联和整合，最终呈现给客户的是一个有智能分类、用户视角、实时反馈的收支平台。比较有趣的是，假如你在麦当劳买了一个汉堡，其他银行的账单可能显示的是"金拱门有限公司"，但招行APP显示的是"麦当劳"；你在优衣库买了一件衣服，其他银行可能显示的是"迅销有限公司"，招行APP显示的是"优衣库"；怎么把"金拱门"和"麦当劳"对应起来，把"迅销"和"优衣库"对应起来？这背后其实是数据处理的能力。

在不断解决一个又一个APP问题的过程中，APP的客户体验越来越好，基于APP的零售数字化服务体系和能力也就逐步建立起来。

（二）为员工插上数字化的翅膀

当APP平台变得非常便捷时，内部的业务处理流程也要能够很快地响应客户的服务请求，必须随之数字化。于是，我们打通了线下渠道，网点、员工包括客户经理等，以便更好地协同响应线上客户的服务请求，这就涉及要做好内部的员工体验。

招行的对公客户经理除了要经营和服务客户外,每天还要在行内的多个系统上处理各种内部流程和事务。原来的系统是以部门为中心,客户经理要到内部的各个系统上处理事务,能否建立一个对公客户经理的作业平台,客户经理通过这个平台就可以办理所有事务?

对公CRM①就是这个解决方案下的产物,它打通了内部各个业务系统,客户经理可以一站式办理业务、减少系统切换。对公CRM既是客户经理的"秘书",每天自动推送工作事项、客户资讯等提醒;也是客户经理的"资讯中心",可以查询从行业政策到企业新闻的多方面信息,并且汇聚了行内的优秀案例,为客户营销提供方案借鉴。我们还在CRM中开发了一个叫"商机发现"的功能,每天会推送3个精准商机给客户经理,这是系统通过AI算法筛选出来的高价值信息,目前商机营销成功率接近30%,并且还在持续迭代中。

我们还开发了智能化的作业机器人(RPA②)体系,应用在运营场景中,让内部流程高度自动化。例如,分行每周需要对企业账户的工商注吊销异常状态进行排查,以上海分行为例,每周需要人工核验排查的数据量超过100笔,要经过"人工登录国家企业信息公示系统"—"逐户录入客户名称"—"查询信息"—"确认后截图留存"等步骤,操作重复性高,而且人工操作还存在类似把"冯京"当"马凉"的失误,员工负担很重。于是,我们把海螺RPA应用在这个场景中,相当于引进了一个"数字员工",RPA机器人模拟核查人员的操作流程,最终实现了全流程无须人工操作,单笔用时缩短至之前的1/10,并且在效率提升的同时,实现了"零差错",极大减轻了员工的负担。

---

① CRM:Client Relationship Management,客户关系管理。
② RPA:Robotic Process Automation,机器人流程自动化,是指通过技术将常规操作自动化。

此外，银行内部众多不同岗位的员工之间，也要快速协作，快速响应客户的服务请求、市场的请求，这就要求协同办公系统要做得非常流畅，让信息传递是扁平化且高效流转的。于是，我们开发了"招乎"协同办公平台，可以用"招乎聊天"替代邮件，随时随地拉个"招乎工作群"讨论工作，不受限于会议室召开"招乎云会议"，多人在线编辑"云文档"，在手机"招乎"上提交休假申请、完成公文阅读等。"招乎"实现了企业内部信息双向传递的扁平化，在过去三年里，比较好地降低了疫情对正常办公秩序的干扰。

当围绕着客户体验、员工体验，衍生出从前端交互到服务、到交易、到风控，再到整个数字化的组织，数字化的体系就慢慢建立起来了。今天，数字化能力已经渗透到招行前中后台的各个领域：98%的非现金零售业务实现在手机上办理；91%的对公业务实现在线申请；对公信贷作业全流程线上化率提升至89%；财富W+系统帮助零售客户经理在20秒内获取客户80%的个人信息；对公CRM系统的"视频云链"功能每年节省异地差旅2.5万人次；AI风险预警模型准确率达76%；智慧财务报销实现"无纸单据、无人审核、无感报销"，较传统纸质单据报销效率提升52%。

三、以科技敏捷带动业务敏捷

当业务往前发展的时候，我们发现科技基础设施也必须做出相应的调整，才能适应业务发展的需要。一是快速迭代的要求。"快"是数字化时代的关键词，市场变化快、客户需求变化快，要求银行能够快速响应这些业务需求，进行快速迭代。二是开放连接的要求。在数字化世界中，服务对象是数字化的、对象的行为是数字化的、对象的连接也是数字化的，所以银行必须开放，要跟外面的世界很好地互动起来，要"走出去"，跟客户的生活圈、工作圈、经营圈打通，同时还要"引进来"，把一些外部合作伙伴引进来，在招行平台上给客户提供更完整的服务。三是海量计算的要求。场景碎片化，带来交易量的快速上升，大数据、智能化的需求，背后更是指数级增长的计算量，银行科技基础设施，一方面要能承载大计算量的任务，另一方面要把计算成本降下来，因为如果计算成本很高的话，其实是没有能力提供大计算量服务的，这就要求银行较好地平衡科技的成本与效率。

应对这些挑战，需要新技术架构的支撑，我们选择了"云＋中台"的解决方案。第一，在底层计算架构上，从主机的架构变成基于分布式的云架构，它可以允许快速迭代，支持应用的灵活部署；第二，它是一种分布式的架构，相对来讲，它本身就是开放协作的一个体系，可以实现基础设施、基础能力的共享；第三，通过这样一个分布式的架构，使计算的成本大幅降低。

我们相信，数字化的未来，科技一定是平民化的。所谓平民化，就是数字化产品的创新门槛要降低，无论是科技人员还是业务人员，都可以非常低门槛地创新数字化产品，例如业务人员也可以通过"拖、拉、拽"的方式创建报表，用"搭积木"的方式开发数字应用。这就要求我们有一个可以快速、低成本搭建服务应用的数字生态环境，于是招行建设了技术中台、数据中台，这就好比打造一片企业级的让应用生长的土壤，把技术组件、业务组件、数据元素、数据工具这些养分都放在土壤里面，然后让应用在中台上比较快地、自由地生长，土壤越肥沃，应用生长才能越枝繁叶茂。截至2021年底，招行的技术中台累计发布共享技术组件近3000个，组件日均调用量超16亿次，为提升研发效能、快速响应业务需求提供了平台级能力；我们的数据中台也让数据应用的门槛不断降低，全行能够自助用数的用户占全体员工的四成，大数据已经成为招行人日常工作的一部分。

四、"硬科技"的发展离不开"软文化"的支持

数字化转型是一项庞大的系统性工程,业务和科技基础设施是"硬"能力,但更重要的还是战略、组织、机制、文化这些"软"环境。我们不能新瓶装旧酒,不能在新的世界中还保持老的习惯。没有"软"环境,就很难长出"硬"能力。

在战略层面,招行提出建设商业银行3.0模式,重点打造大财富管理的业务模式、数字化的运营模式和开放融合的组织模式三大模式,董事会、管理层均明确将金融科技作为招行的三大工作支柱之一,制定了《招商银行金融科技五年发展规划纲要》,明确各业务条线金融科技发展的目标及重点任务,形成对金融科技发展的目标、路径、执行、评价的闭环管理。

在组织层面,招行设立了由行长担任主任的"金融科技委员会",负责推动全行整体的金融科技创新,让数字化转型成了自上而下的"一把手工程";成立了总行一级部门"金融科技办公室",负责牵头制定金融科技战略,统筹管理与推动全行数字化转型工作。

在人员层面,招行研发人员总数超过1万人,占全行员工总数近10%,其中超过六成的90后研发员工,正成为招行数字化转型的中坚力量;自2017年起,新员工中STEM专业(科学、技术、工程、数学)人才比例不低于40%,为数字化转型夯实了人才储备基础;此外,我们还大力推进产品经理、运营经理、数据分析师等人员队伍建设,提升员工队伍对数字化的认知和应用能力。

在财务层面,近年来,招行持续加大科技投入,从2017年投入48亿元,到2021年投入133亿元,五年平均增速近30%;更将"每年投入金融科技的整体预算额度原则上不低于上一年度本行营业收入的3.5%"写进公司章程,

并在业界首创"金融科技创新项目基金",将上年度本行营业收入的1.5%用于金融科技创新,加快探索金融科技支持下的新业务模式,培育新科技能力,打造数字化运营模式。

在机制层面,招行通过"小团队创新"机制,让每个有创新想法的员工有机会从原有的组织里脱离出来,像创业者一样,全职脱产组建独立的新团队,在招行自建的孵化器中专注创新,他们将获得金融科技创新项目基金的支持,有一年的时间去折腾、去试错。

在文化层面,招行打造了"蛋壳"平台,营造企业内部"开放、融合、平视、包容"的文化氛围;通过"打破竖井、赋能减负"专项行动,治理"大企业"病,打破系统和业务竖井,向形式主义说不,为一线员工赋能和减负;推出"清风公约",包括"做正确的事,不管它在不在你的KPI里"等十条公约,引导全员形成"轻文化"共识。

五、数字化转型,我们仍在路上

几年前,我们驾驶着招行号,驶入数字化的广袤世界。面对数字化世界,我们在不断碰撞中成长,也在不断试错中提升自我认知。

在过去几年的发展之中,数字化已充分印证了自身的独有价值:有效提高了金融服务的效率,改善了用户体验,提升了金融服务的覆盖率、可得性与满意度,有力支持了普惠金融的发展,同时还大幅降低了成本与风险。随着数字化转型的全面深入,我们越来越清晰地认识到,数字化不太可能颠覆银行的商业模式,但将改变银行的运营模式。

展望未来,数字化转型应该着眼于进一步提高银行的运营效率,降低银行服务的门槛,提高银行服务的附加值。具体来说,我们应该做好五个阶段的工作，即线上化、数据化、智能化、平台化、生态化。"五化"是承接递进的关系，每一个阶段都为下一阶段的发展打下基础，最终实现从量变到质变的进化。

首先，线上化是数字化的基础。可以说，没有线上化，就不可能有全流程的数字化。线上化主要看三个方面：一是客户交互的线上化，看银行能不能围绕客户把服务整合起来，放在统一的交互门户上，给客户提供完整的端到端服务，APP就是一个典型的线上化交互门户。二是内部处理的线上化，看银行能不能打通前中后台的流程、打通线上线下的流程，给客户提供一个流畅的服务体验。三是风控的线上化，当客户、业务都在线上的时候，银行靠人工去控制风险是应付不了的，需要依靠大数据、AI等技术手段去控制风险。所以说，线上化不是简单地把服务界面搬到线上，这背后是要打通前中后台、线上线下的一系列服务和业务处理流程，同时还要有效地管控交易和操作风险。

其次，线上化的结果自然带来数据化。实现线上化之后，客户、客户的行为、客户的交易都将转换为数据，随着产生的数据越来越多，实际上我们将会面临数据管理方面的各种问题，因此，银行应重点关注几个能力。一是数据收集能力，当前社会越来越重视数据安全和个人隐私，如何合规地收集客户数据将是一个巨大的挑战；我们认为，在服务过程中自然沉淀的客户数据才是最好的数据，这其实是要求银行具备向客户提供更好服务的能力；二是数据存储能力，如何安全、有序、低成本地存储海量数据也将是一个巨大的挑战，需要具备良好的数据治理能力；三是数据应用能力，银行需要建立一个低门槛的数据应用架构或者说是环境，让更多的人可以方便地使用数据，只有产生业务价值的数据才是真正对银行有用的数据，才会进一步驱动银行做好前端的数据收集和数据治理，形成一个比较好的闭环。

接下来，当数据量足够大、数据应用能力足够强，才能将专家经验通过数据模型翻译成机器规则，实现智能化。我们看待智能化要有一个良好的心态，智能化是一个逐步成长的过程，机器模型要放在合适的业务场景中去学习成长，就像培养一名新员工，要从简单的工作做起，慢慢锻炼成长，过程中关键是要找到合适的培养路径。

当流量越来越大，自然就聚拢成了平台，平台是基于流量的、能提供服务好这些流量的基础设施。平台化是银行快速响应客户变化的最佳选择。好比乐高积木，提供了各种各样的基础积木组件，玩家可以按照自己的想法拼装出不同的造型。数字化时代的银行服务，要像积木一样，面对客户不断变化的需求，要能够快速组装成一个新的服务应用，响应客户的需求，这背后其实要实现企业级资源的共享，包括企业级的技术组件和数据能力。

平台化再向前发展就是生态化。当平台上有海量流量的时候，银行单靠自己是没办法满足海量客户的多元化需求的，需要进一步开放，必须依靠多样化的服务主体来满足客户完整的服务需求。一个好的数字生态有两层含义：一方面意味着自然生长，即服务不是规划出来的，是在与客户的互动和迭代中生长出来的；另一方面也意味着开放连接，即服务不是封闭的，是开放合作的，既可以"走出去"，主动与外部伙伴连接融合，扩展生态能力，更全面地服务客户，也可以"引进来"，引入外部的合作伙伴，让合作伙伴在我们的平台上服务我们的客户，不断丰富服务的内涵。

六、数字化转型需要处理好五个关系

数字化转型是一个长期且艰巨的过程，不可能一蹴而就，实施过程中必然会遇到许多问题和挑战，结合招行这些年来的数字化转型实践，我们认为，数字化转型需要处理好以下五个关系。

（一）投入与产出的关系

数字化转型并非一朝一夕，需要长期大体量地投入，且成果见效慢、价值难以量化，需要我们坚定信心、坚持投入，要做到这点，在投入上就不能盲目，我们包容创新，允许有失败的尝试、前沿的探索，但究其根本，投入最终还是要创造业务价值的，关键要处理好投入与产出的关系。首先，要有成本意识，就是解决问题的成本是多少？商业的本质是追求增值，银行能用尽可能低的代价，创造尽可能大的价值，这在商业上才是成功的。如果我们花了100元的成本，去解决一个10元的问题，虽然也费了不少事，但这是没有价值的，甚至是负的价值贡献；但是如果我们可以用10元的成本，去解决一个100元的问题，那就创造了90元的价值，这个时候价值创造就出来了。其次，成本要透明，通过成本透明核算投入资源的合理性，持续跟踪投入产出水平，不断调整、优化投资方向。最后，要以业务为导向，我们做数字化转型的根本目的是要提高效率，数字化绝不是简单的技术堆砌，用了哪些高科技、做了多少IT系统不是目的，为业务解决了什么问题、为客户创造了多少价值才是关键。

（二）技术与业务的关系

关于到底是技术推动业务发展，还是业务推动技术进步？其实一直存在一种误区，认为只有先掌握高端技术，然后才改造业务，脱颖而出。但招行认为，技术与业务是相互成就的关系，技术帮助业务解决实际问题、创造业务价值、推动业务进步，技术本身也在业务场景中打磨、在解决业务问题中成长。银行作为应用单位，实际情况往往不是先有先进的科技，再有领先的业务，而是先有业务问题，再寻找合适的科技手段、建立合理的科技架构。

比如银行数据的治理，并不是科技部门先在后台把数据结构、数据标准、数据资产的整理都做好，交给业务部门直接使用就行了，实际情况是先有业务需求，业务需要什么数据，然后科技部门根据业务需求去整理这些数据，完成后再提供给业务部门使用，业务部门在使用过程中又会产生新的数据需求，科技部门再整理数据，在这个反复迭代的过程中，价值数据被一点点整理出来、沉淀下来；在这个过程中，科技部门也不断完善数据规范、沉淀数据治理机制，迭代相关的技术平台，以提高企业的数据应用能力和效率，整个过程是一个互动、相互促进的过程。

在数字化生态中面临的问题，绝大多数要靠数字化来解决。如何以先进的技术，用最合理的方式，解决业务问题，创造最大的业务价值？这要求科技人员要有业务思维，要面向业务，让先进的技术，找到对的业务场景；业务人员也要有科技思维，了解科技解决问题的方式，了解科技进步带来的新的可能性，主动用科技推动业务变革；两者融合，就会产生很好的化学反应。招行早在2016年4月就尝试组建手机银行项目组融合型团队，实行业务人员与科技人员合署办公、业绩共背、交叉考核，取得了很好的效果，目前业务-IT融合型团队模式已经在全行众多重大项目中推广实施。

（三）敏捷与协同的关系

敏捷与协同，本质上是赋能与控制的关系。赋能是为了激发业务一线的活力，银行要在数字化时代生存，必须具备敏捷响应客户需求的能力；控制则是为了实现企业级的协同，不能竖井重重，避免出现能力、流程、数据割裂，客户办理业务处处流程断点，企业内部重复开发、浪费资源等问题。敏捷与协同的关系要处理好，不能因敏捷而割裂，也不能因协同而迟缓。

如何摆脱一放就乱、一收就死的循环？需要搭建一个开放、共享、低门槛的数字环境，允许生长、试错，看不明白先放，看明白了再收。大家都栽树种草是不行的，比栽树种草更重要的是环境建设，有了合适的土壤，万物既可以自由生长，又不会杂草丛生，这需要新技术架构的支撑。"云+中台"可以实现基础设施、基础能力的共享，支持前端应用的灵活组合，是比较好的解决方案。

（四）公平与效率的关系

随着数字化对社会生活的影响日趋加大，2021年以来，国家相继出台了数据安全法和个人信息保护法，银保监会也将数据治理纳入监管评级。未来金融科技的使命，既要"提升效率"也要"促进公平与可持续"。

凭借丰富的服务和大数据能力，银行不仅能掌握客户、资金、商品等各类信息数据，而且能通过这些数据更准确地刻画各种参与主体的交易习惯、投融资需求、风险偏好等各种行为特征，从而获得更好的业务效率。科技有道，择善而行，招行始终认为数字化转型必须坚持科技向善。我们要平衡好消费者利益的保护，不能为了企业利益，损害消费者权益。数据应该带来双赢的关系，而不是零和甚至是负和的结果。不仅表现在消费者个人信息保护方面，也包括科技合规方面，银行要确保监管合规要求在银行业务和机构层面的全面落地；在安全自主可控方面，银行要夯实网络安全和数据安全，提升信创设备、系统的占比，全面提升自主可控能力，确保银行系统的安全性、可靠性、可持续性；这其实也是在更广泛的意义上，银行在履行对客户利益的保护责任以及对社会的承诺。

（五）跨界与聚焦的关系

数字化时代，服务的边界日益模糊，数字技术的发展也让跨界服务成为商业上的可能。跨界还是聚焦？是摆在我们面前的选择题。

应该看到的是，跨界与聚焦，都是为了更好地服务客户，跨界与聚焦是创造价值的不同方式。跨界是拓展服务的外延，以更丰富的服务品种满足客户全旅程服务的需求；聚焦是加深服务的内涵，以更多附加值满足客户更高的要求。数字化转型需要平衡好跨界与聚焦的关系，不能只看客户需求，不看自身能力，既要鼓励生长，也要适时修剪枝叶。是否跨界，应该看是否满足两个条件：一是银行去做，可以为客户创造更大的价值；二是银行去做，可以比别人有更高的效率。当两者同时满足，银行应该勇敢跨出第一步，沿着客户旅程，去丰富、提升银行的服务。

七、初心

诗人北岛曾写道："新的转机和闪闪的星斗，正在缀满没有遮拦的天空，那是五千年的象形文字，那是未来人们凝视的眼睛。"

回望来路，数字化转型的根本目的在于让老百姓享受到更加便捷、普惠、高价值的银行服务，作为银行数字化转型的积极实践者，招行无比感恩这个日新月异的伟大时代，同时也时刻铭记肩负的社会责任，招行将秉持"以客户为中心，为客户创造价值"的核心价值观，以科技为桨，以创新为帆，不断升级服务模式，提升服务水平，为国家"十四五"规划的实施发挥金融的力量，写好数字化转型的招行故事，在实现经营效益的同时，创造更多的社会价值，从金融服务侧助力实现人民群众对美好生活的向往。

这是我们的初心，亦是我们的承诺。

第10讲　银行数字化转型认知、方向与实践

杨兵兵

中国特色社会主义进入了新时代，我国经济发展也进入了新时代，基本特征是我国经济已由高速增长阶段转向高质量发展阶段。数字经济和创新科技应用成为引领经济社会高质量发展的重要引擎，人民群众日益增长的美好生活需求对金融供给侧结构性改革提出了新要求，银行数字化转型是大势所趋也是必由之路。在以习近平同志为核心的党中央坚强领导下，在中国人民银行、银保监会等监管机构的具体指导下，经过多年深耕，我国银行业信息科技建设取得长足进步，线上化、智能化水平不断提高，数字化转型逐渐进入"深水区"，正在从"夯基垒台"迈向"积厚成势"。

基于我国银行业尤其是光大银行近三十年信息科技工作的实践总结，在银行数字化转型过程中要统一"三项认知"，把握"四个方向"，聚焦"五项思考"，实现"五大突破"，扎实推进银行数字化转型进程，为深化金融供给

作者系中国光大银行党委委员、副行长。

侧结构性改革添砖加瓦。

一、正确认知银行数字化转型

(一)信息化和数字化

控制论创始人维纳(Norbert Wiener)认为:"信息是人们在适应外部世界,并使这种适应反作用于外部世界的过程中,同外部世界进行互相交换的内容和名称。"这一概念认为信息反映了人与其外部之间的互动关系,因此信息化更偏重于信息的采集、加工和传递,通过对信息处理方式的持续改良,提升生产力和生产效率。

国务院发展研究中心课题组在《传统产业数字化转型的模式和路径》中对数字化的定义为"利用新一代信息技术,构建数据的采集、传输、存储、处理和反馈的闭环,打通不同层级与不同行业间的数据壁垒,提高行业整体的运行效率,构建全新的数字经济体系。"数字化是信息化的进阶,是基于信息化成果产生的。通过数据互联、数据共享,数字化提高了人类的认知空间、打破了人类的思维瓶颈,实现了数据驱动决策,构建了更加灵活高效的生产组织形式和社会活动方式。真正的数字化是社会整体的数字化,需要整个社会基础设施、法治体系的全面进步和匹配,信息化的作用是提升生产效率,而数字化则是在效率提升的基础上优化社会分工和创新工作模式,进而改进生产关系,实现生产力的进一步提升。

(二)数字化建设和数字化转型

数字化建设关注数字化思维、数字化技术及其在业务场景中的应用能力。

数字化转型强调价值主张，充分运用数字化能力，实现业务模式、生态场景、运营方式等的转变，更好赋能员工、服务客户。数字化转型不是以技术为主的工作，而是涉及顶层战略、企业文化、组织架构、经营管理、业务流程、人员能力等一系列企业级层面的深层次变革，是技术为基础，商业变革为主导的工作。

银行数字化转型是社会整体数字化转型的有机组成部分，强调以业务转型为目标、数字化建设为保障，强调"业务驱动，科技担当"，以业务转型目标带动科技资源投入，在信息安全、数据服务和技术支撑等方面体现科技担当，为数字化转型和明确的商业模式转变提供支撑与保障。

（三）数字化转型和中台建设

数字化转型工作中，需要将复杂业务流程解耦，建立模块化、原子化业务组件，提升自主可控、敏捷灵活能力，不断满足快速变化的市场需求。各家银行在推动数字化转型过程中，为了加快对前端业务场景的敏捷赋能，都在积极推动中台规划与建设。中台类似于机械工程中的变速齿轮，用于匹配前台和后台的功能和数据，发挥前后台中间枢纽和调速器作用，核心是打破原有"烟囱式"应用系统建设模式，实现企业级共享能力，将前台相对稳定的业务能力，以及后台相对灵活多变的基础能力共同组合起来，实现前台和后台之间动能的传递和调整，让前台更灵活，后台更稳定。

中台的规划与建设，一方面能够提升基础支撑的灵活性和敏捷性，屏蔽底层技术实现细节，按需调整资源分配；另一方面通过总结抽象，实现模块级共享，提升对前端业务场景的敏捷赋能，最终提高系统建设和业务产品开发效率，提升快速响应市场和客户需求变化的能力，中台建设是银行数字化转型驱动力之一。

二、银行数字化转型的四个主要方向

数字化转型是一项复杂的系统性工程,需要从生产经营的全过程、全链条推动创新与变革。银行作为数字化转型的重要践行者,要充分结合我国数字经济发展需要,找到适合自身的转型方向,从业务数字化、数字化治理、数字业务化和数据价值化四个主要方向展开数字化转型。

(一)塑造业务数字化能力

业务数字化是银行数字化转型的起步阶段,通过科技赋能产品和服务,使银行线上化、智能化服务能力不断增强。一是着重发力个人金融服务数字化。将科技赋能于个人金融产品营销和服务,拓展线上渠道,丰富服务场景,加强线上线下业务协同;强化互联网客户体验管理,增强线上客户需求洞察能力,推动营销、交易、服务、风控线上化和智能化;对老年、残障等客户群体,有针对性地加强应用功能建设,增强对无网点地区及无法到达网点客群的服务覆盖,提高金融产品和服务可获得性,打通金融惠民的"最后一公里"。二是全面拓展对公业务数字化。加强场景聚合、生态对接,实现"一站式"对公金融服务;推进企业客户业务线上化,加强开放银行接口和统一数字门户建设,提供投资融资、支付结算、现金管理、财务管理、国际业务等综合化金融服务;利用大数据增强普惠金融、绿色金融和乡村振兴金融服务能力。三是建立开放的数字金融服务平台。坚持以客户为中心的理念,合理布局开放式营销和服务渠道,形成线上用户经营能力,建立相适应的获客、引流和转化机制;基于深度学习、知识图谱等技术,探索资源协同、场景化营销模式,打造服务客户全生命周期营销范式;推动营销服务从大众化向差异化、个性化转变，提升获客、活客、留客水平，通过不断优化完善数字金融服务平台，支撑数字经济时代灵活多变的创新需求。四是建设数字化运营服务体系。以提升客户价值为核心，加大数据分析、互联网运营等专业化资源配置，提升服务内容运营、市场活动运营和产品运营水平；促进场景开发、客户服务与业务流程适配融合，加强业务流程标准化建设，持续提高数字化经营服务能力；统筹线上、线下服务渠道，推动场景运营与前端功能开发有机融合。

（二）完善数字化治理体系

数字化治理是数字化转型爬坡迈坎的关键，应当抓住这个"牛鼻子"，充分激发科技作为第一生产力的巨大潜能。一是建立以数据为核心的决策机制和管理流程。通过数据采集、分析和可视化处理，全面掌握经营管理的宏观、中观、微观状态，实时监控政策落实进度和内外部风险传导情况，从而有针对性地制定和推进应对举措、优化管理和工作流程。二是加大数字技术在内部管理中的应用。使用移动办公等数字化管理平台，提升中后台部门管理效率和能力，更好地支持前台业务部门工作开展，以过程管控为牵引，形成覆盖设计决策、实施运行、考核评测和改进完善的治理闭环。三是加强开放金融服务的治理管控。面对开放金融环境下的客户需求，服务场景、产品与渠道，统筹规划与第三方合作机构的产品服务内容和流程，加强标准化和规范化建设，建立开放的技术架构体系和敏捷安全的管理机制，利用大数据有序有效实现开放金融生态多方安全。四是强化数据治理体系建设。通过提高监管数据质量、建设企业级数据字典和数据资源目录等重点任务，解决好数据质量问题，强化外部政府公共数据、第三方平台数据与内部各类数据的整合应用，提升数字营销、数字风控、数字运营和数字管理水平。五是筑牢数字化风险"防洪堤"。建立健全以数字化为基础的风险管理长效机制和防护措施，坚持促进业务创新与风险防范相统一、制度规范与自我约束相结合，构建多方参与、协同共治的与数据风险、模型风险、场景风险等相关的风险防控体系。

（三）推进数字业务化发展

数字业务化是银行数字化转型的重点发力方向，在转型过程中应扩大数据经营领域，构建开放场景的大数据生态圈。一是构建一体化智能化运营支持系统。完善支持业务数字化转型的分布式核心系统以及强大的数据中台等智能化运营支持系统，为全面数字化转型提供科技支撑；构建集成数据整合、提纯加工、建模分析等功能的综合型数据中台，推动业务数字化向数字业务化发展。二是建立基于数据资产的新型经营模式。银行经营应打破传统桎梏，基于数据资产构建新型经营模式，将数据账户、数据交易、数据信用等数据资产纳入银行重要经营范围，拓宽金融服务领域和模式。三是利用数据资产创新数字金融产品和服务。充分利用银行长期经营过程中积累的大量客户交易和资信数据，加强与互联网、产业链、政府等外部生态数据源的合作，整合利用多元数据，打造新的金融产品和服务模式。四是构建开放场景的金融服务生态圈。利用人工智能、区块链等技术从业务架构、系统架构、产品创设和服务体系等层面进行多维度变革和改良，打破"孤岛式"经营模式，搭建多元业务场景和生态圈，植入无感金融服务，灵活快捷响应市场变化，满足客户金融服务需求。

（四）夯实数据价值化基础

数据作为信息化时代重要生产要素和战略资源，是支撑银行数字化转型的关键因素。需要不断夯实数据价值化基础,才能实现数据价值发现、价值创造、价值实现,进而建立包括数据银行、数据信托等在内的创新商业模式或数据资产金融工具,催生新的银行业务模式,充分释放数据要素的价值潜能。一是优化数据资产估值方法。通过构建数据框架,做好数据估值准备,通过建立统一数据规范,针对数据元、主数据、明细数据和指标数据,分别建立与之特性相适应的计量方法;通过开展数据应用场景建设,进行数据分析和数据交换,为数据初始计价提供测算依据。二是优化数据交易模式。加强数据交易平台安全保障和服务能力建设,构建专业团队,提升数据开发和应用能力,逐步实现完全市场化运行,促进数据的流通。三是完善数据资源管理。对数据采集、存储采用归口管理,统一数据规范,加强数据整合能力;构建数据中心和数据交换管理平台,满足数据面向数字化应用场景的交换、传输、整合、调度、加工、应用等需求;通过数据全生命周期管理,从需求、开发、维护到历史等各阶段实施精细化管理,为数据折旧与增值提供评判依据。

三、银行数字化转型五项关键思考

数字化转型对于银行不是从零开始,而是在明确方向的信息化(电子化)、线上化基础上持续推进、长期而渐进的过程。尽管我国银行业信息化建设起步较早,数字化建设基础设施相对完善,但受制于长期系统建设模式和业务运营方式,数字化转型面临的难点问题反而更加突出,主要集中在战略规划、业务模式、数据应用、技术体系和风险防控五个方面。

(一)战略规划层面

战略思维脱节。银行数字化转型的本质是业务转型,是从以银行端为中心向以客户端为中心的经营思维模式的转变，不是简单的业务信息化（电子化）和线上化。有些银行在数字化转型过程中，业务部门参与较少，没有从企业经营管理层面规划和布局数字化转型整体战略，缺乏顶层设计和指导。

战略协同不足。银行数字化转型推进过程中，各业务条线或板块仅聚焦各自业务战略重点、以各自业务效益为导向，较少站在全行视角进行全局性思考，缺乏整体性客户服务和业务价值创造能力的协同，无法真正做到一盘棋，银行数字化转型战略难以跨业务领域统筹拓展。

战略定位不准。我国银行数量多，行业定位、业务结构、资金体量也不尽相同，银行制定数字化转型战略应注意"量体裁衣"，根据自身发展历史、资源禀赋、人才积累等情况，从实际出发，遵从市场机制和自身发展规律选择适合的方案。有的银行将一些先进银行的数字化转型战略和方法生搬硬套到自己身上，导致在数字化转型过程中无法发挥自身优势，转型效果不佳，甚至可能发生潜在的经营风险。

（二）业务模式层面

场景建设不足。银行传统的经营特征是自我为主、自成体系，服务和创新相对封闭，数字化转型过程中，需要打破原有边界，由以网点为主体转向以场景为主体、由独立提供服务向与第三方合作提供嵌入式服务转变，与新兴科技公司和互联网金融企业合作，利用生活场景、社交场景、娱乐场景，嵌入金融服务，在开放性的生态环境下解决数字化时代的生存和发展问题；同时，要提升网点场景化水平，将银行网点打造成综合金融服务专业场景。

共享机制不足。由于银行传统的经营模式惯性，大多数银行在数字化转型过程中仍然是"单兵作战"。整个行业经营范围偏窄，缺少配套的生态场景，导致各自通过业务和交易所采集的数据不全面，对用户画像不精准。而数字化时代是共享时代也是合作时代，如何建立数据"共享"机制和平台，实现银行同业间、银行与非银行金融机构甚至跨界企业间的数据共享和场景融合，将影响数字化转型进程。

场景运营机制没有建立。银行传统的决策传导机制是基于网点为中心，总分支多级管理，存在面对市场与客户的机构是授权最小的、资源最少的、产品最缺的问题，无法及时满足瞬息万变的市场需求、层出不穷的客户个性化需求。银行需要建立基于场景的运营机制，让总行贴近一线，将综合服务带到场景之中，以场景为单位进行组织设计、授权安排、绩效考核和资源分配。

（三）数据应用层面

数据质量参差不齐。虽然经过多年经营，银行积累了海量数据，但数据质量仍有待进一步提高，银行数据来源纷繁复杂，既有业务发展中积累的内部数据，也有从第三方合作机构获取的外部数据，甚至还有一些通过社交网络、购物平台等外部渠道获取的数据，有些数据尚未进行有效整合，碎片化和孤岛化问题突出，无法充分发挥数据价值。

数据标准无法统一。银行虽然拥有大量底层数据，但数据标准参差不齐，数据使用效率降低，缺少行业统一的数据标准，个别字段缺失或存在异常信息、数据失真、更新滞后，内外部数据缺乏联系，甚至银行内部数据标准也不统一。有的银行虽然建立了数据标准，但贯彻执行不力，数据标准和数据治理落实不到位，严重影响数字化转型进程。

数据安全风险较大。随着银行数字化转型加快，数据安全的重要性日益凸显，数字化转型面临数据滥用、数据泄露、数据污染、数据非法使用等挑战。长期以来，数据安全问题层出不穷，有的银行内部人员因数据泄露被处罚，甚至构成犯罪。银行在数字转型过程中如果不能对数据安全管理提高重视程度，很可能会带来风险和损失。

（四）技术体系层面

基础技术架构灵活性不足。基础技术架构是承载银行业务的"压舱石"，基础技术架构的承载范围和能力边界决定着银行业务开展范围和业务体量。由于银行信息化建设起步较早、技术路线相对传统和保守，系统构造复杂、数据体量大、系统间交互繁杂、数据整合难度大。技术应用和数字化建设需要兼顾现有业务发展和长期转型需求，既需要在现有技术架构基础上连接各个系统和平台，实现数据打通、系统协同，也需要在底层技术资源层面提升对高并发、高可用、高性能、高可扩展等方面能力的支撑。

系统架构设计思路有待调整。随着数字化转型的深入，粉丝、游客、长尾客户的差异化经营策略，流量、内容、活动、社群等新型客户经营模式，以及场景化、线上化、智能化业务运营需求日益旺盛，对银行的应用架构和系统设计提出了新的要求，银行急需调整原有的架构设计思维，加强在线上化、场景化和生态化经营要求较高的业务领域，以中台为理念开展企业级共享服务能力和共享数据能力建设。

新技术风险叠加导致管理难度加大。银行运营高度依赖信息系统，随着银行分布式架构的推进，分布式、微服务架构在实现弹性扩展、敏捷部署、灵活资源调度的同时，必将带来系统架构复杂度的提升，特别是新技术组合应用、开源软件日渐增多，加上业务复杂度增高、系统更新迭代加速，系统建设和运行过程中的叠加性和隐蔽性风险将逐步增加，业务连续性保障难度越来越大。

（五）风险防控层面

风险识别能力有待加强。各种风险的表现形式和损害程度会随着数字化转型的深入而更加复杂多变。"了解你的客户"是银行乃至整个金融行业开展业务风险防控的基础，在数字化转型过程中，业务的开展逐渐由线下转为线上，突破了地域、时空限制，服务对象由"真实的人"变为"虚拟的数字"，客户的真实性识别难度增大，这对银行如何构建全面智能化和现代化的风险识别体系提出了更高的要求。

风险思维更新有待提速。银行传统的风险管理思维主要依托于经验的积累，对于数字化业务，需要将以往的风险管理经验提炼成规则嵌入系统，全面梳理"新的风险因素"；同时数据风险、模型风险、场景风险等各类新型风险交叉传染方式更加多样、快速和隐蔽，风险敞口增加，需要优化原有的风险评估方式，构筑新的风险思维来应对不同风险间的叠加共振，将风险降到最低限度。

风险管理准备有待提高。银行业甚至整个金融行业在数字化转型过程中对风险的准备都应做到"兵马未动，粮草先行"，尤其是在开放金融生态重构风险防护边界的情况下，以及在转型过程中进入以往不熟悉的高风险业务领域的状况下，需要进一步做好充足的科技风险与业务风险管理准备，建立足够有效的风险应急处置预案。

四、银行数字化转型五项重要突破

（一）顶层推动，突破原有经营管理体系和业务模式

顶层规划和机制设计是银行实现数字化转型的根本前提。一是建立顶层

决策机制，自上向下统筹部署。近两年，各家银行已经或正在积极推动成立由主要领导挂帅的数字化转型委员会，制定并推动数字化转型战略规划及落地实施策略，委员会下设各业务领域专项工作组，根据数字化转型实施路径，分别组织制定相应的落地执行保障机制，确保工作目标、考核指标和任务计划的达成。二是建立配套的灵活推进组织，强化系统建设统筹管理。数字化转型以及中台建设需要相匹配的组织架构，负责前端需求的整合与决策，不少银行正在积极探索，推动组成科技、业务、数据多方融合的中台部门，统筹推进企业级共享能力及应用系统建设。三是建立高度融合的组织方式，高效敏捷协同。基于不同的业务场景，通过派驻式、嵌入式等灵活的组织方式促进业务和科技深度融合，通过打造项目敏捷、项目群敏捷和业务板块敏捷等形态，支撑数字化转型重点工程的敏捷转型实践；同步组建"重要业务项目组"等弹性组织，以业务目标为导向提高跨部门研发效率。四是加快数字化人才队伍建设。数字化人才是实现数字化转型的基石，以在职在岗教育为依托构建数字化人才培养体系，通过打造具有自主知识产权的平台化产品，在核心技术领域构建自有人才队伍，形成人才和知识的规模化储备；在自我培养的同时，加大对外部人才的吸引力度，通过考核激励、机制优化等方式加快数字化人才队伍的规模化引进。

（二）自我革新，突破原有客户服务和产品创新模式

数字化转型最典型的效果是促进普惠金融服务落地，共享生态建设成为银行业数字化转型的重要方向之一。通过与合作方建立收益分享、问题处置、接口标准、风险管控机制，让商户踏踏实实地融入生态，进一步促进银行金融服务创新。一是在场景中建模式。以政府采购平台场景为例，政府每年都会进行采购，采购对象涉及各类型市场主体，但小微企业居多，光大银行

"阳光政采贷"产品正是在此场景中开辟了全流程小微线上服务模式。二是在供应链中找客户。随着产业数字化的推进，信息的集中共享为银行拓展客户提供了支持。光大银行借助图谱卷积技术，通过供应链上的交易过程挖掘新客户，基于算力识别远端企业，用科技和数据实现"虽未曾往来，但不陌生"，预先为小微企业制定服务方案，解决物理网点在辐射跨度方面的问题。三是在数字化中强控制。光大银行阳光预警平台赋能客户经理，使服务不再局限于客户经理的数量、精力、知识水平等条件，科技应用不仅支持银行服务覆盖更多小微客户，还能在遇到风险事件时，自动预警并驱动风控，提升了客户经理对风险的掌控能力。四是在生态中拓服务。通过自有生态建设，聚合场景，促进金融服务范围进一步突破。

（三）先立后破，突破原有业务流程和技术支撑体系

在数字化转型过程中，要"以终为始"，既兼顾以往的系统建设成果，确保业务持续开展，也需要建立更加灵活的、面向未来的系统架构，满足业务发展需要。一是业务中台敏捷赋能。光大银行新一期科技战略规划中明确了"中台默认、数据驱动、自主可控、安全前移、敏捷融合"工作推进原则，按照"先立后破"思路推动"9+2+X"目标应用架构优化，重点依托金融科技数字化技术，推动以客户为中心的数字化运营能力建设，通过持续建设敏捷数据交付、客户及产品运营、多维度数据监控及分析等能力，支撑银行基于数字化运营的场景和服务建设；通过统一客户标签，提升客户洞察，建立数字化客户旅程，实现差异化金融服务。二是技术中台提质增效。通过技术中台建设，打造面向技术开发的交付平台，形成快速交付的软件开发框架和工具集，促进技术开发标准规范落地，将基础资源、技术平台与开发平台整合，按照分层解耦的原则，推进软件交付的一体化和专业化。光大银行围绕"两

基一云四平台"目标技术架构，全面推进全栈云建设推广，增强云服务能力；充分挖掘POIN微服务开发平台、自主研发移动平台、企业分布式服务平台等平台效能，发挥容器高密度、高弹性、高安全和强大的扩展性和灵活性能力，实现应用资源的快速交付和部署。三是数据中台价值创造。数字化转型的核心是数据驱动决策。光大银行在Hadoop平台和国产Gauss平台的多元基础数据平台之上，围绕数据资产积累、快速灵活交付和企业级建模能力，推动建设数据中台；通过建立数据科学作业模式，规范建模流程，积累特征资产，实现数据资产由目前以数据集市为主的供给体系向以数据中台为主的供给体系转型升级；升级面向用户和场景的大数据知识图谱和综合分析能力，降低非结构化数据使用壁垒，满足数字化转型需要。

（四）数据驱动，突破原有对生产力和生产关系认知

数字经济时代，数据作为新型生产要素，得到各行各业的高度重视，挖掘数据生产力已经成为行业共识。一是强化数据资产意识。全方位加强数据治理、提升数据质量，建立数据资产管理平台，构建全行数据资产管理和运营体系，明确数据权属，建立全面数据资产价值量化体系，推动数据资产流通变现。二是开展数据标准建设。数据标准在某种程度上决定了银行数字化转型的成败。光大银行正在推动的数据标准"基石工程"和"灯塔工程"，指标标准一体化结合数据中台建设，推动重要决策类指标标准定标、落标一体化，实现全行指标口径一致。三是加强数据安全防护水平。制定个人信息数据安全分级标准，建立数据安全分级工作机制，开展个人信息保护影响评估，强化隐私防护，降低信息泄露风险，建设数据共享安全管理工作机制，以多方安全计算、联邦学习等技术为抓手，推进数据合规共享和价值创造。四是激活数据要素潜能。数字技术建立了数据透明、全员可信、身份对等的新型

生产关系，创造了新的价值交换模式。通过对数据资产以货币度量的方式进行估值，促进数据要素自主有序流动，实现数据资产价值最大化。光大银行数据价值及探索数据要素市场建设在行业内处于领先地位，"智能化数据资产管理平台建设与数据资产估值实践"项目获得人民银行金融科技发展二等奖，业内首发《商业银行数据资产估值白皮书》。

（五）智能风控，突破原有风险管理思维和防控体系

数字化转型离不开数字化风控。数据风险、模型风险、场景风险相互叠加，运营安全、网络安全和数据安全威胁持续交织外溢。在推动数字化转型的同时，需要建立适配的风险防控体系和动态安全防御体系。一是穿透式风险管理体系建设。基于大数据、人工智能等技术完善风险嵌入机制，做好业务赋能及前置风险管控，强化风险的穿透性管理，通过业务流程的重构，加强场景风险管控。光大银行持续培养提升风险因子识别、计量、报告、管理与动态平衡能力，优化风险管理流程，持续完善风险管理体系和内审体系；建立企业反欺诈平台，以构建全流程、全客群、全渠道穿透性欺诈风险管控为目标，开展账户级、交易级风险预警及处置，维护金融安全生态。二是动态防御体系建设。安全是确保银行数字化转型成败和业务运营的"底板"。光大银行建设的 7×24 小时安全运营指挥中心，基于数字化技术打造安全智慧大脑，构建以安全数据湖为中心的安全资产中心、安全情报中心、安全威胁处置中心和可视化中心，开展全天候安全威胁监测和运营处置，实现及时预警、瞬时响应处置的智能安全防护体系建设。三是加强金融科技伦理建设。随着金融科技、模型算法等新型能力大量应用于银行交易流程，风险管理的范畴进一步拓宽到金融科技伦理建设。光大银行实施新技术的风险评估和全生命周期管理，对于未成熟的技术谨慎评估其伦理风险，通过安全隔离区、多因

素身份认证等进一步加强对数字渠道全生命周期的安全防护，筑牢金融交易安全关口；通过模型集中运营管理，充分发挥"三道防线"在模型管理中的重要作用，从模型的开发、验证以及审计监督管理等维度保证模型分析的有效性、持续性和深入性，加强对智能算法的规范化应用，提升算法风险的动态感知和穿透能力；利用加密存储技术、去标识化、身份认证等方式严防数据泄露和篡改。

习近平总书记指出："发展数字经济是把握新一轮科技革命和产业变革新机遇的战略选择。"加快银行业数字化转型是推动现代化金融发展的必然要求，是贯彻新发展理念的具体体现，是开启"第二发展曲线"的重要手段，相信在国家政策支持和监管机构的精心指导下，中国银行业将坚持"逢山开路，遇水架桥"的精神，坚定方向、多措并举、积极作为、克服困难，举全行业之力推动银行业数字化转型发展，为建设"数字中国"、构建新发展格局、推动高质量发展贡献银行力量。

第11讲 数字化转型加速重构商业银行价值体系

吕天贵

近年来,伴随大数据、云计算、人工智能、物联网等新一代信息技术不断涌现、持续扩散和渗透,深刻改变了银行机构传统经营理念、服务模式和价值体系,银行业数字化成熟度不断提升,数字化转型已成为不可逆的行业发展主旋律、主基调。数字化转型作为一项长期性、系统性工程,本质是通过银行内部生产力和生产关系变革,最终实现银行价值创造体系的优化、创新和重构。然而,任何一次根本性的变革往往战略机遇与重大挑战并存,在数字化转型"下半场",商业银行需要深刻理解和认清数字化转型本质内涵和新特点、新趋势,立足新发展阶段,贯彻新发展理念,构建新发展格局,持续以数字化变革催生新的发展动能,全面提升金融服务效率和水平,更好地满足人民群众金融需求,促进实体经济高质量发展。

作者系中信银行副行长。

一、基于价值重构逻辑审视数字化转型

纵观人类经济社会发展史，科技技术作为第一生产力，每一次技术重大变革必将引起产业变革，进而引发经济社会领域重塑。从银行业发展历程来看，每次重大数字技术应用使得银行新型服务渠道和产品不断诞生，银行运营效率和服务便捷性不断提升，银行机构传统经营理念、业务逻辑和组织边界不断革新，银行机构价值创造体系不断优化与重构。然而，以大数据、区块链、人工智能为核心的本轮信息技术革命对银行业的影响范围之广、革新速度之快、影响程度之深远，前所未有。随着此次数字化技术与业务的深度融合，以数据驱动、生态支撑、智能主导、普惠共享为特征的价值创造和服务新模式加速成型。在此过程中，商业银行需要深刻认识数字化转型逻辑，扎实做好转型期"四个关键重构"，持续推进银行价值体系的深层次系统性革新。

（一）创造客户价值是数字化转型的出发点和落脚点

在企业战略转型期，关键是要找到传统业务和新业务之间资源转移和资源配置的新路径。数字化转型过程中，因资源禀赋差异，不同银行机构间转型路径千差万别，但高效的客户价值创造是衡量每家企业数字化转型质量和成效的共同标尺。无论采用何种数字化技术、开展多大程度的组织变革，唯有坚持价值优先，以客户价值为目标，才不会在数字化转型道路上迷失方向，方可实现数字化转型的可持续发展。

（二）把握数字化转型期"四个关键重构"

一是重构传统银行经营理念。"各种经济时代的区别，不在于生产什么，

而在于怎样生产，用什么劳动资料生产。"数字经济是与农业经济、工业经济不同的时代特征，为适应数字经济要求，商业银行需要建立与数字化时代相适应的经营理念、服务模式和业务逻辑，实现角色定位从传统被动"等客户"向主动"找客户"转变；服务模式从传统覆盖式"千人一面"向"千人千面"智能化转变；价值创造从传统封闭的"自我循环"向开放的"合作模式"转变。

二是重构传统价值生产函数。创新本质是"建立一种新的生产函数"，即将新的生产要素加入原生产体系，实现生产要素的重新组合和重构，释放新动能。在信息化阶段，传统银行经营活动主要依赖"经验"探寻业务机会，依托部分数据寻找"局部"最优解；而数字化阶段，数据作为新型关键生产要素加入银行价值生产体系，银行经营活动转变为依赖"数据＋算法"驱动业务决策，依托全量数据寻找"全局"最优解。

三是重构传统技术支撑体系。伴随数字经济时代发展，银行机构业务流程、业务逻辑的复杂性持续增加，倒逼银行业系统架构、产品研发、组织能力的优化重构。系统架构方面，原有IT系统架构存在功能强耦合、复用能力差、协作效率低、维护成本高等一系列挑战，难以满足高并发、大流量和连续性需求。产品研发方面，过去预先规划的瀑布式产品开发模式，需要向小步快跑、快速迭代的敏捷模式转变。组织能力方面，传统银行受制于"部门墙"、条块分割，科技部门往往处于"来料加工"的被动角色，然而数字时代客户的及时性和多元化需求，倒逼银行重构业务与科技组织关系，打破部门壁垒，打造强大中台以推动公共能力的沉淀、共享和高效复用，以组织敏捷应对外部环境不确定性变化。

四是重构人才能力体系。银行机构间数字化能力竞赛归根结底是数字化人才的比拼，是银行价值创造的最终基础和根本来源。数字化时代，迫切需要改变传统靠"经验"决策的思维惯性，需增强全行人员的数字化思维、数字化认知；科学系统构建新型数字化能力培养体系，充分激活全行组织内在"数字基因"。

数字化转型作为一项价值重构的系统性工程，系统内各要素并不是孤立的，而是存在相互依存和制约的关系。商业银行需要统筹规划和协调推进，最终实现用数字技术提升金融服务价值和经营管理的降本增效。

二、银行业数字化转型迈入"下半场"

对于银行机构来说，数字化转型并不是新命题。近年来，商业银行走过了产品服务线上化迁移、物理网点智慧升级、服务流程数字化再造、前沿创新技术快速渗透等数字化转型"上半场"，行业数字化成熟度得到不断提升，金融服务效率实现大幅跃升。尤其是我国大型商业银行走在了数字化前列，如核心系统迭代接近尾声、前沿创新成果不断涌现、技术数据支撑能力日益强健等，数字化撬动业务价值得到市场有效检验。2022年初，人民银行和银保监会相继发布《金融科技发展规划（2022—2025年）》（以下简称《规划》）和《关于银行业保险业数字化转型的指导意见》（以下简称《意见》），进一步明确要求新阶段金融机构需要加快数字化转型，提出了路线图、任务书和时间表。银行业数字化转型从"立梁架柱"全面迈入"积厚成势"新阶段。新阶段，银行业机构面临数字化浪潮和监管政策的双重利好，然而数字化转型工程浩大，要求商业银行深刻洞悉数字化转型新趋势，充分把握好新要求，迎接新挑战，探索一条适合自身发展的价值重构之路。

（一）数字化经营理念待落地生根

近年来，在各行各业推进数字化的浪潮下，银行机构纷纷将金融科技作为全行级发展战略，通过持续加码信息科技投入，强化数字化新型基础设施建设，深化数字化应用能力体系建设，大力探索建立与数字经济时代相适应的客户服务模式，科技"硬"实力实现"肉眼可见"的升级跃迁，数字化经营理念也逐渐被银行业所认可和推崇，并充分认识到数字化转型已是银行机构一场没有退路的变革，唯有自我革新，才能打造属于自己的"第二增长曲线"。然而，受传统经营理念的思维惯性、路径依赖的影响，当前银行机构存在"以客户为中心"服务理念与客户实际体验有割裂、数字化经营模式与实际工作方法有割裂、数字化思维要求与员工实际能力有割裂等突出现象，系统性的数字化经营体系尚有待建立。新阶段，如何进一步激活组织内"数字基因"，根本性转变传统经营思维，实现数字化经营理念真正落地生根，是当前银行机构价值重构的关键任务。

（二）客户服务体验仍需优化升级

在产品日益同质化的时代，客户服务体验是直接关系到银行机构价值创造的关键因素，也是衡量银行机构间获客、活客和黏客能力的重要标尺。信息化初期阶段，物理网点作为银行与客户互动的主要渠道，客户排队时长、网点设置便利性、一线员工专业度、产品服务价格等是影响客户切身体验关键点，随着蚂蚁金服、腾讯等互联网金融企业"闯入"金融领域，传统客户服务体验的内容、模式发生了颠覆性改变，客户对个性化、及时性、无感化、普惠性等极致性体验提出了更高的期待和要求。

从实践来看，数字化体验和全渠道体验是银行客户体验管理的两大内容。数字化体验方面，伴随移动互联网、大数据和人工智能技术普及，银行客户服务数字化体验得到质的提升，但整体上，与先进互联网巨头产品服务仍有较大差距，例如，与银行移动端APP相比，支付宝、微信等互联网APP为客户所带来的需求响应时长、客户旅程管理、场景生态建设等重要领域已相对成熟。全渠道体验方面，目前银行机构基本形成了以传统物理网点、智慧网点、手机银行APP、网银、小程序、微信银行等多渠道运营体系，并向远程银行、开放银行等新型渠道延伸扩展。然而，受传统"部门墙"禁锢，银行机构一些完整的业务流程往往被割裂或重叠，导致客户在不同渠道服务体验不一致问题突出。此外，监管政策也提出了明确的要求，例如，《规划》要求银行机构要消除渠道壁垒，整合渠道资源，实现不同渠道无缝切换与高效协同，打造"无边界"的全渠道金融服务能力。新阶段，打造全渠道客户体验，构建极致数字化体验，将成为数字化转型"下半场"的重要抓手。

（三）数据资产价值亟待挖掘释放

数字经济时代，"数据+算法"已成为银行业的核心竞争力，数据质量高低直接决定了银行数字化、智能化的水平。近年来，国家大力推进数据要素市场改革，银行监管机构全方位推进行业数据治理、数据标准的体系化建设，银行机构通过建设统一大数据平台、底层数据湖和数据仓库，搭建人工智能通用算法底座，数据存储、计算和处理能力实现快速提升。然而，银行业尽管拥有海量数据信息优势，但存在数据标准不统一、数据质量参差不齐、数据断点多、数据应用能力不足等突出问题，直接影响到数据驱动精准营销、智能化决策经营等场景的广泛应用。目前，银行机构已充分认识到数据治理的迫切性和重要性，据统计，超过80%的银行已经将数据治理纳入公司治理范畴，并通过制定全行级数据战略、设立首席数据官（CDO）、组建数据管理部门、设立数据管理委员会等一系列举措，旨在系统性提升全行数据治理水平。监管政策方面，《意见》特别指出，商业银行要健全数据治理体系，增强数据管理能力，加强数据质量控制，提供数据应用能力。新阶段，在数安全严监管要求下，持续探索破解"有数不能用、有数不好用、有数不会用、有数不善用"困局，构建"业务数据化"与"数据业务化"良性循环内生机制，将是银行业数字化转型"下半场"的头号工程。

（四）数字新基建有待规模化应用

近年来，商业银行纷纷加大数字化新型基础设施建设的资源投入力度，尤其是大型商业银行引领行业发展，数字化技术底座基本构筑成型，例如率先开展企业级分布式架构体系、分布式核心系统建设，破除了传统竖井式系统架构；推进IT基础设施云化转型，实现基础资源的弹性供给和灵活调度；持续完善技术中台、业务中台和数据中台建设，有效沉淀共享复用的通用能力；持续探索AI、大数据、物联网、隐私计算等新一代信息技术提升客户体验、优化服务流程。然而，从整体上来看，目前银行机构技术能力应用，尚处于多点突破阶段，尚未实现技术价值的充分释放。例如，智能化决策准确率有待提升；新技术应用业务场景较为单一，尚未形成组织级赋能；中小银行新基建建设速度相对滞后；领先性银行成熟数字技术有待规模化有序输出。

（五）组织能力传统边界尚需打破

数字化转型作为系统性工程已是银行业的共识，需要统筹推动战略部署、商业模式、组织架构、人才梯队、资源配置、数字文化等众多领域深层次改革。近年来，银行机构将科技治理摆在数字化转型的突出位置，旨在实现"业务+技术"双轮驱动业务价值创造。然而，银行业务庞大、组织架构复杂，如何打破组织边界、能力边界、思维边界等壁垒已成为数字化转型"下半场"的重大考验。拓展组织边界方面，受传统组织模式影响，银行机构普遍存在部门壁垒，数据"烟囱"；业务与技术"两张皮"现象，科技部门处于中后台支撑被动赋能的局面。拓展能力边界方面，员工传统知识能力体系亟须拓展和延伸，而当前员工数字化能力体系建设尚处于培育期，高素质数字化人才短缺已是银行业数字化转型的最大掣肘。例如，目前国内领先性银行机构科技人才占比已达10%左右，但与国际大型银行相比仍有较大差距，如摩根大通和花旗银行IT人员占比分别约达到18%和31%。拓展思维边界方面，部分银行机构受"周期短、见效快、效益高"的资源投入思维影响，通常缺乏数字化转型持续性投入的战略定力，缺乏建立与数字化阶段相适配的激励约束相容机制。监管政策方面，《意见》要求银行机构加强统筹协调，全局谋划，加强战略规划和组织流程建设；《规划》要求银行机构健全科技治理体系，让全局性、系统性数字思维深入人心。这为新阶段银行机构组织能力建设提供了思路和建设方向。

三、中信银行数字化转型蓝图与实施路径

全力推进全行数字化转型已在中信银行战略层面和管理层达成普遍共识，于2019年将"数字化转型"上升为全行级战略任务，立足行业发展新趋势，基于自身资源禀赋，以客户价值为导向，制定了数字化转型整体规划，并同步推进基础设施建设、组织能力构建和数字应用推广。2021年，全行将"数字化转型"列为未来三年强核发展的四大关键支柱之一，要求围绕"数字中信"战略目标，全力打造未来中信银行价值创造新体系。

（一）战略目标：打造智慧、生态、有温度的数字中信

坚持以客户价值为导向，聚焦"智慧"、"生态"、"有温度"三个关键词，全力打造"数字中信"，通过全面数字化转型助力全行战略愿景落地，加速建

设"有担当、有温度、有特色、有价值"的最佳综合金融服务提供者。

一是经营管理更"智慧"。洞察和触达客户精准，资源配置有效，组织反应敏捷，提升优秀的组织能力和价值创造能力，实现"人均效能"、"项目端到端交付时长"等智慧化经营指标以及ROE、ROA、银行市值等价值类指标的提升。

二是开放共赢有"生态"。组织内部充分协同、主动求变，对外依托开放银行，构建优势场景及生态，实现开放服务API数量、生态圈B端/C端客户总量、长尾有效客户增量等显著提升。

三是服务客户"有温度"。通过系统性数字化变革，提供超越客户期望、触动客户内心的服务，全面提升客户满意度，用数字化"加速度"，强化"信守温度"品牌形象，打造无限接近极致的客户体验。

（二）一条主线：价值驱动客户旅程重塑

基于客户导向和价值导向，以客户旅程重塑作为转型的发力点，推动前、中、后台联动升级。以金融科技能力为永续动能，提升产品和服务的竞争力，驱动业务模式和运营模式转型，打造数据驱动型的业务发展模式，提升中信银行竞争力和市场价值。

（三）一大动能："数据+算法"驱动客户洞察力

深入洞察和及时响应客户需求，是开展客户旅程重塑、提升产品和服务竞争力的必由之路。依托数据采集、需求挖掘和机会洞察，构建"数据+算法"驱动的银行客户洞察体系，锻造中信银行数字化核心竞争力。

一是完善基于大数据和人工智能的客户洞察分析工具，拓展用户数字化体验实验室等用户研究手段，将所有的客户接触点变成客户需求信息的收集点，加强多方位的结构和非结构化数据采集。二是整合客户信息，建立统一视图的客户信息体系，加强客户数据多维度的挖掘分析。三是完善产业研究的方法和体系，实现精细、准确、前瞻地识别客户和行业机会点，洞察市场客户需求先机。

（四）六大领域：聚焦重点领域数字化建设

按照"客户需求—前台响应—中台赋能—后台驱动"的价值链条，推动全行"能力建设"和"组织变革"，实现组织能力与客户需求的有效对接。零售金融、公司金融、金融市场三大前台服务客户，呈现数字化转型的能力和成果。风险管理、数据管理、技术服务三大中台赋能前台，支撑前台提升快速响应能力。

一是零售金融、公司金融、金融市场三大前台"三驾齐驱"。零售金融业务方面：以客户旅程重塑为主线，强化特色生态布局和全渠道协同经营，打造千人千面的客户经营体系，打造卓越数字化运营管理能力，成为客户旅程管理专业、客户体验同业领先、财富管理客户首选的数字化零售生态银行。公司金融业务方面：重点提高产业生态解决方案定制能力，打造数据驱动的客户认知、对公产品服务体系及差异化风控、智慧化渠道服务与数据运营、端到端数字化营销以及客户体验快速改善能力，为客户业务及银行经营赋能。金融市场业务方面：重点实现客户经营、内控管理、交易投资和数据建设的全方位线上化，推进移动化、开放化和智能化，提高金融交易与业务管理能力，全面升级核心竞争力。

二是风险管理、数据管理、技术服务三大中台能力厚积共享，夯实基础支撑。具体包括建设智慧风控中台，构建大数据风控体系和风险系统平台，建立精细化、专业化的全面风险管理体系，为全行三大前台数字化转型提供快速、准确、实时、在线、前瞻的风险量化管理解决方案。打造高效数据中台，建设功能强大的基础数据服务平台体系，打造能力多样的数据服务体系，构建治理力度大、精细度高的数据治理体系，形成较高的开放数据服务水平。夯实技术服务能力，以"快""稳""准"为目标，持续落地敏捷交付体系，推进技术架构整体升级，推动新技术应用规模化，打造科技一站式作战平台，构建领先的技术架构和高水平的新技术赋能体系。

（五）四维发力：全面升级组织力

数字化转型作为系统性工程，中信银行在敏捷组织、数字人才、数字文化、资源配置等四大保障领域统筹谋划、集中发力，着力构建高效、协同、扁平、总行对分支行强赋能的组织力，为数字化转型提供强大系统动能和动力保障。

一是以敏捷协同组织为推进器，持续优化总行业务条线部门设置，整合数据中台职能，形成风险协同工作机制，建立科技、人力和财务快速响应模式，稳步推动共享平台建设，梳理优化跨部门流程及协同机制。成立全行级数字化转型办公室，行长亲自挂帅，各分管副行长担任各专题委员会负责人，统筹推进各专题板块数字化任务落地。

二是以数字化人才为加速器，打造数字化人才队伍，统一数字化转型共识和内涵，提高数字化领导力；建立适配的数字化人才激励机制和选拔机制，强化数字化能力培养体系。2022年初，在信息技术"一部两中心"组织架构基础上新增一级部门——大数据中心，现已整合近千人的大数据团队，打造全行级数字化能力中心。建立科技人才蓄水池机制，加大科技侧向业务侧的数字化人才输出，多渠道增加全行数字化人才队伍。

三是以数字文化建设为共振器，营造与数字化转型相适配的"开放协同""敏捷自驱"文化氛围。依托全行数字化学院，以"战训结合"的方式，体系化强化数字化专业人才培养，提升全行员工数字化思维和认知。

四是以资源供应为助跑器，统筹人力、财务等资源投入和结构配置，通过持续调优决策机制和流程，加速将内部要素转化为强劲发展势能。近年来，持续加码科技资源投入，2021年信息科技投入超过75亿元，营收占比超过3.6%，全行自有科技人员规模近4300人，占全行总人数的近8%。

四、中信银行零售业务数字化转型典型实践

当前，零售业务已成为商业银行必争之地，也是银行业数字化转型浪潮下最大受益者。为推进零售业务数字化转型，中信银行瞄准"数字零售"战略目标，在全行数字化转型战略框架下，制定了"1536"数字化战略，即围绕着1个数字化转型"主战场"，构建5大主题"战役"，推进36个攻坚项目，用攻坚项目落地数字化能力，全方位、深层次推进零售业务价值创造体系重构，着力打造财富管理客户首选的数字化零售生态银行。其中，"主战场"即以"数据+算法"驱动最佳客户体验和客户价值，推动组织能力提升；5个主题"战役"由外及内、从客户的视角出发，包括客户旅程、生态建设、渠道协同、客户经营和运营管理等。近年来，在数字化加持下，中信银行零售业务实现持续稳健增长，截至2021年末，中信银行零售银行业务营收占比为40.7%，零售管理资产规模达到3.48万亿元（含本行子公司个人客户管理资产），可比口径位居股份制银行第二。

（一）以数字零售为引领，建立统一认知

为推进零售业务数字化转型，中信银行达成"数字零售"战略共识，认

为未来零售业务竞争本质上是对客户的竞争，数字化能力是市场竞争的入场券，也是零售业务发展的"下限"，推进零售业务数字化转型是我们唯一的必须选择。过去，零售业务主要靠"开网点、增人头"模式线性增长；数字化阶段，随着零售客户金融服务需求模式发生颠覆性变化，需要我们通过数字化方法升级增长模式，实现非线性高质量增长。

与数字化转型本质内涵一样，零售业务数字化转型重点在于"数字化"，更在于"转型"，需要构建与零售业务客观发展规律相适应的组织架构和管理模式。为此，于2021年11月，围绕"以客户为中心"的经营理念，以垂直化、扁平化、敏捷化为方向，中信银行零售金融板块完成了一次重大组织架构调整，原零售银行部、数字金融部的部分团队和职能被并入新设的财富管理部，将零售金融的客户经营、渠道管理和产品管理等职能进行整合，打造"全客户、全产品、全渠道"的一体化经营体系，以快速敏捷响应市场，进一步释放生产力，提升组织管理效能，为构建财富管理大平台、大生态奠定基础。

（二）以客户旅程为主轴，优化客户体验

中信银行将客户旅程重塑作为零售业务数字化能力重塑的主要抓手，从客户投资理财、出行、消费等业务场景出发，通过端到端（从需求产生到满足全周期）的流程重塑，实现客户体验的优化，驱动零售业务体系化转型。一是基于目标客户分层（如私行、贵宾、富裕、长尾客户等），建立客户、产品与渠道间的适配，培养并深化主结算、主授信及主理财的关系。二是基于目标客户的分群（房主、车主、老年、女性等），建立个性化营销触达和服务模式，培养并深化主服务与主活动的关系。三是通过建立统一的、科学系统的客户体验衡量与监测体系，持续提升极致客户体验。

以财富客户旅程重塑为例，我们重点围绕"了解客户建立关系""提供资产配置建议""业务办理与交易执行""定期跟进与追踪检视"等四个旅程关键节点，聚焦需求端客户洞察能力、匹配端资产配置研究能力、供给端产品全生命周期管理能力"三端能力"建设，依托数据化经营分析和产品管理工具，实现了单一产品销售向客户资产配置的全业务流程重塑。

（三）以场景生态为路径，扩大经营半径

中信银行聚焦"养老""出国""住房""出行"等高增长、易转化、强禀赋的重点领域，针对场景渠道、产品和服务、基础架构等领域的机会，依托板块融合、全行联动、集团协同、外部联结，通过"走出去""引进来"的融合模式，以开放共赢、用户思维、长期客户价值导向的理念，构建特色数字生态圈，持续扩大经营半径。

一是"走出去"融入开放生态。重点围绕安居、汽车等产业突破公私联动，依托我行优势产业和传统优势获取零售客户，连接生态合作伙伴。截至2021年12月末，通过标准化产品组件与行业共建场景，服务合作方生态方超300家，累计服务用户超720万人次，累计资金交易达6400亿元。例如，汽车场景通过"进件直连""开放银行""互动直连""账务直连"等全方位系统直连，覆盖购车、保险、精品、保养等全领域，助力金融服务边界延伸，2021年汽车场景规模实现快速增长，同比增长超2倍。

二是"引进来"自建线上场景。依托API数字技术协同集团内子公司、合作伙伴和外部客户自建线上场景。例如，出国金融业务是中信银行一项传统优势业务，通过推出出国金融手机银行APP专属版、出国金融小程序等方式，接入联云平台、保险代销平台，丰富便利性外汇创新结算产品，升级留学汇、资信证明等出国金融特色产品，中信出国金融市场口碑不断提升，截至2021年12月末，场景接入合作伙伴超280家，为超250万客户提供出国金融线上服务。

（四）以渠道协同为抓手，推进融合发展

中信银行将渠道建设与客户旅程相融合，通过构建手机银行、小程序、微信银行（服务号、订阅号）、网银、远程银行、网点以及第三方渠道间的数据协同、交易协同、营销协同及服务协同"三大协同"，推进全渠道融合发展，一体化经营，打造触点选择灵活自由、服务切换智能无缝、交付方式人机结合的渠道体系。依托全渠道优势，截至2021年12月末，中信银行个人客户数达1.2亿户。

一是构建以手机银行为主阵地、小程序等轻应用为辅的服务主渠道。截至2021年12月末，中信银行手机银行APP已迭代8.0版，上线中信银行小程序2.0，实现37家分行差异化分群经营，带动分行业务价值提升。

二是打造数字化远程银行。通过整合远程营销服务中心和电话客服中心，强化全行远程交易、远程营销和远程服务能力。目前，中信银行远程视频双录和视频客服已实现100%客户服务类功能可视化，视频AI双录单节点识别准确率达到92%、整体通过率达到80%。

三是推进物理网点数字化转型。重估物理网点价值，推动网点业态设计和场景搭建的同频共振，拓展网点对客户的"心理辐射半径"，将网点打造成为客户关系管理中心、客户体验中心和开放小场景生态中心。截至2021年12月末，中信银行智慧柜台交易替代率（柜面）达到90%以上。

四是持续推动全渠道融合协同。依托数字技术链接不同渠道，实现渠道间服务协同，打造全渠道一致化体验。例如，为提升不同渠道协同水平，中信银行推出"智慧魔方"平台，该平台打通了行内18个系统，涵盖落地渠道、产品系统、大数据系统和权益引导，有效提升功能系统的协同效率，并通过智能推荐带动产品主动销售，推动个性化、批量化经营。

（五）以数据算法为基石，建设智慧零售

中信银行高度重视数据洞察能力构建，依托数据中台、人工智能平台"中信大脑"，通过在最恰当的时机，用最便捷的触点，为每位客户提供个性化服务，打造超个性化、千人千面的客户经营体系，建设"智慧"零售。

一是全面夯实数据基础，持续推进内外部数据的分类整理、指标管理和维护，持续优化客户标签、渠道标签、产品标签、员工标签。

二是搭建"业务+技术"融合团队。通过构建数据供给线和数据应用线"双线"融合模式，进一步明晰数据治理职责分工，其中数据供给线负责取数据、形成报表开展辅助决策；数据应用线负责数据模型建设，应用数据指导业务经营。

三是深化数字化精准营销。围绕客户旅程建立并深耕数据化营销闭环，例如基于商机事件的事件式营销，创建实时标签近170个，涉及交易触发、行为触发、场景触发、位置触发等多个场景，2021年实现累计触客超5.5亿次，为千万级客户提供精准营销服务。

四是全面提升营销智能分析与决策能力。依托"中信大脑"，强化智能获客、智能推荐、智能风控等模型及引擎训练，通过全流程数据穿透提升客户经营能力。

（六）以数字运营为保障，提升支撑效能

中信银行重点围绕消费者权益保护、客户经理数字化服务、智能风控体系，旨在打造卓越数字化运营管理能力。

一是高度重视消费者权益保护。通过深化体制机制变革，积极应用大数据和人工智能技术，建立数字化消费者保护体系，构建客诉处理、分析、追踪、优化的一体化管理体系。

二是提高客户经理数字化服务能力。持续推进智策平台、产品交易台、资产配置系统和零售经营平台（M+）等经营管理工具建设，切实提升一线零售业务经营管理效能。例如，2021年9月上线的零售经营平台（M+）整合了原零售"4M"系统，面向全行零售条线，围绕全客户、全产品、全渠道，打造一体化企业级系统平台，有效支撑全行"新零售"战略落地穿透管理、零售板块组织和队伍管理。此外，通过线上一体化服务，一线理财经理业务操作效率提升20%以上，实现分支行业务经营管理的减负提效。

三是稳步构建智能化风控体系，以产品为基础，从信用风险防控、欺诈风险防控、共债风险防控等维度进一步完善和优化个贷风险模型和策略体系，提升高风险场景查控能力。

历史实践表明，每一轮新兴技术进步意味着产业大变革、经济社会大发展，但如果组织没有及时跟上技术变革步伐，也必将被市场所淘汰。如习近平总书记所言，"历史从不眷顾因循守旧、满足现状者，机遇属于勇于创新、永不自满者"。在数字化转型"下半场"，中信银行将紧紧抓住数字化战略机遇期，以客户价值为导向，举全行之力加速推动数字化转型，加速全面重构银行价值体系，努力实现未来高质量发展的质量变革、效率变革、动力变革。

第12讲 产业数字金融模式创新与未来展望

关文杰

全球竞争博弈格局、新冠肺炎疫情、国际动荡局势对全球产业链的稳定造成较大冲击，稳链保链强链成为我国当前经济社会发展的战略基石。"双循环"新发展格局下，商业银行目前处在国家推进数字中国战略和加快产业基础高级化、产业链现代化的战略关键期，应该而且能够乘势而上，探索数字化的深层次内涵，对服务理念与能力进行换代升级和革新，融入产业链供应链金融生态，耦合数字产业链圈，推动产业领域的数字化转型升级。

一、产业数字金融是商业银行内驱式创新发展的新模式

（一）紧抓数字中国战略机遇实现代际提升，与数字经济发展同频共振

当前我国抓防疫、抓生产、提内需的多重目标和任务仍然艰巨，稳增长、

作者系华夏银行党委常委、执行董事、副行长。

稳就业、稳物价等挑战加大，只有通过不断推进数字产业化和产业数字化，将这些要求有机结合起来，才能有效应对挑战、实现目标。同时，我国银行业正处于增长动能转换的攻坚期，只有大力发展数字金融，融入数字中国战略，创新发展理念和业务模式，实现业务技术的代际提升，化解风险矛盾，才能实现新的增长和价值创造。

发展数字金融有两驾马车：消费数字金融和产业数字金融。互联网经济重塑了消费生态，消费数字金融已成为竞争"红海"，而产业数字金融方兴未艾，是各方必争的蓝海领域。传统的产业金融解决方案受制于线下人工审批的效率问题、服务半径短、融资条件难以满足等方面因素，无法有效实现数字时代企业高效便捷的金融服务要求。随着《中共中央国务院关于构建更加完善的要素市场化配置体制机制的意见》将数据纳入生产要素范畴，以及《关于规范发展供应链金融 支持供应链产业链稳定循环和优化升级的意见》等政策文件的出台，支持产业链优化升级的国家战略布局已明确，产业金融正加快向场景化、生态化、线上化和数字化转型。

产业数字金融支持产业升级和国家产业布局具有天然优势。借助金融科技平台，将金融科技系统对接产业核心客户已有的生产、销售、采购和财务系统，深度融入企业经营，基于产业链条上下游纵向横向交易，为企业经营中的相关环节提供个性化服务。一方面助力企业数字化经营转型；另一方面可以借助数字金融技术，及时响应客户需求，支持核心客户及其链圈企业发展，并实现银行自身线上批量获客和审批。

（二）围绕服务实体经济，打造产业数字金融竞争优势

提升服务实体经济能力，推进金融公平化、普惠化是金融服务的本质所在。随着中美大国博弈在更大范围、更深层次地逐步展开，叠加新冠疫情对

全球经济的冲击，我国产业链供应链稳定性受创，中小微企业资金流动性风险加剧，市场主体面临严峻的生存考验。据统计，FinTech领域的资金七成以上已投向零售和中小企业业务。产业数字金融作为金融创新产品，基于核心客户与其上下游的交易提供金融服务，核心企业上下游链圈众多的中小企业和个人才是产业数字金融的服务主体。产业数字金融以现代产业链供应链协作体系中的商流、物流、服务流、信息流、资金流为基础，通过对企业间广泛数据信息的深度挖掘，使金融机构能够基于整个产业链的信用和价值，为成长型中小微企业提供有别于点状授信的融资渠道，具有信息发现、融资便利和精准滴灌等功能。

产业数字金融存在较强的网络外部性，一旦客户被其他平台或金融机构捕获，后期转换成本非常高。因此，需要加快银企融合和数据对接，推进开放银行生态建设，加快产业数字金融的布局。产业链涉及设计、制造、装配、销售等多个环节，与消费场景相比，其数字化推进难度较大、门槛较高。但是相比互联网平台公司，商业银行经过多年经营，在产业服务经验、客户关系管理、人才队伍建设等方面打下了良好基础，加上融资成本低、风险管理能力强、社会信用高等优势，通过创新服务模式，率先在产业数字金融方面实现突破，并以产业端带动零售端重新打造竞争优势，成为商业银行转型发展的可行路径。

二、产业数字金融建设的"四个数字层次"

产业数字金融以数字信息为基础，应用数字化技术，以整个产业链供应链的整体价值为依托形成数字担保，为链上所有企业提供不依赖于核心企业的去中心化金融服务。其前提是数据能够被视同资产，比照财务关于资产的定义：资产是企业过去的交易或事项形成的、由企业拥有或者控制的、预期会给企业带来经济利益的资源,以前数据不能成为资产是因为不满足第三个要素。随着时代进步技术升级,企业拥有的数据可以带来价值变现,因此数据作为资产的理论基础得以确立。以数字资产为基础,产业数字金融按照四个数字层次迭代演进。

(一)积累数字资产

产业链供应链体系通过交易积累数据,足够量级的交易数据和足够维度的外部数据共同形成数字资产,这是产业数字金融的基础。在此过程中,银行作为金融服务提供方需要做到以下三点。首先,借助企业自有人才资源,或合作第三方产研机构,吸纳产业行业专家共同参与,识别企业运行的关键信息点,将真实有效、具有足够可信度的企业数据沉淀为数字资产。其次,充分运用5G、物联网、区块链等先进技术,实现对产业设计、制造、存储、运输、销售等各环节海量数据的及时采集、及时分析,并通过上链实现全流程追踪,确保数据真实可溯源。最后,综合考量企业数字化成本与收益,为企业设计可接受的数字资产积累方案。企业数字化过程除了将线下实体转变为线上外,可能还需要采购软件平台、布放物理设备实现数据采集,对企业经营会造成一定的成本负担。

业务实践中发现,数据可用、数字可信在现实中直接影响数字资产质量,积累数字资产首先要解决数据可用、数字可信问题。产业生态数据具有更强的成为数字资产的特征,可以较好地解决数据可用、数字可信问题,为数字资产的形成、挖掘数据价值、创设数字信用奠定更为扎实的基础。

(二)挖掘数字价值

在产业数字化过程中,积累数字资产解决的是企业数据从无到有、从少到多的问题。数据要真正转变成生产要素形成生产力，离不开数字价值挖掘过程，这个过程能同时解决银企双方的痛点和难点。

对于企业端而言，一方面，很多企业在经营管理过程中并没有充分意识到数据的价值，系统上线仅仅为了满足生产管理需要，没有从数据中深入挖掘企业经营效率提升点、市场需求变化等，使数据成为"沉睡的宝藏"；另一方面，部分企业因为技术能力、人力资源的匮乏，容易被数据洪流淹没，数据分析利用的诉求不能得到充分有效的满足。

对于银行端而言，由于银行不参与实际生产经营和交易流程，很难真正理解企业融资需求背后的动机和诉求，只能依靠相对静态的财务信息、有限的合同资料，以及个人经验判断进行甄别，风控重心实际上更多依赖于有价值的担保品和担保机构等。

因此，挖掘数据价值能同时成就银企双方，在助力企业精细化管理、提升生产效率的同时，也能解决银行数据信息缺失的难题，既应用于信贷服务，也可为客户分层管理、精准营销等提供数据支撑。

（三）创设数字信用

前两个阶段都是围绕数据层面的拓展，而从挖掘数字价值到创设数字信用则是通过算法模型实现跃升的过程。基于数字资产创设数字信用是商业银行业务技术代际跃升的基础。

目前正在发展和推广的线上供应链金融，其业务模式主要基于核心企业的信用流转，以基于区块链的电子凭证为载体，依托真实交易过程，拆分核心企业信用，实现产业链条体系内的信用流转。这种模式运转仍然离不开核心企业的支撑，每一笔融资活动的背后仍有赖于核心企业的确权。

创设数字信用则是完全不同的逻辑，它由企业间稳定的交易关系数据形成,信用创设更多地指向上下游链圈的企业主体,其规模往往不大,企业报表信息并不突出,但各类数字资产却是产业链的重要支撑。通过持续对企业实际控制人信息、企业自身财务指标、生态场景交易数据、第三方大数据等多维数据的交叉验证,使用算法模型生成企业数字信用评级结果,对企业稳定生产经营和还款能力进行判断,从而实现信用创设。

(四)形成数字担保

基于交易关系的数字信用被创设出来后,数字担保也应运而生。这种担保方式完全基于数据、模型算法形成,担保额度根据交易数据动态变化。但要想形成数字担保,银行有两个基础性问题需要解决。

一是理念更新问题。传统信贷关注的担保品通常是看得见、摸得着的有形物件,其价值可以得到精确计量,物权能够得到法律的有效认可。数字担保是用虚拟担保品产生的担保能力,它的产生会对银行内部原有的观念和运行机制造成巨大冲击。

二是担保能力的衡量问题。传统担保品价值已经形成成熟的评估体系,担保能力也能进行明确测算。数字担保能力来源于以数据为基础的算法模型,对担保能力的衡量实质上是对数据准确性、算法模型可靠度的衡量。

三、产业数字金融的现实影响及发展方向

(一)拉长产业服务链条,保障产业链稳定

产业数字金融推动银行信贷在三个方面发生转变。一是审批模式革命,由过去审客户、审财务数据向审模型、审算法、定阈值转变。二是客户审批

范围拓展，由单一客户审批向数字化客户评级分类基础上的批量客户审批转变。三是风控模式发生变化，通过产业链供应链体系内的交易数据和外部多维数据进行交叉验证，共同解决链上企业风险监测和控制问题，通过全链条的交易数据和效率监测，如账期、现金流、周转速度、交易量等变化，解决行业和周期性风险控制问题。

上述三个转变使银行信贷从关系型信贷走向交易型信贷，银行信用从"人际信任"走向"数字信任"，推动了银行信贷沿链条向上下游延伸，为解决链上广大中小微企业融资难（贵）提供了可行方案，为保障供应链和产业链的稳定提供了重要支撑。同时，各层级银行信贷能够下沉普惠金融客群，大中型银行进军信息不充分的中小企业，小型银行选择进入更小的微贷领域，拉长了银行现行服务半径，体现了产业数字金融覆盖面的广泛性。再者，打破了商业信用和银行信用的边界，银行信用与在交易和资金流转过程中逐步建立和积累的商业信用相结合，大大提高了金融服务的延展性。

银行渗透到核心企业及其上下游的经营和交易，将核心客户上下游一并纳入服务范围，并最大限度依靠产业链供应链条延伸流转，既解决了客户拓展问题，又达到了"一枪多眼"效果，实现了公司、普惠、贸金、租赁和零售等多个条线业务全打通；用数字担保替代交易融资环节的信用担保，能释放更多授信额度，支撑核心企业进一步完善产能和扩张产业链条；促进生态繁荣稳定发展，并使得生态中的核心企业得到长期的繁荣稳定发展。

（二）筑牢根基，加快产业数字金融融入开放银行生态

不同企业、不同市场主体之间的信息流通和价值共享越来越频繁，企业正沿着优质、高效、低成本的商业模式聚合，构建具有规模效应和协同创新优势的产业链和生态圈，并最终发展为高水平、深层次、多维度的生态竞合。

目前看，国内小范围内上下游企业的产业链以及微型、中型生态正在逐步、自发的垂直构建过程中，不同产业链和生态圈的大范围开放融合尚未形成。

金融是实体经济的镜像，传统产业金融应当加速向产业数字金融转型，适应和推动产业生态圈在更高层次上融合发展。产业数字金融要做的是"现在未来时"，是"从0到1"的原始创新，是信贷业务技术的代际提升，也是商业银行积极践行"育先机"的重要体现。但产业数字金融建设并不能一步到位，线上化和数字化并行是普遍的推进方式，未来终将融入开放、共生的产业数字生态。

银行需根据核心企业自身数字化能力，分类施策，强化产业链供应链生态的数字化基础。对于信息化水平较高，数据积累较好的产业链供应链生态圈，应着力提升平台开放共享能力，通过开放建设，真正融入产业链供应链生态体系，快速实现"四个数字层次"的落地实施，为上下游客户提供全链式智能化的数字金融服务；对于信息化水平较低、线上化体系不够完备的产业链供应链，银行可利用数字化领域的实践经验，根据企业经营发展需要和数字产业链供应链金融发展需要，帮助优化企业管理信息系统，提升整个产业链供应链生态的数字化水平。在此基础上推进系统对接，逐步实现数据积累挖掘和信用创设，为客户提供一揽子科技和金融服务，增强客户黏性。

（三）多措并举推动产业数字金融生态建设

扩大场景开放，加强与产业平台共融共建，按照"场景在前、金融在后"模式，拓展结算、融资、财资、现金管理等服务应用场景，延伸交易链和服务链，实现场景与服务融合。探索数据开放，依托内外部多维数据源构建大数据融合平台，实现数据互通、共用，提供基于场景的数字化金融服务。强化平台开放，与科技公司跨界合作，打造产业数字金融科技平台，连通产业客户、政府、科技公司、金融机构等利益方，形成合作共赢的生态圈。

第13讲　智能化零售银行转型路径探析及行业展望

蔡新发

近年来，在金融开放、科技进步以及数字化浪潮的推动下，在监管部门的支持引导下，商业银行推进数字化转型成为大势所趋。平安银行自2016年启动零售银行数字化转型，取得了一定的成效。本文站在零售银行视角，结合对行业最新发展形势的研判，对未来零售银行的发展图景进行了展望，同时，系统回顾了平安银行前一阶段的转型策略路径，并就转型过程中的关键问题进行了系统的思考和分析，以期为全行业数字化转型带来参考和助益。

一、行业形势研判：长期向好、政策完善、空间广阔

当前宏观经济受疫情影响，短期面临调整，但中长期稳健增长的韧性仍

作者系平安银行行长特别助理。

在，总体发展仍处于战略机遇期，市场规模仍将快速扩张，同时，监管政策也在朝着有利于全行业健康可持续发展的方向持续优化，零售银行业的总体发展环境在不断向好。

1.宏观经济长期向好。在以习近平同志为核心的党中央坚强领导下，我国持续巩固拓展疫情防控和经济社会发展成果，构建双循环发展格局。2022年以来，受疫情多点暴发影响，短期经济增长面临一定挑战，党中央和政府高度重视，出台了一系列应对举措，中长期看，我国经济仍然处于重要战略机遇期，发展长期向好。

2.监管政策持续完善。近年来，监管机构立足新发展阶段，深化金融供给侧结构性改革，陆续推出了《金融科技发展规划（2022—2025年）》《关于银行业保险业数字化转型的指导意见》等重要政策文件，引导金融机构适应现代经济发展的数字金融新格局，加快推动数字化转型。当前监管政策已将互联网金融纳入统一监管框架，鼓励支持金融机构合规创新，为金融业的数字化转型指明了发展方向。

3.市场空间依然广阔。从潜在市场规模看，中国居民财富规模还在快速扩张。据麦肯锡统计，2020年以来，中国已成为全球第二大财富管理市场，预计到2025年，市场规模有望突破330万亿元，年复合增长率超10%；居民财富规模的提升也会带动消费规模的增长，预计消费金融市场也将迎来蓬勃发展。同时，当前中国居民金融资产占总资产比例相对发达经济体明显偏低[①]，金融资产配置存在较大提升空间，零售金融市场仍是一片蓝海。

---

① 根据央行统计的中国城镇居民家庭资产负债情况调查数据，2019年，中国居民住房资产占总资产的比例为59%，金融资产的占比仅为20%，而同期美国的居民金融资产占比为71%。

二、未来银行图景：全时全域、千人千面、有温有感

通过对行业形势的分析，可以推断未来零售银行业的发展空间是非常巨大的；同时，零售银行业服务升级的技术条件业已基本成熟，站在客户的视角，展开未来银行画卷的关键正在于新技术如何应用于升级客户服务能力，以更好地满足日益增长的客户需求。

（一）未来银行是"全时全域"的

按照《银行4.0》的作者布莱特·金（Brett King）的预测，未来银行业务将进入以AI为核心的BANK 4.0时代，银行服务将变得无时不在、无处不在。一方面，线上服务渠道逐步成为主流、传统线下网点渠道成为辅助，尤其对于年轻客群，更加倾向于全线上化的金融服务。未来银行将有更多的业务支持全线上化办理，网点会成为客户体验与复杂产品配置商洽的场所。另一方面，人工智能技术能够替代很多烦琐的人工服务，大幅延长服务时间，未来7×24小时全时业务及服务的占比会不断提升，同时，AI也将持续增强客户营销、投顾服务、业务管理、风险控制等方面的智能化水平和运营效率，全面赋能业务发展与客户体验升级。

从中长期看，在5G、物联网、AR、VR以及"元宇宙"技术逐步成熟后，预计将迎来全息数字时代，银行的服务方式将更加智能和便捷，银行服务的时空维度将进一步延伸。未来银行服务的应用场景将是全息式、远程动感和情景式的，最终形成"全时全域"的智能化、轻型化格局。

（二）未来银行是"千人千面"的

未来的零售银行将是全数据化的。所有的经营动作都是基于数据驱动的，而不再是经验驱动的，客户服务将实现极致个性化，即"千人千面"。

以字节跳动为例，数据驱动、精细化运营、优质的产品体验是其数字化经营成功的三大制胜法宝。通过打造领先行业的推荐算法引擎，精准捕捉、满足客户个性化需求，字节系在视频、娱乐资讯等多个领域实现了快速赶超。

商业银行一直以来沉淀积累了大量真实的客户数据，在技术条件及环境成熟后，数据资产可以得到全面盘活，从而在客户需求洞察、风险防范、运营管理等方面创造出更显著的成效。同时，随着行业数据共享环境的持续规范，未来商业银行可以通过与互联网平台公司开展更为深入的生态和场景合作，持续完善客户画像，携手合作伙伴共同向客户提供全方位、个性化、"千人千面"的"金融+生活"服务。

（三）未来银行是"有温有感"的

随着客户的智能化、个性化需求被不断满足，预计未来零售银行的升级方向将是更加以人为本，可以传递情感"温度"，这里的"温度"包含陪伴和普惠两层含义。

陪伴式金融服务近年来被逐步重视，其本质是将过去金融业以产品销售为导向的低频率"弱连接"，转化为以用户为中心的、贯穿整个投资旅程的"强连接"。陪伴式服务是充分基于客户需求的，通过智能、动态的匹配渠道、产品和服务，并根据客户资产负债表情况，不断优化经营动作，主动引导客户价值提升。

普惠式金融服务是低成本、广覆盖、易获得的。依托金融科技，可以让智能化、个性化的金融服务走向大众化、平民化，可以大幅降低客户的信息不对称、降低交易成本，解决传统金融体系存在的包容性不足问题。

三、平安转型实践：破局立新、科技赋能、赢战未来

基于对行业发展趋势及自身资源、禀赋的研判，平安银行自2016年末启动零售转型，对标优秀互联网机构，树立以客户为中心的发展理念及"以客为本、一站式、OMO、开放互联"的转型原则，分阶段推进"全时全域"、"千人千面"、"有温有感"的智能化零售银行建设，致力于打造"中国最卓越、全球领先的智能化零售银行"。

（一）组织升级，构建零售转型基础能力

平安银行自2016年启动零售转型伊始，即坚持以更好地满足客户需求为中心，同时综合考虑短期及长期经营目标，率先推动组织升级，高效、有序开展了科技人才队伍建设、组织机制搭建等基础性工作。

1. 建立数字化转型的人才队伍

平安银行在转型之初从国内领先的金融科技集团及企业大量引入了一批人才，这些人才有银行工作背景，懂科技也懂银行，是真正符合转型需要的人才；同时，以这些核心人才为支点快速壮大了科技人才队伍，目前平安银行IT人力已超8000人，其中零售人力占比一半。

2. 搭建数字化转型的组织机制

传统机构数字化转型常常遇到组织机制问题，比如，前线队伍离客户近，最了解客户需求，但经营的决策往往要层层审批到总行，导致最后的结果可能并不是以客户为中心的。类似这一类的决策机制、研发体系和组织文化与

数字化转型是不相容的。

平安银行在推动零售转型战略过程中，将互联网管理和文化逐步融入了传统银行组织，围绕文化塑造、敏捷研发、科技内嵌、创新容错等方面建立了一套敏捷的互联网发展机制，成为零售业务转型发展的重要驱动力。

（二）破局立新，推动业务全面线上化，建设智能化零售银行1.0

在转型之初，平安银行着眼于快速提升客户体验，率先推动了线上及线下入口升级，通过锻造三大具有互联网基因的数字化产品，推动数据打通，打造移动化银行，大幅提升了业务的线上化水平，"全时全域"的服务体系初具雏形，基础客户体验大幅改善。

1.线上整合、打造了行业领先的用户APP平台。转型之初，通过整合三大APP，打造了承载全零售产品线的"平安口袋银行"，目前月活用户突破4700万户，是转型之初的近7倍。

2.线下推出与线上充分融合的"标准化、智能化、数字化、生态化"的零售新门店。从2017年8月第一家零售新门店开业到2022年6月，已有超600家零售新门店在全国各重点城市快速铺开，并在千家门店实现软件落地，体验与平效达到优秀新零售门店的水平。

3.打造智能化经营工具，高效赋能经营管理。平安银行打造了口袋银行家APP，通过1个平台覆盖零售所有业务模块，提供智能助手，高效赋能队伍闭环经营；同时打造了B+数据报表平台，赋能队伍精细化管理，数据化运营能力大幅提升。

（三）科技赋能，推动业务全面AI化，打造智能化零售银行2.0

基于已有能力，自2018年开始，平安银行持续加大基础工程建设投入，启动了智能化零售银行2.0阶段,通过持续加强知识库及数据中台等基础系统建设,推动科技应用由点及面,全面推进AI战略,着力打造业内领先的AI Bank,全面升级"全时全域"的客户服务体系,并着手打造"千人千面"的科技能力和客户体验。

1.AI客服方面,搭建了7×24小时的"AI+客服"体系,截至2020年末,本行客服非人工占比超90%;优化AI智能语音技术渗透不同服务场景,其中智能语音月外呼规模已达2000万通,相当于人工座席约5100人的工作量;同时,在2020年疫情伊始时,AI布局所建成的线上化运营能力极大支持和保障了客户服务。

2.AI营销方面,持续升级AI客户经理,通过不断优化人机服务模式,全线上化客户经营能力持续提升。2020年AI客户经理月均服务客户数较2019年月均水平提升693%,AUM产品月成交额较2019年月均水平提升355%。

3.AI风控方面,打造了Apollo统一审批系统,通过打通各产品线风险管理系统,实现信用数据统一,打造了业内领先的零售客户级综合授信模式;通过升级贷前、贷中、贷后AI风险机器人,覆盖贷款全生命周期并全面渗透到贷款产品的风险管理动作中,赋能业务升级,开创零售风控新模式。

经过这一阶段的转型,平安银行零售业务实现快速突破,在人力及网点保持稳定的情况下,业务规模及产能大幅提升,取得客户和市场的高度认可。截至2020年,零售营收提升为转型前的2.7倍,占全行零售营收比例从转型之初的30.6%提升至57.7%,AUM、LUM及私行客户等核心指标三年复合增长率35%,规模跃居股份行第二名;同时,零售成本收入比持续优化,资产质量总体保持稳健,客户NPS提升至行业较高水平。

（四）赢战未来，提出五位一体新模式，开启智能化零售银行3.0

为持续巩固在零售银行业务领域的长期竞争力，平安银行2021年升级迭代以开放银行、AI银行、远程银行、线下银行、综合化银行相互衔接并有机融合的"五位一体"新模式，打造智能化零售银行3.0，积极构筑第二增长曲线，推动零售业务二次腾飞。

"五位一体"模式是以客户为中心、以数据驱动为内核、通过科技手段将最优质的产品和服务惠及最广大客群的零售转型新阶段的经营模式。新模式致力于通过科技引领，全面提升"千人千面"的智能化服务能力，并着力打造"有温有感"的科技能力和客户体验，驱动客户服务模式及商业模式革新。

1.开放银行：通过"走出去"及"引进来"相结合，串联平安集团内外多元场景，让客户享受无处不在、无微不至的平安服务，打造零售业务发展的"流量池"。一是充分发挥平安集团综合金融优势，挖掘集团2.2亿个人客户及6.5亿互联网客户资源；二是积极与平安集团外各场景方对接合作，共同经营、共建生态，海量获取活跃用户。

2.随身银行：通过"AI银行+远程银行+线下银行"串联全渠道，强化"人机协同"，搭建零售业务发展的"经营链"与"服务网"。依托平安集团科技赋能优势，构建市场领先、兼顾专业与温度的智慧客户经营体系，基于客户的全生命周期旅程，以随时、随心、随享，专人、专业、专属的形式，将最适配、陪伴式的金融服务提供给每一位客户。

3.综合银行：通过串联平安集团内专业能力，让客户享受一站式、一揽子的平安服务，打造零售业务发展的"驱动器"。一是通过打通零售内部、打通公司零售、打通个金团金，并积极融入平安集团医疗健康、汽车服务等生态圈，强化综合化经营能力；二是通过构建数据、产品、权益、科技、风险中台，将基础产品、服务能力、客户画像全面数据化、模型化，为客户提供一站式、一揽子、一条龙的优质综合金融及生活解决方案。

"五位一体"新模式致力于通过科技手段颠覆传统的经营模式，一是重塑了客户经营模式，通过智能化、数据化的经营方式，让客户服务更专业、更精准，大幅提升客户满意度；二是升级了内部经营管理，推动管理更集约、更高效，为队伍插上科技的翅膀；三是实现了社会价值与商业价值的统一，通过低门槛、广覆盖、智能化的服务手段，将财富级服务提供给大众客户，提升普惠金融的广度、深度以及人民群众的金融获得感、幸福感。

五位一体新模式的建立需要的是对业务流程、运营模式及连接渠道的全面重构，需要雄厚的科技实力和强大的战略执行力。得益于之前五年持之以恒的科技积累，平安银行的科技能力积累已经比较扎实，接下来重点要做的就是驱动科技与业务、与市场发生更多的化学反应，创造更大的商业价值。从最新进展看，"五位一体"新模式已经产生显著成效。截至2022年6月末，"AI+T+Offline"模式已上线超3200个应用场景，一季度为超3500万客户提供服务，同比增长约130%，对基础客群增长的贡献持续增强。接下来随着模式运行更加顺畅，零售业务发展一定会迈上新的台阶。

以上主要是从零售业务视角的一些阐述，实际上，平安银行对公业务近年来在数字化转型方面同样取得了长足进展。比如，依托物联网、AI、区块链、大数据等先进技术，2020年12月，平安银行成功发射了国内金融业首颗物联网卫星——"平安1号"，正式开启了平安天基物联网的布局，建立了"星云物联网平台"，高效赋能新型供应链金融，在深耕金融本业的同时，助力企业客户生产经营和数字化转型升级，支持实体经济高质量发展。此外，在坚持自主创新，通过科技赋能中后台管理上，也推出了智慧财务、智慧特管等系统，均获得人行"2020年度金融科技发展奖"的嘉奖。

通过近年来持续的深化转型创新，平安银行的业务规模及发展质量不断跃升，客户满意度保持较高水平，得到业界及市场的广泛认可，获评《欧洲货币》"全球最佳数字银行"、《亚洲银行家》"亚太最佳零售银行"等奖项。

四、行业转型思考：战略定位、实现路径、保障机制

站在行业发展视角来看，商业银行数字化转型是一项系统工程，需要建立系统思维，聚焦关键问题，从战略定位、实现路径及机制保障上进行全面升级。

（一）明确战略定位，保持战略定力

1.着眼业务，以客为本。数字化转型的核心是驱动业务发展、重塑商业模式，因此，不能脱离业务发展与客户需求谈数字化转型。平安银行在过去转型的过程中，均是首先确定有客户需求且有市场优势的业务板块，再来研究如何实现数字化。以2018年推动AI Bank建设为例，并没有一开始就聚焦在AI技术上，而是先让各个业务部门优选出效益最大化的几个场景，然后逐一按流程拆解，确定每个节点中的AI技术改造点，最后才是推进技术开发，快速实现对高价值重点业务的AI化。

2.高层重视，深度参与。基于数字化转型的重要意义，是需要一把手亲自推动的工程；但一把手工程绝不是一把手做个报告、设一个首席信息官或转型委员会就可以的，数字化转型需要在战略规划的总体布局下进行，在明确方向路径和步骤的前提下，长期投入，这需要领导层有足够的重视和参与。只有具备足够战略定力去推进执行，才能避免在实施过程中，频繁地变换方向和策略而影响数字化转型质量。这一点是平安银行数字化转型取得阶段性

成功非常核心的原因。

（二）明晰实现路径，避免发展误区

1.不要将线上化等于数字化。说到数字化转型，离不开APP这一数字化转型阵地的升级蜕变。平安银行在转型前曾经有三个APP，启动转型后的第一个决策，就是将这三个APP合而为一，通过整合线上流量，为客户提供一站式的产品及服务。但要打造一个APP，绝不是简单地对业务做线上化改造，线上服务模式的营销流程、体验逻辑、风险管理等诸多方面都与传统的银行网点服务模式完全不同，线上化只是第一步，更关键的是后面的自动化、智能化；同时，线上化也不意味着就要完全脱离线下，还要考虑对网点和队伍的科技赋能，线上线下全方位结合，才能真的做到数字化。

2.不要将流量合作等于开放生态。近年来，不少商业银行通过与互联网平台合作，实现了业务的快速发展和规模增长，但要认识到，此类合作大部分都是简单的导流模式，银行在合作过程中难以保持立场和主动性，对客户缺乏把控，产生了较大的风险隐患。随着近期一系列监管政策的出台发布，预计接下来商业银行与互联网平台的合作将会回到客户经营本身。银行与平台可以平等对话，发挥各自优势，真正打造出一种开放的生态，在为客户创造良好体验的同时，也为商业银行数字化转型创造更好的环境和条件。

（三）建立保障机制，夯实增长基础

1.要打好底层数据基础。数据是现代服务业的第一生产要素，尤其是对银行业而言，因为银行掌握了客户最真实、最完整的个人信息，是最好的大数据公司。但过去银行的数据因为散落、储存在各渠道方、各产品方，并没有真正利用起来。只有对这些数据做好全面地收集、清理、整合及分析挖掘，才能将简单的数据转化为有价值的数据资产，支持前端快速高效地实现产品创新、生态优化及客户体验的提升，才能盘活全行的信息化能力与数字能力，夯实数字化转型的底层基础。

2.要加强复合人才招募与培养。适合商业银行数字化转型的人才，既要懂金融、懂合规，又要懂新型科技，这样的人才在市场上是相对稀缺的。平安银行转型之初的做法是从有过金融背景的科技平台公司引入了一批干部，这些人很多在银行工作过，懂科技也懂银行，能适应转型发展的需要，同时以这些干部为支点，以一带百快速壮大了科技队伍。进入转型后期，平安银行将重心转移到复合型人才的内生培养，对全行员工开展了Fintech的系列培训与认证，并让科技与业务的干部相互轮岗，在实战中提升成长，逐步成为转型中坚力量。

3.要搭建敏捷组织机制。敏捷已经成为商业银行数字化转型的共识，但在实际推动落地过程中，容易为敏捷而敏捷，或者只做科技敏捷。平安银行推行敏捷，首先从科技着手，提升研发队伍的研发能力及敏捷响应速度；但更关键的是通过将科技队伍全面与业务部门融合，并在每个业务部门匹配设置了对应的CTO岗位，让科技直接与业务对接，让业务感受科技的研发进程，双方相互了解、不断融合，才真正在组织内部催生了敏捷的文化；同步我们搭建了创新车库等机制，进一步激发了队伍愿敏捷、能敏捷的创新活力和热情。

以上是结合平安银行探索和实践提出的关于行业数字化转型的思考，就各银行机构而言，因为具体情况不同，可以结合自身发展阶段和经营情况，找到最适配的数字化转型策略、路径。

五、回归转型初心：根植客户、科技向善、创新引领

展望未来，金融科技仍将迅猛发展，客户的产品和服务需求也将不断升级。作为传统金融机构，需要结合自身情况，聚焦价值领域，布局、储备新技术，打造技术核心竞争力及差异化竞争优势。

与此同时，技术的快速变革虽然提高了金融运行的效率，但在某些领域也带来了一定的业务及市场风险。以人工智能为例，深度学习模型的广泛应用可能会鼓励人们通向某些特定的数据集，从而导致系统性风险，再如区块链技术，目前已产生了过度投机和虚拟资产价格泡沫化的风险，并显著增加了反洗钱的难度。大数据应用方面，对生产力的提升效能逐步得到验证，但也衍生了数据侵权、数据孤岛等问题。

这些技术风险需要引起警惕，同时也提示商业银行，在推进数字化转型的过程中，需要积极承担社会责任，坚持科技向善的发展导向，树立正确的科技伦理观，在拥抱科技变革的同时，保持对技术的敬畏，保证技术风险可控。

回归初心，商业银行数字化转型的核心宗旨在于以客户为中心，让老百姓感受到智能便捷的服务体验，感受到新时代商业银行的先进生产力。

平安银行将坚持以客户为中心，致力于打造有温度、卓越的零售金融服务能力，让最优质的金融产品服务普惠万家。具体而言，致力于实现三个目标：一是着眼于满足最广大客户的财富管理需求，通过颠覆传统银行的客户分层理念，让普通大众客户享受到专业的资产配置与财富管理服务，陪伴客户共同成长；二是着眼于满足最广大客户的信贷需求，通过让大量被传统金融体系忽视的，同时具备较强还款意愿和还款能力的客户在平安银行享受正

规的信贷服务，助力客户安居乐业；三是着眼于满足高端客群的个性化需求，通过为高端客群提供覆盖其个人、家庭及企业发展各个阶段的综合金融与生活服务，支持客户家业常青。

作为银行数字化转型的积极实践者，未来，平安银行将围绕"科技引领、零售突破、对公做精"的十二字转型方针，不断升级服务模式，提升服务水平，着力打造"一流、领先的智能化零售银行"。平安银行希望通过持续不断的创新探索及实践，树立数字化转型的行业典范，在实现经营效益的同时，创造更多的社会价值，从金融服务侧助力实现人民群众对美好生活的向往。

第14讲 突破固有思维 阶梯式发展数字化

胡德斌

随着互联网、大数据、云计算、人工智能等技术不断发展，数据已成为新的生产要素，推动着以新产业、新业态、新模式为代表的数字经济迅猛发展。特别是对于金融机构，数字化转型既是融入实体经济发展大势、提升金融服务质效的迫切需要，更是自身提升内部经营管理水平、推进更高质量发展的必然选择。近年来，国务院、人民银行、银保监会出台了不少政策和指导意见，引导金融机构转变发展理念，加快推进数字化转型，推动金融和科技深度融合、协调发展。

一、构建数字化转型的"四项基础"

银行数字化转型，主要是通过数字化思维和技术应用，转变商业模式和

作者系上海银行副行长兼首席信息官。

工作方式。在具体推进中，各家银行由于自身资源禀赋、所处发展阶段不同，其目标、策略、实施路径也各有不同。对于中小银行，其人力资源、科技资源、地域资源等与大型银行差距很大，不具备全面竞争条件，应当根据区域特色，将数字化与业务理念与能力相融合，确定业务发展策略，寻求特色化和差异化。

上海银行对数字化转型高度重视，由董事长牵头，总行分管行长、主要业务部门负责人共同参与，通过充分的学习研究、交流考察和沟通讨论，提出了数字化转型的目标、内涵和路径。经总行党委、董事会审议，决定将数字化转型作为全行新一轮战略规划主线，并明确了全行数字化转型目标是践行金融服务初心，聚焦关键领域和瓶颈问题，加快改革创新，提升专业化经营和精细化管理能力，推动高质量发展。

（一）数字化转型的内涵

上海银行结合自身实际，提出了数字化转型的主要内容：以数字化思维为指导，运用数字化技术，在创新求变的实践过程中，与发展战略目标融合，对内提升经营管理能力、降本增效、控制风险，对外提供更加便捷、个性化、互联共享的数字金融服务，进而在打开银行自身发展空间的同时，更好地服务实体经济。其中，数字化重点，在于建立以客户为导向、极致、连接、敏捷、颠覆的思维模式，不断运用大数据、人工智能、移动互联网、区块链等技术思考审视现有做法和模式，突破固有思维，建立新的流程、方法、能力。转型的重点，在于获客模式、服务方式、管理手段、风险控制的转型。

（二）数字化转型的目标

上海银行数字化转型的总体目标是以信息传递去中心化和提高信息传达

的精准化程度，构建场景化、批量化获客和业务拓展模式，建立前中后台一体化的数字经营管理体系。具体包括6项子目标：一是通过开放银行寻求更多的合作伙伴，增加获客能力；二是通过梳理服务流程，打通断点，提升客户体验，增强留客能力；三是通过洞察客户需求，强化一体化服务能力，与客户相伴成长，提高黏客能力；四是通过数据治理，统一口径、指标，形成准确掌握经营状况能力；五是通过数据资产管理，重视源头数据收集、形成规范的标签，形成全面分析能力；六是通过数据中台建立，打通数据壁垒、增加信息透明，形成洞察问题的能力。

（三）数字化转型的路径

上海银行数字化转型围绕"线上化、数字化、智能化"的路径推进。这三段阶梯式的发展路径，既存在先后次序的逻辑关系，也不排斥融合并进的相互依存。

线上化是以价值创造为导向，以体现管理意图为目标，全面推动各领域产品、服务、销售、管理的线上化为目标，不断丰富数据积累，增强数字洞察力，重点包括拓展线上服务，增加获客渠道；打通流程断点，提高工作效率；强化源头控制，提升数据质量等。2022年，上海银行发布了手机银行7.0版本，相较过去版本，更加突出以客户为中心的服务理念，通过前、中、后台多系统协同，端到端重塑客户服务旅程。特别是聚焦客户财务管理核心诉求，重塑财富和信用卡频道，对客户最关心的投资、账单等关键信息实现一键直达，将客户需求和客户特征融入每一个触点、每一条旅程，实现个性化内容推送。同时，适应疫情期间客户线上服务需求，上海银行手机银行云网点服务可远程视频连接柜员，在线"面对面"为客户办理手机号认证、大额转账、休眠户激活等网点服务，解决客户互联网医院绑卡、延期还款等诉求。

2022年疫情期间,"云网点"服务客户已超2万人,日均服务客户数量达平日2倍以上。

数字化是以数据驱动,实现管理的及时、透明和信息对称为目标,推进企业级数据中台建设,构建基础数据集市和专业数据集市,加速数字化经营管理。通过数据可视化展示战略发展指标、风险控制指标、专项工作推进指标、监管关注指标等,在实现看得全、看得清、看得透的基础上,推动总分支行各级机构分析问题、发现问题、解决问题。目前,上海银行已建立了1.5万多个指标,2500多个数据模型,数据质量、数据及时性、数据完整性得到了明显的提升。外部数据方面,上海银行引入4大类、38小类外部数据,由原先各部门分散引入到统一引入,通过梳理和优化,把数据集中管理,提升了数据利用效率,在客户经营、贷前审批、贷中贷后管理、内控合规等方面发挥越来越多的作用。例如,在智能风控领域,上海银行构建了全行统一的黑灰名单管理机制,形成全流程的闭环运营、联防联控。在授信审批过程中,通过黑灰名单的检查,及时发现问题客户;在贷后管理过程中,风险预警周期可以提前半年,预警率可达到72%;在内控合规管理过程中,运用知识图谱技术来识别集团客户,识别了应纳未纳集团数24个。同时,通过知识图谱的技术加强对贷款资金流向的监控。

智能化以提高经营管理的精准性、及时性,实现更好的价值创造为目标,有序推进重点领域的智能化,不断深化大数据、AI技术在各业务领域的应用。例如,在智能交易方面,2021年初,上海银行与外汇交易中心共同合作,研发了基于AI语义分析的债券智能报价交易员,上线首日就通过智能交易员撮合成交1.8亿元债券。在智能运营方面,全行各领域推广使用RPA(机器人流程自动化)技术,目前已使用RPA流程约400个,实现手机银行、财务系统、交易银行等21个系统与影像识别平台对接,以及财务报表、标准证照、采购合同等30多种文件类型的自动识别，平均人工替代率超过80%，节省了大量人力成本。在智能客服方面，引入NLP等技术，对问题的识别已经超过90%。在智能营销方面，基于客户需求智能化匹配销售策略，有效助力客户AUM提升。

实践经验表明，数据管理是数字化转型成功的关键因素，只有通过有效管理，才能激活数据要素潜能、挖掘数据价值。一方面，需要加强内部数据的收集和质量管理，从用户接触的各种渠道，预设埋点，收集用户行为数据，持续优化产品和服务，提升用户体验；通过元数据管理，不断完善数据标准规范以及数据检核能力，保证数据质量。另一方面，需要加强对外部数据的统一管理，不仅要保证数据合规合法，而且要保证数据应用过程中能够分级、分类安全管理。

（四）数字化转型的推进机制

数字化转型是一项长期的复杂工程，需要强有力的组织保障。为此，上海银行成立两个领导小组来保障数字化转型工作的有效推进。

一是战略推进小组，由董事长牵头。聚焦顶层规划设计，推动工作思维转变，确立攻坚克难项目，重点加大科技投入，加快推进科技与业务创新融合团队的组建，引进和培育青年创新骨干，形成数量充足、素质优良、结构合理、富有活力的创新人才队伍。

二是创新推进工作小组，由行长牵头。重点在探索创新机制，包括激发创新创意活力，建立快速立项通道、容错担当机制等。完善总分两级创新体系，在提升自身科技创新能力的同时，加强与先进机构的外部合作、深度交流融合，通过组建产、学、研创新联合体、合作共建等方式开展联合创新，提高金融科技成果转化。

二、把握数字化转型的"五大关键"

习近平总书记指出:"数字技术正以新理念、新业态、新模式全面融入人类经济、政治、文化、社会、生态文明建设各领域和全过程,给人类生产生活带来广泛而深刻的影响。"在数字技术全面融入社会发展的新时代,推进数字化转型,要把握五大关键领域:一是思维转变,培育数据驱动经营管理的企业文化;二是组织转型,建立敏捷组织以适应客户和市场快速变化的要求;三是服务转型,为客户提供便捷的个性化金融服务;四是管理转型,以数据驱动管理,提升经营管理精准性;五是技术转型,基于分布式、云原生架构,为数字化转型提供技术支撑。

(一)以转思维为引领,培育转型文化

数字化转型首先要进行思维模式上的变革,养成用数字化思维来思考问题、解决问题的习惯。数字化思维主要包括端到端、全旅程和颠覆性"三大思维"。

端到端思维,即在系统、产品、流程等设计过程中,要从客户端出发,了解客户真正的需求,寻找服务客户的最佳途径;要落脚在管理端,在满足客户需求、实现业务目标的同时,通过数据的及时反馈与分析,思考服务和流程的合理性、有效性,不断提升管理水平。全旅程思维,要始终围绕客户全旅程的服务体验,并将客户业务办理的便捷性作为出发点;对客户的全旅程业务处理实现全线上化,减少人工干预和手工处理;要形成闭环管理,基于客户评价,做好持续优化完善,提升客户体验。颠覆性思维,即遵循第一性原理,勇于打破固化思想,摒弃惯性思维,以变求进、以变创新。在服务流程、管理流程中融入数字化、智能化手段，从人控到机控，从串行到并行，从线下到线上等。

数字化思维的应用，不仅在于金融产品和服务的创新，对于中后台领域同样重要。与大型银行相比，中小银行在风险控制、业务运营、行政办公等中后台领域的数字化转型思维和实践尤为落后，这些领域是全面转型的基础和关键，需要花大力气推进提升。

上海银行在推进数字化转型的过程中，始终高度重视中后台领域的数字化转型。一个典型案例是新金库的建设。商业银行的现金及实物业务普遍存在营运规模大、操作复杂度高、实物种类多等特点，在数字化发展方面与其他业务领域相比较为落后，整体运营模式上存在资源分散、流程割裂、依赖人工、纸质作业、风险防控手段不足等诸多问题。针对这些问题，上海银行推进了现金及实物运营数字化转型建设项目，建立了高层指导、前中后台协同、业务技术全周期融合的项目模式，充分引入物联网、大数据、现代安防等技术手段，将物流、信息流、账务流高度联动融合，实现前中后台联动转型，发展数据驱动的精细化管理，从整体上提升现金及实物运营管理水平，迈入自动化、线上化、智能化时代。

运用端到端思维，在客户端，以客户为中心，对现金及实物运营场景进行重构，实现精准配送，及时配送。在配送环节通过电子化交接实现交接流程数字化和可追溯，通过物流状态监控，向网点接库人员通知车辆预计到达时间，缩减等待时间。在管理端，通过大数据、人工智能等高新技术与业务场景相融合，实现了客户需求精细化分析与预测、库存精细化管理与预测、人行投放回笼需求预测、押运线路智能规划、异常信息实时推送、一键盘查库、多维度归因分析数据大屏，为实现管理目标提供有力的技术支撑。项目上线运营后，次日现金需求预测准确率超过80%、降低网点库存30%；通过对物流数据的分析与学习，实现物流配送线路的智能化动态调整，配送效率明显提升。

运用全流程思维，对订单全流程进行数字化重塑，实现了现金及实物全场景、全渠道、全实物、全流程的精细化管控，首家完成了商业银行全流程线上化运营模式的转型实践。传统的现金及实物运营场景下的纸质作业方式被完全消除，客户可以线上随时随地下单、实时查看订单状态与账单信息等，极大提高了客户体验；作业人员可根据流程引导规范进行操作，安全高效；管理人员可实时发布调度任务与公告、监控作业状态、查询业务数据，能够有效监督并指导生产作业。在全流程线上运营模式转型的基础上，实现了实物流、信息流、账务流的高度融合，在出入库、配款、清分、交接等业务流程关键节点触发实时联动记账，并通过自动对账机制有效保障账务的安全与一致性，实现了现金及实物运营领域账务处理模式的创新突破。

运用颠覆性思维，摒弃囿于现状坐等客户上门的思维模式，以客户与场景为中心，积极发展线上化渠道开拓，推进数据共享引流，与第三方合作开拓新业务场景，不仅实现了离客户更近，想客户所想，也丰富了金融服务内涵，延展了金融服务边界，为传统商业银行现金及实物运营领域注入新的活力。

（二）以转组织强保障，加快转型速度

近年来，随着数字技术的加速发展，叠加疫情影响，全社会对数字化的认可和接受程度越来越高，线上化、数字化服务需求大幅提升，且呈现需求变化日益加速的态势。针对快速变化的客户需求，商业银行需要同步转变数字化转型的组织架构和工作机制，打破传统银行组织架构的桎梏，通过建立高效的敏捷组织，及时响应和反馈市场变化。

近年来，上海银行探索推进敏捷组织转型，取得了较好成效。在工作机制上，坚持业务+科技+数据三维度融合，以价值创造为目标导向，建立客户调研、同业调研、需求编制等融合工作机制，及时掌握客户需求，加快需求的处理速度。在组织架构上，持续推进扁平化管理，将应用研发人员（包括业务、技术、数据三方面人员）划分为部落直至小团队，小团队是业务端到端交付的最小单元，由产品经理、项目经理、开发、测试等不同职能角色共同构成；部落是相同业务领域所有小团队的集合，面向具体业务条线，提供稳定的技术输出与支撑。这样的组织结构设计打破了传统银行岗位职能、业务条线的隔阂，进一步深化了面向客户需求和价值创造实现交付的组织形态，提升了组织面对外部环境变化的快速响应能力。敏捷组织转型自启动以来，已完成对包括零售、运营、风险、平台、大数据等多部门在内的全行近3000人的覆盖。特别是在疫情期间，研发团队工作有条不紊地高效开展，为稳定的金融服务提供了坚实的保障。

（三）以转服务促创新，提升价值创造

存贷汇是银行的基本服务，也是主要的利润来源，其特点是规模优先，资本占用率高；服务界面小，银行与客户关系松散；交易驱动，不注重客户体验。在互联网经济、数字经济不断发展的今天，银行需要实现发展动能由资源驱动向产品、服务和创新驱动转变。一方面，要加大产品创新力度，丰富产品供给，打造拳头产品，完善服务渠道布局与功能，提升市场竞争力。另一方面，要强化银行与客户的连接，把金融服务纳入企业客户经营全过程和个人客户日常生活，构建新的服务场景与合作模式，打开业务发展的新空间。

一是提升普惠金融服务效能。普惠金融是商业银行服务实体经济的重要抓手，也是高度依赖数字化转型的金融服务领域。上海银行已经研发多款针对普惠、小微企业的快贷融资产品：基于担保，整合银行、担保双方优势及资源快速解决小微融资难,并与上海市担保中心首家合作推出"批次担保"业务模式,支持中小微企业在线办理签约、提款、备案,实现担保实时备案。基于场景,通过依托核心企业所拥有的产业链当中的小微企业经营信息、物流信息,提供一站式快捷融资服务,目前已经接入了依托商票、农产品供应链、车辆购销等150多个场景,截至2022年2月末,已为近4万名卡车司机提供购车贷款服务。基于抵押,利用小企业主的自有资产(主要是房产),为中小微企业放款,支持客户7×24小时在线申请,最快1分钟完成预授信、5天即可放款。基于信用,面向小微企业,实现线上核身、资料在线传输、线上签约、在线提还款等一站式在线业务办理。通过这些系列产品和便捷服务模式,上海银行普惠金融客户数、融资余额连续三年实现快速增长,从2019年至2022年一季度,客户数从最初2万户,上升到13万户,余额从200多亿元上升到800亿元,不良率稳定在0.4%以下。

二是创新集团客户服务模式。上海在总部经济方面具有显著优势,集团客户与企业总部数量庞大。上海银行利用数字化转型,通过寻找差异化服务优势提升客户黏度,与集团客户建立全面深入的合作。例如,A公司是一家市国资体系重要行业的标杆,集团层级、成员企业数量较多,呈现管理幅度较大、内部权限与审批流程复杂、个性化管理需求较多等特征,银行标准的产品服务及资金结算系统难以满足其一体化、个性化管理需求。了解客户的痛点后,上海银行结合成熟的资金管理平台能力及前期数字化转型的实践经验,为A公司快速研发了一站集成式的"跨银行、跨系统"资金结算平台,2个月之内顺利技术投产。"金融+科技"立体式综合服务方案带来的服务升级,显著增强了客户合作黏性,实现了业绩攀升。截至2022年2月末,A公司本部及其63家成员企业开立结算账户,集团在上海银行日均存款、贷款、贷款余额均较年初有较大增长。以此为切入,双方在永续债发行承销、供应链金融等领域开展了全面、深入的合作。

三是以开放银行赋能客户数字化转型。传统模式下,在企业生产经营时由于业务流和资金流分离,销售或采购过程中的资金确认主要依靠相关人员人工确认和记录,当业务量达到一定规模后,将大大增加人工成本,影响工作效率,同时,差错率也会随着业务量的增加而增长。2021年以来,上海银行陆续推出收款号、银企付、小微付等企业线上化支付结算解决方案,通过开放银行平台连接企业的场景和生态,提供线上化收款、付款和资金管理等服务,全面支持企业数字化转型工作。通过线上化支付结算服务,企业将实现生产经营和资金管理一体化的数字化转型,在提高工作效率的同时,也减少了业务差错。目前,上海银行已经为200多家企业客户提供了创新模式的线上化支付结算服务。

(四)以转管理增效能,重塑工作生态

数据报表是商业银行最常用的管理工具,也是数字化驱动"转管理"的重要抓手。为了使全行上下对数字化思维带动工作方式转变有直接的、切身的认识,上海银行以数据报表为切入点,对全行各类数据报表进行了重新审视和剖析,发现存在以下主要问题:一是业务流程存在信息断点。某些系统更多的是基于业务功能考虑,忽略了数据应用,缺少对管理信息的录入要求,导致信息的完整度、准确度不足。二是手工台账较多。由于系统数据质量难以支撑管理需求,实际工作中,存在大量手工台账,造成系统数据和手工台账两张皮。三是管理方式相对低效。由于管理更多依赖手工报表或台账,导致工作中存在层层上报的现象,特别是在对外数据报送以及绩效考核等应用领域。四是部分业务线上化进程滞后。一方面,部分管理系统的开发滞后于业务发展,导致管理类信息缺失。另一方面,系统设计与管理要求不匹配,存在系统数据记录粒度粗放，不利于分级分类；缺少过程类数据，不利于追因溯源等。

报表只是数据的载体，管理需要的是数据而不是报表本身。为解决上述问题，上海银行开展了三方面工作：一是启动报表清理工作，废弃大部分统计类报表，保留有管理内涵的报表。二是抓源头数据治理，基本停止使用手工编制，实现报表自动生成。三是建立数据分析平台，通过工具分析数据和使用数据，减少对报表的依赖，转向以数据驱动管理，以信息对称提升效率。通过对条线、机构、业务、产品等的精准画像，实现经营管理数据透明化、去中间化，聚焦经营管理中重点工作和重点事项，形成基于客观数据的精准高效的管理体系与协同的工作机制。

在上述工作的基础上，上海银行建立了"掌上行"全行经营管理信息平台（以下简称"掌上行"），这也是推进全行数字化转型的重要工具和抓手。"掌上行"立足于上海银行新三年战略规划要求，目标是实现经营管理数据看得全、看得清、看得透，从而实现管得好，坚持以数据驱动管理为核心，紧扣管理重点，着力刻画全行重要经营活动和管理事项，通过制度化的约束机制，实现从"数据展现"到"管理执行力"转变，建立全行数字化工作生态。在内容上，"掌上行"强调立足全局、整合协同，通过将业务场景与管理数据相融合，做到经营信息真实、透明。在机制上，"掌上行"体现问题导向、管理驱动，依托数据建立研判经营问题和数据驱动的闭环机制，加速形成全行数据驱动管理的工作模式。例如，实现各分行关键业务指标每日提示，并对各分支机构经营状况进行比较分析，通过数据及时共享，提升管理信息传导效率。同时，结合全场景应用，构建企业级经营分析指标体系，涵盖核心经营指标3000余项，精确刻画重要经营活动和管理事项。通过颠覆传统管理流程和信息传递模式，建立全行一体化、可视化的经营数据展现和分析工具，实现经营管理数据"快、准、全、透"。

(五)以转技术为支撑,夯实转型基础

金融为本,技术为器。在推进数字化转型的过程中,需要加快创新技术运用,为转型提供更强大的支撑。从技术架构上看,向云原生架构转型。上海银行从2016年开始建设私有云计算平台,运用容器技术实现微服务架构,建成自主开发的"瑶光"分布式应用开发平台,在企业手机银行等项目中成功使用,系统实现弹性扩展,成本降低80%,应用交付周期缩短20%。去年,上海银行规划了新一代云原生架构,将集成容器、低代码开发、微服务架构、Service Mesh、DevOps等技术,目前已逐步投产,这将为上海银行数字化转型打下坚实的基础。

从数据驱动维度看,数据处理技术及数据应用发生转变。在数据处理技术上,从集中式存储向对象存储转变,从存算一体向存算分离转变,实现企业共用一份数据;从T+1的批量架构向批流一体架构转变,为业务决策提供更实时的数据服务。在数据应用上,一是从依托数据分析人员的业务经验,向基于算法模型的数据决策转变,以强相关性代替因果关系,用大数据思维解决不确定性问题。二是从多维度分析外延至基于图技术的穿透式分析,能够以准实时交互的方式实现可视化全景数据,并进行超深度分析和挖掘。例如,上海银行建立了线上线下、总分行联动的千人千面营销体系,通过逾4000个客户特征,精准营销客户,实现AUM净提升率达70%+。三是构建万亿级知识图谱网络,在客户关系挖掘、产业链分析以及反欺诈领域实现超深度分析。四是全面应用自然语言处理技术,实现对公信贷全流程中的尽职调查报告、授信审批书等非结构化数据解析应用等。

从研发管理模式上看,向数字化管理转变。上海银行构建研发过程的数字化度量体系,引入电子看板等工具,搭建包括持续集成、持续交付、持续部署的自动化流程平台和数字化管理平台,实现研发全流程数字化闭环管理和数据沉淀,确保研发过程准确、透明,交付产能较初始基线提升了5%,并呈现持续提升态势。后续,将进一步融入设计评审、合规检查、安全检查、质量管控等流程,确保系统研发安全与可控。

三、中小银行数字化转型的未来展望

数字化转型离不开人才。中小银行需要建立更加灵活的人才引入和使用机制。数字化转型需要大量数字化专业人才,同时也需要科技领军人才,其社会价值比较高,如何引进来,如何管理,如何能进能出?需要在机制层面研究探索。商业银行应当建立新的人才引入和使用机制,在目标设定、工作评价、薪酬激励等方面寻找突破口。同时,应当通过优化新招聘员工的培养方案、职业生涯发展路径等,提升竞争力和保持人才的稳定性。

数字化转型需要借力。中小银行的科技投入与大行相比差距较大,规模效应有限,有必要通过引智、借力、合作等方式来达成战略目标。在具体方式上,一是促进数字要素流动。商业银行在经营管理活动中收集了大量数据,需要在合法依规的前提下实现数据要素的流通、共享,从而使数据创造更大价值。中小银行之间可探索建立数据交换和共享的平台,包括反欺诈黑灰名单、反洗钱风险名单等。二是共建与共享通用数字技术。数字化背景下,金融服务已呈现出明显的"去边界"特征。在以客户为中心的服务理念引领下,金融服务模式与场景的结合将更加深入、更加智能。在此过程中,银行需要不断"开放",通过开放内外部边界,共享信息,强化聚合。中小银行可以借鉴大型银行先进的业务、技术经验;借鉴金融科技公司的商业模式,汇聚合作参与方的资源,形成共建、共享、共赢的局面。

数字化转型需要建立评估体系。数字化转型不是单一项目建设,更不能单纯用量化指标衡量。对商业银行来说,数字化转型是全方位、一体化的过程,需要以客户体验程度、业务形态的转变、业务与技术融合程度科技人员占比以及市场认可情况等多方面为目标评价体系,综合跟踪、评判工作成效。

数字化转型需要坚持创新。近年来,新技术的快速发展,对银行的服务模式、客户消费习惯等产生的重大影响,数据与科技在中小银行经营管理中发挥的作用越来越重要,从过去对金融服务的支撑和赋能,逐渐转变为业务发展的引领推动。随着区块链、虚拟现实、增强现实、元宇宙等热门技术的逐步成熟,银行的相关数字产品和服务模式可能发生颠覆性转变,需要银行提前研究布局。

数字化转型是一项长期的复杂工程,涉及范围广,资源投入多,产出见效相对较慢。在推进过程中,中小银行需要充分把握当前和长远的关系,科学合理地制订数字化转型的推进策略和计划。在初期,可以采用小步快跑的策略,寻找突破点,通过点上的成效提升信心。在此基础上,以点破面,推动更大范围、更深层次的转型。志坚方可励行,行稳方能致远。数字化转型绝不是"运动式"的口号或"毕其功于一役",只有自上而下的"思维转变"、久久为功的坚持,才能实现高质量、可持续的发展。

第15讲　增强自身韧性，实现数字化战略下沉落地

张小玉

近年来，各大银行正迎来信息技术和内外部经济金融环境的根本性变化，金融科技正处于迅猛发展阶段，催生出新的场景和商业模式，给银行业带来巨大冲击的同时也创造了新的发展机遇。与此同时，肆虐全球的新冠肺炎疫情深刻改变了客户的金融行为和习惯，迫使商业银行重新思考对客交互模式。中小银行一直赖以生存和发展的传统业务模式正受到严峻的考验，亟须通过数字化转型"破局"。恰在这时，银保监会的《关于银行业保险业数字化转型的指导意见》如及时雨，为商业银行数字化转型指明了方向。

本文将结合近年来苏州银行数字化转型的实践，分享苏州银行如何抵御内外部焦虑，增强自身韧性，结合银保监会新要求，实现数字化战略下沉落地，在代际革命中制胜未来的思考。

作者系苏州银行副行长。

一、"桎梏"与"困局",中小银行数字化转型之难

体量小、区域属性强、资源有限,从中小银行诞生的那刻起,这些与生俱来的特点似乎成了中小银行的"桎梏",服务渠道单一、人均产能相对落后、成本结构不够完善等问题在一定程度上成为变革发展的阻力和障碍。特别是迈入数字经济时代,中小银行的发展瓶颈愈发凸显。从服务能力来看,中小银行依然过度依赖线下渠道,流程配置不合理,客户获取与经营市场化思维不足,导致各业务领域内的客户体验欠佳,客户流失现象较为严重,单纯依赖传统线下获客与运营的方式已然不可持续。从人才经营来看,长期以来由于对经营指标、分析工具等方面的投入和建设有限,管理工作精细化不足,员工事务性工作占比高、系统操作不便,大量工作消耗在非核心业务上,整体人工效能偏低,业务创新有限,对市场变化的响应较慢,在新一轮客户竞争中处于不利地位。这使得通过数字化转型实现自身重塑、加速升级迭代成为中小银行的一道必选题。

然而,从实际效果看,一些中小银行的数字化转型并未取得令人满意的成果,普遍存在转型的战略选择之痛和实现路径的焦虑,需要直面七大挑战:

一是"认知陷阱"。是否对数字化转型具有全面、深刻的认知,往往决定了一家银行在数字化转型的过程中能否保持战略定力并最终收获数字化转型的价值。数字化转型虽然有利于银行的长期发展,但是在短期内势必消耗资金与人力,影响短期经营表现。在较大的业绩增长压力下,中小银行经营者往往更偏重短期效果和实际投入产出。但若只关注短期的成效将导致数字化建设"头痛医头、脚痛医脚",治标不治本,继续掩盖和积累长期矛盾。若只

关注财务回报，亦将导致大量回报周期长、基础设施建设或面向未来的重要项目被搁置甚至摒弃。而这些项目虽然无法在短时间内带来直接的财务回报，但能够提升客户体验，提高管理效率，为员工减负提能。

因此，中小银行开展数字化转型的首要任务便是认识数字化将带来的长期红利，认识到这是一场长期的、连续的、先苦后甜的变革，它最终将会为各层级人员赋能，而不是一项额外的工作"负担"。

二是"协同壁垒"。在现有的组织架构下，银行各部门常常缺乏换位思考的意识，部门本位主义思想严重，且缺乏跨职能协同的经验。中小银行在实施一些跨部门项目时，往往存在方案确定难、业务联动难的问题，容易影响数字化推进效率。其中，有三对协同关系的问题尤为突出。第一，总行与分行之间协同，分支机构因其向总行反馈需求的链路冗长、渠道不通畅、响应机制缺乏等问题常常导致一线诉求难落地而渐渐"失声"。第二，总行前台部门与中后台部门之间沟通、协同及决策的机制仍有待完善。在实际业务开展过程中，一事一议的情况时有发生，时常因无人决策、互不妥协而最终搁置，各个部门往往需要依靠自主能动性推动项目的开展。同时，由于缺乏成熟的部门交叉考核与分润机制、让利与权益配套的相关配套机制，使得各部门间的协同配合意愿较低。第三，业务与科技的协同问题也普遍存在，业技融合不足。对于业务的需求落地，从业务构想到开发维护的整个过程中，往往科技部门与业务部门在各个环节上的职责范围不清晰。业务部门和科技部门存在天然的"沟通断档"问题，需要更多的沟通以达成开发结果与业务需求的一致。业务与科技部门间的沟通难题甚至导致双方人员不愿各向前一步承担更多工作，进而导致因配合不足，需求难以达到高度一致，开发结果与业务需求差别较大的问题。

三是"管控难题"。推动转型过程中，很多中小银行纷纷成立了数字化转型办公室，负责领导和监督数字化转型的推动进程和各个数字化转型项目的开展情况，但如何保证领导层的战略意图在向下拆解传递时不"失真"，保证执行层有充分的动力落实数字化转型中原本规划的动作，不至于落地时"走样"，成为数字化转型项目管控过程中首先需要回答的问题。银行传统的KPI考核模式主要关注经营业绩的达成，且主要侧重对最终结果的管控，而数字化转型更多是能力建设，且需要对其落地过程进行有效的督导，传统的KPI考核模式在数字化转型上已难以适用，如何通过新的手段对数字化转型能力建设过程与结果进行有效把控，是转型落地过程中的一大难题。

四是"人才困境"。当前中小银行的人才结构与数字化要求尚有较大差距，即便明确了人才画像，如何挖掘人才、留住人才、培养人才依然是难题。目前中小银行普遍缺乏两类数字化人才：一类是在某些领域专业性较强的专家型人才；另一类是兼具业务经验与技术能力的复合型人才。这两类人才能够用数据的思维看待业务问题，同时也能为分析建设提供业务输入，有效打通业务人员与技术人员间的协同壁垒，大幅提升沟通效率。而受制于所处地域、品牌影响力等因素，中小银行即使加大了数字化人才的投入与培养力度，也往往面临精兵强将招不到、留不住的尴尬局面。首先是人才"获取难"，复合型人才稀缺，大行和异业之间人才争夺激烈，若在行内培养，符合培训要求的行内人员数量少，培训难度也较大，整体人才培养耗时较长。其次是人才"留住难"，中小银行普遍缺乏针对复合型人才完善的、有效的成长与晋升路径和激励体系。最后是"融入难"，复合型人才如何快速嵌入现有组织，不被当前框架束缚，发挥自身能力为中小银行创造价值，对于各家银行来说仍是挑战。

五是"模式枷锁"。中小银行传统的经营模式还是以"产品"为中心，部门设置、营销模式都是围绕产品展开，但随着宏观经济环境愈加复杂多变，金融监管政策日趋审慎，银行面临的市场竞争日益激烈，传统的经营模式已出现较大弊端，比如客户经营上只盯着单笔业务、不关注客户整体的收益和综合经营；单一依靠额度、价格去营销客户、争抢市场；产品研发、服务流程缺少客户视角的体察和反馈；对客户需求了解不深，等等，这样的经营模式使得中小银行对于客户价值的挖掘浮于表面，难以与客户建立长期合作关系，无法实现深层次的客户价值转化，而这一模式已在银行内部"根深蒂固"，仅靠银行自身力量很难彻底扭转。如何建立起一套全新的数据驱动的客户经营体系，以"客户"为中心构建经营主阵地，并且围绕细分客群的需求场景进行产品服务配置、设计营销模式、优化业务流程，中小银行仍有很长的路要走。

六是"触点孤岛"。在本地化服务与经营客户的过程中，各家中小银行过去建立了强大的线下渠道，占据当地可观的市场份额，总行与一线人员往往存在"惯性思维"，过度依赖线下渠道开展工作，导致对线上渠道的重视程度不足，难以深度融合互联网渠道开展经营。同时，中小银行普遍存在线上渠道建设与管理较为无序的情况，由于缺乏全渠道协同的经营理念和方法，线上线下渠道往往各自为战，无法根据渠道定位实现阶梯式、多波次客户触达。而渠道的定位不清、协同不足也导致客户被过度打扰、渠道使用体验不佳等问题，加剧客户流失。

七是"一线缺位"。数字化转型是一项全行性的工程，但在落地实施过程中，中小银行往往会陷入总行"热火朝天"，基层一线"毫无感知"的尴尬境地。一方面是一线的"获得感"不足，部分项目建设的出发点往往更侧重于强化对一线的管理，而非赋能，一线在开展客户经营时依旧缺乏"系统武器""分析子弹"，依旧是在打毫无准备的"遭遇战"；而部分专为一线打造的洞察工具,往往因为总行至一线的信息传递存在滞后现象,导致"系统武器"在一线往往不被普及,无人使用、无人会用,难以实现真正为一线人员赋能的初衷。其次是一线的"参与感"不足,部分项目在建设过程中未充分调动一线人员的积极性,未充分调研一线人员的切实需求,未充分参考一线人员的实战场景,导致最后的产出与一线的期望大相径庭。

二、"催化"与"黏合",苏州银行数字化转型探索之路

面对以上中小银行普遍面临的七大挑战,苏州银行全面梳理关键问题和痛点,强化顶层设计,组建专职推动团队,在业务与科技、总部与一线等多对协同关系上加强配合,着力补足洞察、数据和科技的基础能力短板,突破数字化转型重重阻力。

(一)转型战略和蓝图规划,用一张蓝图绘出来

在过往模式中,银行主要遵循机构扩张和人员增长驱动业务规模增长的线性增长模式;而在今天,银行业正朝着数字化赋能,驱动网均、人均产能提升的"乘数增长"模式快速转变。为应对国内外经济环境和行业迅速变化的趋势,苏州银行从2016年起以单点业务为突破点,开始了数字化转型的探索。随着银行业数字化转型的深入推进,苏州银行制定战略规划,明确了数字化的内涵,提出了全面数字化转型的目标,形成了全面的数字化转型蓝图规划,倾斜资源强力推动。

苏州银行将数字化转型定位为支撑其他战略目标达成的主轴战略,以"人+数据"双轮驱动,提出了"三优三提三化"的转型目标。对客户实现

"三优",即优化客户体验、优化价值产出、优化客户关系,对员工实现"三提",即提升工作效率、提升个人获得、提升工作体验;以数据驱动,强调数据基础现代化、数据应用智能化、业务经营数据化。

图3 通过数据的"三化",实现客户的"三优"和员工的"三提"

围绕转型目标,苏州银行明确了全行数字化内涵与定义,形成了苏州银行数字化转型规划蓝图(如图4所示),形成顶层设计、应用场景、基础支撑、管理机制四大层次清晰明确的目标与范围,在数字化转型蓝图顶层设计的引领下,探索分析营销、产品、渠道、经营、运营、风控、财务和人力八大应用场景的数字化转型发展举措,并进一步审视洞察分析能力、数据基础和科技能力,针对性地提出优化方向。为了保障各领域的转型能够顺利开展,苏州银行为此次数字化转型设计了完整的管理机制,包括资源投入机制、协同机制、推动机制、文化建设机制等。

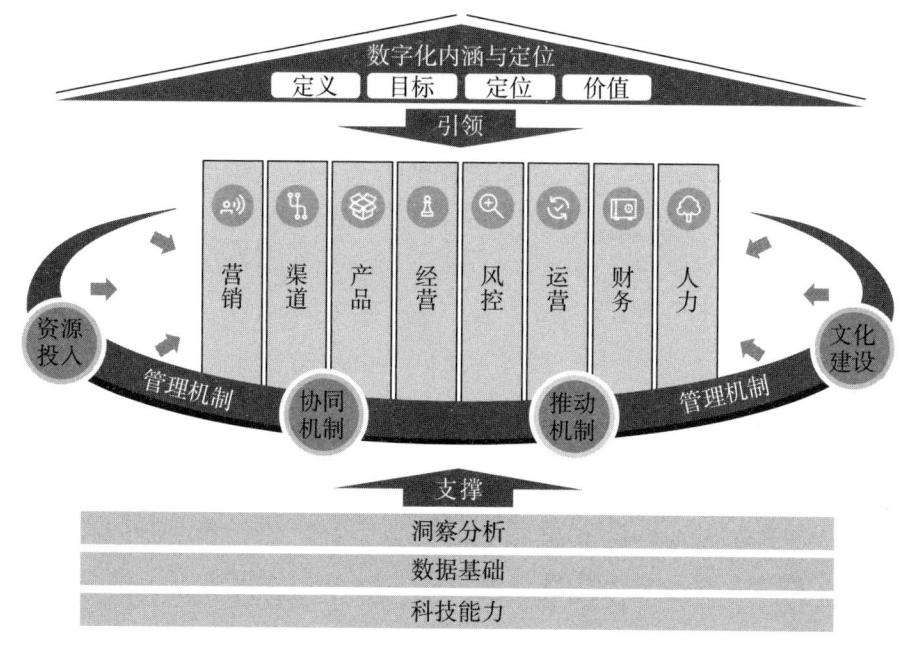

图 4　苏州银行数字化转型规划蓝图

（二）阶段策略和实施路径，用一份清单理出来

苏州银行基于现状痛点的梳理，结合数字化转型蓝图规划，制定阶段性的数字化转型策略。苏州银行将在每一年度采取不同的策略循序渐进地推动全面数字化转型进程。2021年，着重夯实基础、理顺机制与树立典型，着重加强底层基础设施和问题突出、见效快、影响广的项目建设。2022年，将全面推进转型，补齐落差、形成范式，着重解决各项能力落差与痛点，优先布局前台经营及风险管理类项目。2023年，将深化转型，突破创新，再攀高峰，重点建设围绕数据智能的创新项目和具备一定领先性的项目。

为配合数字化转型规划阶段性策略的有序开展，苏州银行将这一系列举措进行打包排序，形成三年转型实施路径，设计对战略重点的实现提供支持的转型项目,并基于项目目标、实现方式、投入产出三大原则,甄别筛选重点转型项目,形成一整套项目清单,以项目为推进数字化转型的单位,分阶段、体系化地输出与推动全面数字化转型。

(三)资源调配和统筹协调,用一个班子管起来

数字化转型规划的落地需要有强有力的组织统筹管理、协调推进,并严格做好过程管控和成效评估。银行的高管层除了需要及时了解转型进程,也需要了解转型过程中遇到的各种困难和问题,并及时予以解决,构建通畅的信息反馈通道。一个扁平、灵活的跨部门转型组织能够有效应对多个挑战,包括对大型项目集群的跟进、对项目严格和客观的监督、跨部门的沟通协调等。

苏州银行为此设立了三个层次的数字化转型推动组织,分别为领导小组、工作小组、执行小组。领导小组主要负责评估数字化转型建设计划、目标、预算,调配资源,统筹协调;工作小组主要负责分解数字化转型年度考核指标,推进转型项目开展与落地,解决建设中的各种问题,及时汇报转型进程,评估目标达成情况;执行小组则主要负责落地实施各转型项目,定期反馈项目进展情况。同时,通过建立四个层级的转型议事机制,确保数字化转型过程中遇到的各类问题能得到及时有效的解决。

(四)过程管控和成果落地,用一张全景图画出来

成立专职推动组织,对转型项目进行过程管控,确保转型方向不发生偏移、转型成果得到落实、转型价值得到体现,对中小银行的数字化转型之路具有积极的促进意义。

考虑到数字化转型覆盖范围广泛,推动难度较大、行内人才缺乏,苏州银行成立了数字化转型PMO工作组,专职负责全行数字化转型项目的推动工

作,通过建立"作战图、路线图"和"任务表、进度表、责任表",对转型项目进行全过程管理和阶段性成果检视。同时深度参与项目各个阶段,把控项目方向,通过抓关键节点、抓重点项目,抓预警和延误,提升管理层对于转型项目的"掌控力"以及对转型过程的"感受度",提高项目管理质效。

(五)价值衡量和效果追踪,用一个目标定下来

如何确保转型能真正有价值、有效果是在推动转型过程中必须思考的问题。苏州银行过去在开展项目建设时往往以建成为目标,却忽视了建成后对效果与价值的评估。这也导致行内一些系统或工具投入很多但使用者寥寥,看不到效果还增加业务与技术人员工作负担。在推动数字化转型过程中,苏州银行充分吸取经验教训,给每个转型项目设定"建设目标"的同时,亦围绕客户体验提升、员工减负提能、业务创新扩张、管理高效精细4个方面为每个转型项目制定了量化的"业务价值目标",定期追踪业务价值目标的达成情况,并与相关部门的考核进行关联,确保每个项目在落地过程中不跑偏。

同时,苏州银行每年应用数字化成熟度评估模型对营销、渠道、产品等15个领域进行数字化成熟度评估,并与上一年水平进行对标,形成数字化成熟度评估与优化报告,以此核验数字化转型的成效,明确下一年持续优化提升的方向。

(六)目标对齐和过程把控,用一套考核抓起来

过往传统的KPI考核模式下,各总部主要考核经营业绩类指标,但总行部门并非直接的经营机构,经营业绩指标实际由各个分支机构承担,而能力建设、为一线赋能等工作在总行部门的考核中占比却较低,部门职能与考核存在错配问题;同时,传统KPI考核更关注最终结果的达成,对于其实现的

过程却往往不够重视。为此，苏州银行引入OKR考核模式，将数字化转型相关内容在考核中的比重从原先的2%提升至20%以上；同时，OKR考核模式坚持决策层与执行层高频次的沟通对齐，以保证数字化转型项目从目标到行动的高度一致，确保数字化转型项目的有序推进，并绑定业务价值目标，实现规划与落地的一致性。OKR考核模式不仅仅关注最终结果的达成，还注重实现结果的过程是否合理，有效指引各项目组通过正确的方式达到预期的效果。

（七）深度经营和精细管理，把一套经营模式立起来

从客户经营角度出发，苏州银行在数字化转型中亟须建立"以客户为中心"的经营理念，以数字化手段深度洞察客户需求，基于客户需求、客群特征形成一套组合拳，构建高效数字化客户经营体系，有效实现客户的深度经营与价值挖掘。

针对零售客户，苏州银行从客群经营范式、系统配套支撑、场景落地速赢三个层次打造零售客户智慧经营体系，全方位整合客户数字化经营链条，实现在客户经营理念层面，从依靠扩网点、增人力的线性增长模式，向总行赋能的乘数增长模式的转变，实现在客户经营打法层面，从关注产品销售向关注客群经营转变；从各部门散点式、随机性的数字化尝试，向零售条线体系化、规模化的数字化经营转变，深度挖掘个人客户价值。

针对对公客户，苏州银行解锁公司客户深度经营密码，依托行业专精实现高质量获客，通过客户综合化经营深挖集群综合价值，并通过产品服务定制化绑定客户进行长周期经营。一方面，打通部门竖井，强化业务协同与联动，为客户提供一揽子综合服务方案，提升客户价值贡献；另一方面，根据不同客户特点，洞察客户需求，提供适配产品，提升客户体验，深度融合企业经营过程与场景，增强合作黏性，从而帮助一线从短期"做单"向长期

"做客户"转变,从"供给侧思维"向"需求侧思维"转变。

苏州银行践行"以客户为中心"的理念,基于客户视角,全方位优化客户旅程,针对客户痛点、旅程堵点,推进金融产品和服务的创新,如:重塑对公开户旅程,运用RPA技术一键预审核,将开户时间缩短至20分钟;推出了快抵贷、征信贷、随心贷、云按揭、小苏好房贷等数字化产品;针对供应链上游企业,推出了"e秒银商"票据供应链产品与服务体系。

苏州银行还从数据洞察、智能决策、敏捷组织、精准触达等环节入手,打造数字化经营体系,充分利用数据资产和大数据技术,实现真正的数据驱动、以客户为中心的经营模式,实现高质量增长。为提升一线客户经理经营效率,配套建设了对公CRM系统、升级优化零售CRM系统,新建智能营销平台与客户标签平台,通过客户360视图、营销线索管理、营销活动管理等功能模块,以及持续研发客户价值分层模型、忠诚度管理模型、流失预警模型等,协助一线客户经理高效了解、营销、经营、深耕客户,突破客户经营的产能瓶颈。

(八)渠道统筹和运营支撑,用一套体系建起来

在数字化转型进程中,渠道作为触达客户的第一阵地,随着客户行为的变化,转型已是必然。过去,苏州银行已建设多个线上渠道,但管理与运营能力不足,亟须提升渠道的协同作战能力,形成体系化的阶梯式客户触达,实现获客、获客与留客的良性循环。

为实现渠道的与时俱进,苏州银行持续拓展、优化触客渠道,于2021年构建了远程视频银行服务能力,以"一横一纵"的组织管理模式,配上精简的组织团队,搭载VTM、手机银行及掌上银行家三类渠道,快速实现远程视频业务办理需求,构建以"聚焦主业、服务全行"为核心的组织定位。通

过构建远程视频银行渠道，拓宽客户服务边界，为客户提供更全面、更高效、更精准和更智能的业务办理渠道，柜面业务替代率将达97%以上、网点分流率将达80%以上，进一步优化客户体验。

除了远程视频渠道，苏州银行还增设了移动展业渠道，构建"掌上银行家"体系，涵盖财富管理、个人贷款业务、公司业务、普惠业务等，梳理并重塑总部对区域的营销管理模式和区域、支行、营销人员的营销管理模式。苏州银行从识客户、晓商机、能触达、易销售、慧检视五大维度梳理客户经理作业模式，构建营销能力提升模型；从知目标、懂客群、善经营、能追踪、频优化五大维度梳理管理人员管理模式，为管理人员赋能，加速业务办理效率并推动业务快速发展。

在丰富服务渠道的同时，苏州银行对全行渠道进行全景扫描，包括物理网点、互联网、电话三大渠道，明确全行各渠道定位，构建分层布局、彼此支撑的渠道体系，实现客户广泛触达、全面服务和持续经营。在明确全行各渠道职责、各司其职的基础上，苏州银行识别互联网渠道所处的阶段，部分零售线上渠道逐步从"建设"向"运营"方向转变，由渠道部门牵头搭建线上运营支撑体系，协助全行各渠道的迭代优化，为客户提供最优的触点服务。

（九）生态经营和场景搭建，用一揽子地域特色覆盖起来

未来银行的生态将是政府（G端）、银行、商户（B端）与消费者（C端）之间深度融合的数字生态，中小银行深耕所在区域，可将"生态经营+场景搭建"作为突破口，深挖场景价值，打通客户进入银行的"入口"，打造联通G端、B端、C端的生态增长模式。

苏州银行作为总部在苏州、深耕本地市场的城商行，在场景建设方面一

直非常重视，近些年来持续投入人力财力对接苏州本地特色场景，聚焦客户衣食住行，已形成智慧医疗、智慧农贸、智慧商城、智慧教育、智慧工会、智慧法院、综合金融、智慧生活八类生态场景，建设了跨行业、多维度的生态经营体系。如：最早在苏州市场联动苏州市卫健委、市社会保障局、市医疗保障局、苏州工业园区社会事业局等多家单位，对接全市40余家医疗机构，打造了"智慧医疗"线上线下服务体系，已累计服务近5000万人次；联合监管部门建设"苏食慧"食品安全溯源平台，以移动支付为媒介，搭建交易与信息之间的桥梁，打通食品溯源"最后一公里"，让食品安全直抵百姓餐桌；超前半步，成为全国首家参与数字人民币流通领域的非运营机构城市商业银行，积极探索应用场景，推进数字人民币在日常生活中的普及，已推出数字人民币红包活动、"年货节"活动、AI无感加油活动等；与苏州市金融局合作创新打造了全国领先的"苏州综合金融服务平台"，采用"线上+线下"服务模式，引入苏州企业征信体系，实现"一张网"覆盖小微融资服务、"一站式"查询企业征信信息、"一键式"实现融资供需对接；苏州银行还在金融服务破产审判方面做出了有益探索，推出"明智达"破产管理综合服务以及"破立贷"破产融资产品；与产业园区合作打造了开放合作平台，专门制定了产业园区项目贷款管理办法，推出了配套的产业园区项目综合金融服务方案。

（十）数据打通和技术创新，依托一系列金融科技打造起来

数据与科技能力是决定一家银行能否实现银行数字化转型的"木桶短板"，主要分为数据治理与应用能力、科技创新能力。中小银行亟须结合金融科技与应用现状补齐短板，夯实数字化转型基础。

近年来，苏州银行多管齐下，努力提升信息科技硬实力。一是实施换"心"工程，建设了新一代核心系统；二是构建了智能化的运营服务体系、纵

深防护的信息安全体系及高容错的"两地三中心"容灾体系;三是打造开放平台,通过该平台对外提供一站式业务开放合作服务及接入能力。

苏州银行在完成"硬实力"建设后,未来将更注重"软实力"的修炼,为此打造了"组织一体""应用三台""技术三新""保障四优"的科技蓝图规划。组织上,业务科技融为一体;应用上,搭建业务、技术、数据三大中台;技术上,实现统一分布式架构、规划实施信创、探索统一开发平台三大创新;保障上,完成安全能力管理、运维服务体系、科技管理支撑工具、机房及云基础设施四大优化。通过科技蓝图的规划与落地,实现服务体验好、应用能力全、技术储备足的科技愿景,跻身金融科技能力领先的城商行序列,为苏州银行数字化转型保驾护航。

为实现行内各系统数据打通,苏州银行统一行内数据标准,制定了基础数据标准和指标标准及落标方案,对原有标准进行优化后形成目前有效标准项,明确了对标要求,统一了落标策略,制订了典型落标示范案例,并推动标准落地。通过银保监会EAST、人行金融数据等监管数据报送项目,对全量数据进行治理,规范全行各系统数据,为数据整合奠定坚实基础。除行内数据管理外,苏州银行也持续做好外部数据管理工作,发布了外部数据资产目录和外部数据使用报告,上线了企业综合信息查询平台,为外部数据广泛应用于全行各业务场景提供数据支撑。

苏州银行依托全行数据平台,对内外部数据进行整合与应用,打造数字化全流程风控体系,主要包括以下四个方面:一是风险识别与画像,实现了企业大数据报告、风险提示报告、税务报告、征信简化报告、风险辅助信息等功能,向各环节直观展示各类风险信息;二是贷前风险管理,采用了内部信用评级、申请评分等技术计量风险,应用大数据技术开展贷前风险提示;三是贷中风险管理,利用大数据识别拦截贷中风险,对如涉及冻结账户、资金用途异常等情形进行风险提示和智能拦截；四是贷后风险管理，建立了大数据贷后预警体系，及时推送各类预警信号，实现了风险预警的有效提前，保证了较高的准确度。

随着数据治理与应用工作的持续推进，苏州银行制定了数据中台规划并推动实施落地，数据中台的建设将提升苏州银行架构基础，扩展全行数据视角，推动传统数据服务向现代数据资产服务升级，进而完成数据体系架构的"四化"，即数据能力服务化、通用平台能力化、平台开发配置化、管理职责明确化，带来数据资产变现、关键技术提升、体系架构完善、数据资源梳理等长期价值，推动全行数据赋能。

为最大化实现数据价值，苏州银行从系统建设与优化、应用场景挖掘两大方面配套科技能力。一方面，搭建了基于数据仓库的数据可视化应用平台，通过简单的拖拉拽的形式完成数据分析，降低数据分析门槛，提升了业务人员数据应用的效率。另一方面，充分挖掘数据应用场景，涵盖客户分析、营销、渠道管理、产品、运营、监管六大方面，已研发覆盖基础类、对客经营类、管户类、风险管理类等多个数据模型，助力数字化业务经营和风险管控。

（十一）外部引智和内部造血，把一类人才抓起来

数字化归根结底是由人驱动的，数字化人才的培养是摆在我们面前一道必须解决的难题。

苏州银行首先将数字化人才细分为三类，分别是数字化领导者、数字化专业人才、数字化应用人才。针对这三类人群，分别制订了针对性的培训和培养计划。对数字化领导者，通过引入专业课程、专家专题面授等形式提升各级管理者的理念和认知水平；对数字化专业人才和应用人才，通过设计专业系列培训课程、组织实战演练等方式培养和提升实际应用能力。同时，通过外部引智和内部造血，苏州银行还以咨询项目、高校合作等方式引入外部

人才，以科技部、数据部作为数字化人才培养、输送基地，建立数字化人才专业序列，完善人才激励机制，提升内部数字化人才的培养能力。此外，苏州银行还设计了一系列专项人才能力培养计划，例如，启动 RPA 卓越中心建设，通过培训、场景挖掘竞赛、开发运营培训、开发竞赛、输出人才至人才库五大流程，培养行内 RPA 人才，引导推动 RPA 在全行广泛应用和持续运营。

（十二）多样手段和高频宣贯，把一种文化树起来

数字文化的建立非一朝一夕之功，但一旦将数字化转型内化为每个从业人员由内到外的自驱力，必将极大地推动银行数字化进程。对于中小银行来说，采用高频率、多样性、年轻化的方式进行数字文化宣贯，循序渐进地建立数字化氛围是切实可行的做法。苏州银行在数字文化宣贯方面进行了一些积极尝试，例如，编制《全"数"前进》数字化转型电子刊物，以每月一次的频率向全行通报各转型项目推进进度、展示取得的阶段性成果，定期发起专题讨论，收集业内热点新闻等。开展"数字化转型下基层"一线走访调研活动，深入每个分行宣贯数字化转型取得的进展，调研一线人员的切身感受、采集转型过程中一线的需求和问题，真正让一线人员对数字化转型有获得感、参与感。

三、"守正"与"出新"，未来中小银行数字化转型之路

2022年1月，中国银保监会发布了《关于银行业保险业数字化转型的指导意见》，该指导意见高屋建瓴地为中国银行业，尤其是中小银行指明了数字化转型的方向和路径。

对照指导意见梳理自身现状和不足，找准未来重点突破的方向，明确未

来一段时间的转型目标，制订切实可行的行动计划，是中小银行的当务之急。

大部分中小银行数字化转型往往经历三个阶段的演进，初期阶段为"数字化转型启蒙阶段"，中小银行初步具备数字化意识，开始将生产环节与资产通过系统和数据进行积累和转化。第二阶段为"全面线上化阶段"，中小银行将业务流程、交互界面等全面向线上迁移，而大部分中小银行正处于这一阶段。展望未来，随着数字化水平的提升，中小银行将基于分析与洞察驱动业务，释放数据资产的价值，实现高度的智能化与定制化，迈入"全面数据化阶段"。

在未来新形态下，"三个坚持"将影响中小银行数字化转型进程。

一是坚持贯彻全面、充分的数字化转型战略规划。中小银行在数字化转型的发力阶段，应充分认识到行内的数字化能力现状，充分了解行内各层级数字化转型痛点，识别核心落差，以支撑后期针对性的数字化转型举措设计。

在战略蓝图的绘制上，苏州银行明确以"客户体验友好、合规风控有效、数据驱动转型、特色专营突破、精准管理赋能"为五大战略制高点，并将数字化转型定位为驱动其他战略目标实现的"主轴战略"。在未来，苏州银行将坚持蓝图"一绘到底"，根据已定的战略愿景和发展目标明确重点任务、资源投入、配套机制、落实牵头人员等，确保在转型推进过程中各条线、各部门深度参与、协同配合。坚持深度结合行业领先实践，以及苏州银行自身能力与业务特色，根据重要性以及紧迫程度，筛选出核心转型任务。管理机制和协同机制也需持续根据一系列的数字化举措同步配套落地。每个项目在明确实际牵头部门的同时，在战略规划的绘制过程中持续与牵头部门开展高频、高效沟通，确保涉及部门对该任务的理解和认知与总行对齐，保证后期项目的方向清晰明确。

二是坚持落实自上而下的数字化转型组织机制。数字化转型产生价值周期长，而长期坚定不移地支持转型工作的开展，需要中小银行坚持自上而下明确和传递高管层意志，落实领导负责制，以保证理念一致、高度共识、持续投入，深刻理解数字化转型对自身业务高效增长的赋能与支撑作用。

苏州银行将维系多层级的转型推动组织，确保数字化项目的顺利开展。其中领导小组将作为舵手，负责整体资源调配、考核机制的制定、项目工作计划的调整，把控数字化转型的方向；工作小组将作为大副，负责把控项目进度、分析改进方案、解决项目建设中的困难；执行小组将作为水手，负责各数字化转型项目的预算提出以及落地实施。苏州银行将持续配套优化全行数字化转型议事机制，保证上下沟通渠道的通畅，控制跨部门跨层级的沟通成本。

三是坚持围绕实际业务产出引领转型工作。中小银行应坚持以实际业务产出为原则引领数字化转型工作，避免因资源的盲目投入而挫伤全行转型的积极性。重点从紧迫性、必要性两个维度考虑建设数字化项目的价值，拆解目标、跟踪目标达成，客观评价，总结经验教训，通过自身努力不断提升数字化水平。

深化数字化转型虽不在一朝一夕，但它更需要银行全员上下只争朝夕地持久努力。未来苏州银行将通过资源的持续投入、体制机制的持续优化、人才的持续培养，让数字化融入银行自身的发展基因，成为企业文化，朝着更智能、更精准的全面数据化阶段奋力迈进。

"来而不可失者，时也；蹈而不可失者，机也。"万物互联时代，现实与虚拟融合，中小银行唯有主动转型、拥抱变革，方能抗焦虑、强韧性，在变化的时代浪潮中制胜未来！

第16讲　中小银行持之以恒拥抱数据赋能

罗维开

一、数字时代中小银行面临的挑战

当前,数字经济已经成为构建现代经济社会体系的重要引擎,银行作为经济体系的主要参与者之一,正在加速步入数字时代。在此背景下,中小银行面临以下三个方面的挑战。

(一)大型银行依靠数字化持续下沉市场

大型银行凭借众多的营业网点布局,相较于中小银行具有更加广阔的客户覆盖范围,但这种优势在面对以小微企业、个体工商户为主的乡镇一级下沉市场时显得不那么明显。主要原因有两个:一是在乡镇区域城商行、农商行、农信社等中小银行通常具有与大型银行相匹配的网点、员工配置,甚至

作者系宁波银行副行长。

更多。二是下沉市场中的企业通常缺乏足够的抵质押品以及规范的财务报告，更多依靠银行人员实地走访收集信息以决定是否为企业授信。大型银行因为决策链条长，在业务灵活性上反而弱于中小银行。

近年来随着互联网技术的发展，使得企业原本线下的推广、销售、支付等经营活动均可在线上进行，从而留下许多反映企业真实经济活动的"数据痕迹"，这无疑给了大型银行在下沉市场进一步提升企业服务质效的大好机会。大型银行凭借其领先掌握的数字技术，充分挖掘企业"数据痕迹"背后所反映的信用状况，再结合其对行业趋势的研究，科学判断企业经营前景，据此快速为企业"量身定制"授信方案，有效解决过去决策不灵活的问题。

（二）新技术逐步改变银行传统展业模式

近年来大数据、移动互联、人工智能等新兴技术的蓬勃发展，正在悄然改变银行传统以物理网点为中心的存、贷、汇业务开展模式，突出体现在以下三个方面。

一是个性服务。过去银行在网点会将客户分为普通与VIP两类，这种简单的区分方式显然已经无法满足当下客户对于提升金融服务体验的诉求。已有越来越多的银行参照大型电商网站的做法，利用大数据技术整合与分析客户各类信息形成画像式标签。同时根据不同的标签组合，为客户拟定针对性的金融服务方案，进而提升客户对银行服务的满足度。

二是开放银行。过去银行的系统是相对封闭的，即客户想要获取金融服务，就必须访问银行指定的网站或APP。但随着近年来银行间获客竞争的加剧，不断有银行通过发布标准API、SDK、小程序等形式，将自身金融产品打包成服务嵌入商业、政务、医疗等外部伙伴的业务场景中，借机扩大金融服务的边界。

三是网络经营。随着移动互联网已成为大部分人生活中不可或缺的一部分,银行开展业务经营的场所逐步从线下扩展到网络空间。通过开通自媒体账号、打造虚拟银行员工、与其他品牌跨界营销等多种方式,越来越多的银行开始探索线上经营的"新玩法",期望抓住网络流量,吸引更多的年青一代客群。

(三)监管升级造成粗放式经营不可持续

近年来银行监管机构加大对银行的监管力度,体现在以下三个方面。

一是密集出台监管政策。2017年以来,银保监会陆续出台22项银行监管政策,内容涉及银行业务经营、风险管理、内控机制等多个方面,同时针对"三套利""四违反""四不当""十乱象"开展专项整治,遏制资金脱实向虚势头,引导银行业金融机构回归本源,服务好实体经济。

二是高度重视监管数据整体治理水平和质量控制机制。2020年以来,银保监会陆续对20多家银行就监管标准化数据(EAST)报送质量问题作出行政处罚,引导并督促银行提升数据治理能力,强化数据质量管控,切实发挥监管标准化数据在防范金融风险、提升内控水平等方面的作用。

三是深入推进银行保险机构数字化转型。2022年,银保监会印发《关于银行业保险业数字化转型的指导意见》,从顶层设计层面对银行保险机构数字化转型予以规范和指导,并明确将落实情况与信息科技监管评级挂钩,以进一步增强各机构主动转型的意愿。

严监管已成为银行业的新常态,过往中小银行一些粗放式的经营模式如果持续下去,必将付出高昂的成本代价,必须尽快做出改变。

二、数字化转型是中小银行的必答卷

为了能在激烈竞争的数字时代生存下去,甚至抓住时代新机遇获得进一步发展,中小银行必须回答好数字化转型这份时代考卷。主要原因包括以下三个方面。

(一)应对外部变化的需要

目前中小银行的外部环境正在发生深刻变化,唯有数字化转型才是应对之道。

一是始自2019年底的新冠肺炎疫情造成众多企业停工停产,中小银行由于整体规模以及经营区域较小,在业务拓展与风险管控方面受到比大型银行更深层次的冲击。另外由于防疫需要导致的人员流动限制也对中小银行以线下为主的经营模式造成较大影响。在疫情仍在反复的情况下,中小银行必须加快金融服务的数字化转型,实现线下线上融合。

二是由于市场化背景下银行存款竞争激烈,银行负债端成本不断上升。与此同时,受LPR下行以及多措并举向实体经济让利等因素影响,生息资产收益率逐步下降,严重拖累银行净息差水平。以净息差为主要收入来源的中小银行必须尽快通过数字化转型开拓其他营收渠道,减少对净息差的过度依赖。

三是在当下宏观经济增速放缓以及监管政策收紧的背景下,银行资产质量压力有所抬升。由于中小银行相较大型银行,资本净额有限且资本补充渠道较少,使得中小银行资本充足率下行趋势较大型银行更为明显,面临更大的资本充足率达标压力。在此情况下,中小银行亟须通过数字化转型提升风险管理成效,减少不良信贷资产对宝贵资本金的"侵蚀"。

（二）做好客户经营的需要

在数字时代，客户不仅能为银行带来营业收益，也能增加银行的数据积累，成为另一种形式的资源。正因如此，各家银行当下对于客户资源的竞争比过往任何时候都要激烈。中小银行原本在客户规模上就小于大型银行，更要通过数字化转型，从以下三个方面扎实做好自身经营区域内的客户经营。

一是加速业务办理。中小银行要致力于通过数字化转型尽可能加快客户各类业务的办理速度，抢先其他银行达成与客户的合作。

二是提升服务体验。中小银行要改变过去同质化的客户服务策略，要通过数字化洞察客户特征，为不同类型客户打造针对性的服务方案，有效提升服务体验。

三是增强客户黏性。中小银行要深挖客户潜力，通过数据分析与挖掘主动发现更多业务合作机会，通过加深合作增强客户对银行的黏性，降低客户流失风险。

（三）赢得发展机遇的需要

数字时代对于中小银行而言，既存在挑战，也有难得的发展机遇。若能深入践行数字化转型，中小银行凭借以下三个方面的优势，或许能取得比大型银行更加显著的转型成效。

一是组织优势。毫无疑问，银行推进数字化转型需要全行上下的共同努力，而非某几个部门能够独立完成。在这种情况下，中小银行相较大型银行，组织层级更少，管理更加扁平，决策调整更加快速，反而可以全系统地响应数字化转型的工作需要。

二是体量优势。中小银行虽然体量较小，但业务结构相较大型银行会更加简单,更容易在某些业务领域找到数字化转型的突破口,并为全面推进转型树立"近在身边"的示范案例。

三是区域优势。中小银行可以充分利用长期扎根本土经营的区域优势,在当地各类信息的收集范围、渠道、效率上领先大型银行,再通过数字化转型将信息优势进一步转化为业务营销与客户服务方面的"胜势"。

三、中小银行数字化转型面临的困难

正所谓"知易行难",目前尽管大部分中小银行都深刻认识到数字化转型是全面提升市场竞争力、确保可持续发展的必由之路,但在实践过程中却大多面临如下四个方面的困难。

(一)固有理念转变难

部分中小银行在推进数字化转型过程中,仍然固守传统思维理念,成为阻碍转型的最大障碍,体现在以下三个方面。

一是经营理念仍然滞后。一些中小银行将数字化转型简单理解为信息科技的推广应用,仅将其作为提升展业效率的一种手段,在经营模式、营销方式上仍然固守传统做法,导致数字化转型"变形"为依靠银行科技部门推动的IT类项目实施。

二是发展理念有待确立。一些中小银行将数字化转型当作解决当下所有问题的"良药",希望立竿见影取得成效,对利用数字技术打造新产品、培育新客户、打入新市场缺少耐心,未从发展的角度正确看待数字化转型的长期性。

三是文化理念较为传统。一些中小银行在企业文化上较为传统,与推进数字化转型所需的开放、共享、融合精神存在理念冲突。如果无法有效磨合，摆在这些银行面前的数字化转型道路将非常狭窄。

（二）长期投入承受难

所有银行在推进数字化转型过程中都需要在以下四个方面长期投入资源。

一是金融科技建设。金融科技是数字化转型的必备"武器"，各类信息系统的建设与更新在所难免，这些都需要银行投入大量物力人力。

二是外部数据采购。为了更好发挥数据对于银行业务与管理的提升作用，银行需要适度投入资金采购外部数据，有效弥补自身数据在维度和广度上的不足。

三是营销资源投入。随着数字化转型的深入，银行经营业务的场所已不再限于线下物理网点，还包括线上自营场景和外部引流渠道，必然需要银行进一步增加营销资源的投入。

四是专业人才培育。为长期践行数字化转型，银行不能单纯依靠外部合作伙伴，需要投入一定资源在行内培育一批精通大数据、互联网运营等方面的专业人才。

中小银行由于资金实力较弱，相较大型银行更难承受数字化转型领域的长期大量投入，更需要精打细算、找准方向，最大限度提升投入产出的成效。

（三）存量数据治理难

中小银行相较大型银行，由于数据治理起步较晚，目前在以下三个方面面临较大治理难度。

一是数据要素丰富。一些中小银行由于前期将数据录入当作驱动业务系统正常运转的一项附带工作，在信息采集上"能省则省"，导致很多数据要素未进入系统,严重影响后端数据分析的成效。又因丰富要素会涉及内部职责和业务流程的调整,使得单纯依靠在系统中增加录入字段的解决方法往往无法奏效。

二是数据质量提升。一些中小银行尚未制定企业级数据标准,使得内部各系统数据在口径、码值、长度、精度等方面不统一,无法有效互联互通,给后端数据分析造成很大清理与整合工作量。在提升数据质量过程中,又因落实数据标准通常需要信息系统配套改造,导致整体进度比较缓慢。

三是数据安全保护。一些中小银行未对数据安全引起足够重视,造成客户敏感信息泄露时有发生,严重影响到银行经营声誉。而在推进数据安全保护的过程中,又要防止对数据访问控制实施简单粗暴的"一刀切",反而对数据在内部的共享利用造成阻碍,不利于数字化转型的推进。

(四)专业人才吸引难

要做好数字化转型,资金投入是基础,专业人才引进和培养是保障。但目前缺少既懂业务又懂科技、还懂数据的复合型人才是中小银行在数字化转型过程中面临的共同问题,主要原因来自以下三个方面。

一是人才引进竞争激烈。近年来大型银行纷纷推出自身的金融科技战略,无一例外都加大了对金融科技人才的引进力度,使得整个金融行业都面临专业人才供不应求的问题。由于中小银行受制于所在区域、资产规模以及品牌影响力等因素,与大型银行在人才竞争中往往落于下风。

二是内部培养需要过程。由于数字化转型所需人才在技能要求上具有较强的复合性,在培养时间上会远多于银行其他传统岗位。同时,中小银行由于本身在金融科技基础上相对比较薄弱,在专家授课、教材资料、实践机会等培训资源方面存在先天不足,将进一步拉长数字化人才的培养时间。

三是紧缺人才存在流失。一些中小银行由于在薪酬体系和薪酬结构上与市场化机构存在较大差距，导致难得培养起来的金融科技人才出现流失，进一步加剧了数字化转型人才缺口。

四、宁波银行的数字化转型实践

宁波银行作为一家主要经营区域集中在长三角的城市商业银行，为贯彻实施"大银行做不好、小银行做不了"的经营策略，近年来坚持锻造金融科技核心竞争力，持之以恒拥抱数据赋能，在数字化转型工作中已取得一些成效。

（一）数字化转型的总体目标

为统一思路、明确方向，宁波银行于2020年正式提出全行数字化转型的总体目标是"以系统化推动商业模式创新、以数字化推动经营模式升级、以智能化推动管理模式提升"，具体内容包括以下三个方面。

一是商业模式系统化。明确"商业模式为道，金融科技为术"的理念，以商业模式创新和重塑为主要引领，金融科技研究和应用为重要支撑，以此驱动系统规划和建设的发展路径，实现金融服务的持续创新和发展。

二是经营模式数字化。以探索数字化经营模式转型为主要方向，通过营销驱动数字化、线上经营数字化、客群分析数字化等手段，推动数字化成为经营模式有力支撑，成为经营活动的有效抓手。

三是管理模式智能化。智能化是管理模式的主要抓手，要在各领域推进智能化技术的应用和实施，实现智能分析、智能投顾、智能投研、智能托管、智能风控、智能审计、智能案防等，全面提升银行经营管理效率。

（二）数字化转型的实施路径

在明确总体目标的同时，为确保数字化转型工作能够顺利推进，宁波银行同步拟定了转型实施路径，提出建设"五种能力"。

一是构建持续转型的保障力，充分应对数字化转型工作的长期性、变革性和艰巨性。

二是加强金融科技的牵引力，积极在业务领域应用大数据、云计算、RPA等新技术，加速数字化转型工作进程。

三是打造数据中台的服务力，为复杂的数字化转型工作装备强大而智慧的"数据大脑"。

四是形成数字应用的实战力，将数据之于业务的关系从"被动式登记"转变为"主动式应用"。

五是强化敏感信息的保护力，避免在数字化转型工作过程中发生敏感信息泄露、造成银行声誉受损。

（三）数字化转型的实践案例

接下来分别从上述五种能力切入，介绍宁波银行数字化转型的实践案例。

1.构建持续转型的保障力

宁波银行从以下三个方面保障数字化转型的持续推进。

一是组织保障。宁波银行已建立专门服务于数字化转型的组织机制，包含三层：（1）在统筹决策层，成立由总行行长任主任、首席信息官任副主任、总行24个一级部门负责人任委员的数字化转型战略委员会。（2）在工作执行层，总行各一级部门下设大数据中心或IT支持部，专门负责本业务领域数字化转型工作的常态化推进。（3）在跨部门协调层，组建由总行财务会计部数据管理部牵头、各部门大数据中心或IT支持部负责人参与的数字化转型工作组。

二是制度保障。为明确职责、有序实施数字化转型，宁波银行已制定相关制度体系，包含三层：（1）在战略规划层，董事会批准并发布《宁波银行2021—2023年数据战略规划》，全面阐述本行数字化转型的总体目标与三年实施规划。为紧跟形势发展，今后每三年将对战略规划进行一次修订与更新。（2）在管理制度层，陆续制定《宁波银行数据管理办法》《宁波银行数据中台管理办法》等制度，分领域明确数字化转型各项工作内容、分工与要求等。（3）在操作规范层，已制定10多套针对数据工作操作步骤与流程的规定，涵盖数据提取、统计分析、标准落实、安全保护等环节。

三是人员保障。为确保实施数字化转型有充足的人员配备，宁波银行近年来重点加强三类人员的引进与培养：（1）金融科技人员，总行金融科技部持续加大人员引进力度，近三年平均增长35%，目前已达1200多人。（2）数据工作人员，20个总行一级部门已设立专职数据部门或数据岗位，人数目前已近150人。（3）分行科技人员，16家分行均已成立分行科技部，目前已配备IT工程师250多人，确保做好数据工作落地的"最后一公里"。

2. 加强金融科技的牵引力

宁波银行从三个方面充分发挥金融科技对于数字化转型的引领作用。

一是建立技术资源管理体系。宁波银行通过"追踪—孵化—共享"的理念和机制，对本行金融科技资源进行全面管理，包含三点：（1）在追踪前沿技术上，以技术雷达紧跟行业发展趋势，对重点技术项建立三大象限和八大状态的全流程管理体系，已对70多项新兴技术进行跟踪。（2）在把控孵化引进上，以金科实验室把控入库供应商的先进性，由实验室统一评审，确保POC方案的专业性、全面性和独立性。（3）在共享本行资源上，以数字化、移动化的金科CRM为各部门查找外部合作资源提供充足的市场信息、便捷的查找工具以及多维的参考标准。

二是夯实技术中台架构底座。宁波银行通过技术沉淀、能力复用、提升研发效率，助力银行降本增效，赋能业务快速发展和规模创新。目前已布局云计算、分布式、人工智能、生物识别、LBS、区块链六大领域，包括NLP平台、OCR平台、RPA平台、开发银行平台、统一决策平台、统一认证平台、视觉反欺诈平台、预警平台、微服务基础平台、知识图谱平台、人工智能平台、智能语音平台、生物识别平台共13个技术平台，综合运用于风险控制、国际结算、管理经营等应用场景。

三是加强开放生态体系支撑。宁波银行以API开放为主要连接形式，将金融服务与平台场景生态进一步融合，持续推进开放银行建设，实现无处不在的宁波银行服务。推进策略包括三点：（1）跟谁连？主要是头部战略客户、供应商以及流量平台三类。（2）怎么连？采取API、H5、SDK和小程序四种接入方式。（3）连什么？对接宁波银行财资大管家、票据好管家、外汇金管家、政务新管家等多套专属金融产品。

3. 打造数据中台的服务力

宁波银行高度重视数据中台建设，数据中台主要由以下五个部分构成。

一是分布式数据仓库。基于业界主流的大数据开源引擎，宁波银行已上线包含近500台服务器、存储容量达2.5PB的分布式数据仓库，同时自主研发了一整套高性能数据处理、开发与运维工具，可对外提供离线批量、实时计算、数据API、洞察分析四大类服务功能，有效满足全行各类型数据使用需求。

二是企业级数据模型。为有序整合行内外源头数据，使下游数据提取、分析、挖掘等应用场景可基于统一、易懂、便捷的基础数据明细，宁波银行持续完善企业级数据模型。目前已对接上游信息系统200多套，外部数据接入渠道近百个，开发上线数据模型表600多张，字段要素超万项，内容涵盖客户、产品、账户、交易、财务等金融业常见数据主题。

三是标准化数据指标。为减少重复数据加工，宁波银行已建立统一数据指标库，满足全行经营分析、绩效考核、监管报送等领域对于数据汇总与统计的需求，目前已有指标近6000项。同时为了避免口径不清，引起误用，宁波银行为所有数据指标都配套制定了数据标准，目前已有1000多项，有效降低了数据指标的使用门槛。

四是开放式数据门户。为深入推广数据中台，宁波银行已上线数据资产门户，以"统一目录、统一展示、统一权限"为目标，向全行提供数据中台内各类数据的属性定义和使用入口。同时为进一步扩大数据资产的收集范围，门户还提供了开放式接口，各信息系统可通过该接口将自身数据清单放入门户中，持续健全全行数据字典。

五是多类型数据工具。为向全行数据工作者提供趁手"武器"，宁波银行已上线近10套数据工具类系统，按使用场景分为三类：（1）数据提取类，包括业务自主取数、数据探索系统等。（2）数据展示类，包括自助报表、统一BI系统等。（3）数据分析类，包括数据标签、人工智能系统等。

4. 形成数字应用的实战力

宁波银行近年来坚持开展大数据应用，持之以恒拥抱数据赋能，在以下三个领域取得成效。

（1）个人业务领域

考虑到个人业务客户数量众多、技术条件成熟、可借鉴案例较多，宁波银行争取在个人业务数字化转型领域率先突破，从以下三个方面分层推进。

一是基础层。宁波银行为夯实个人业务数字化转型的底层基础，持续完善个人客户数据标签体系，目前已达4000多项，涵盖基本概况、潜力价值、产品持有、渠道特征、业务往来、营销管理、关系圈子和风险评估八个类别，力求全方位精准刻画每位客户的数字"画像"。

二是产品层。宁波银行已构建四大数字化决策系统，在个人业务领域实现标准化的数据能力输出：（1）数字化营销系统，为营销活动策划、设计、执行和监控提供灵活的"拖拽式"配置，实现活动名单快速、精准投放。（2）行为分析系统，涵盖事件、漏斗、留存等八类行为分析模型，帮助业务人员掌握客户行为偏好，驱动经营决策优化。（3）用户画像系统，可视化展示客户的行为习惯、消费习惯和投资习惯等信息，让业务人员更易"看懂"客户。（4）个性化推荐系统，结合客户偏好标签为不同客户推荐他们感兴趣的产品，促进交易留存，实现以客户为中心的深度营销。

三是应用层。宁波银行已形成四大经营分析体系，持续为个人业务经营管理赋能：（1）客户来源类。深入洞察APP网周、代发工资、公私联动等不同来源渠道的客户质量和经营成效。（2）客户旅程类。从客户视角梳理核心业务和流程，掌握客户旅程的关键节点。（3）产能追踪类。从产品、客户和员工等维度，全方位对员工产能进行追踪。（4）经营成效类。定期回顾整体经营成效，探究不同因素对经营成效的影响，为策略调整提供数据支撑。

（2）对公业务领域

为在数字化领域追赶个人业务，宁波银行正在通过以下三个步骤提速对公业务数字化转型的实施进程。

一是数据标签化。以"企业信息更准确、交易对手更具体、产品合作更全面、代发代扣全掌握"为目标打造对公客户数据标签库，目前已有标签3000多项。

二是标签商机化。为使数据标签转化为业务机会，宁波银行从存量客户提升和全新客户引入两个方向建立健全对公业务商机挖掘体系，目前已上线各类商机模型100多个,覆盖对公存贷、投资银行、国际结算、票据贴现等多个对公业务领域,累计推送商机几十万条,取得显著营销成效。

三是商机平台化。在积极挖掘与落地商机的同时,宁波银行已上线统一对公商机营销平台,包括四项核心功能:(1)推送功能。商机信号自动推送给客户经理和项目经理,设定限期触达,层层推进,确保商机落地。(2)派单功能。支持商机的指派和抢单,进一步激发营销人员落地商机的积极性。(3)辅助功能。在商机建立时同步上传营销策略和话术,为营销人员落地商机提供辅助。(4)评估功能。根据商机落地率、人员打分等,定期评估商机有效性,持续优化商机规则和提升商机质效。

(3)风险管控领域

宁波银行坚持"控制风险就是减少成本"的经营理念,将守住风险底线作为最根本的经营目标,从以下四个方面构建起较为完善的智能风控体系。

一是夯实风控数据基础。宁波银行利用埋点、OCR、活体识别等技术,深入分析业务交易数据,构建起风险领域主题数据集市。根据内部数据衍生出4000多特征变量,根据征信等外部数据衍生出10000多维度的风控标签,广泛应用于风控决策、贷后预警等风控场景。

二是实现反欺诈全流程管理。宁波银行初步建成反欺诈体系在用户生命周期的全流程管理。(1)在用户注册登录阶段,对黑产攻击、伪冒盗用等进行识别。(2)在贷前申请阶段,综合评定高风险欺诈用户。(3)在贷中管理、贷后回访阶段,对信贷业务进行监控预警,对风险客户及时排查回访。

三是探索智能风控新模式。宁波银行通过智能风控体系,研发快审快贷等授信业务审批的新模式,简化申请流程,减少审批时限,实现全流程线上化、自动化、智能化改造,大幅优化客户体验。

四是构建大数据风险预警体系。宁波银行已建立以大数据风险预警平台为基础，涵盖客户风险监测、排查认定、跟踪管理等环节的风险预警体系。经过持续迭代升级，该体系可全天候、全方位监测客户风险异动，在实质出险前尽早发出预警信号，为银行化解风险提供宝贵时机。

5. 强化敏感信息的保护力

宁波银行深刻认识数据安全的重要性，一直以来坚决贯彻国家以及银行业监督管理机构对于数据安全保护的政策和要求，不断强化对本行所掌握各类敏感信息的保护，已采取四项具体措施：

一是制定制度。宁波银行已参照国家与监管要求制定《宁波银行数据安全管理办法》，对数据安全保护原则、策略以及数据在采集、传输、使用、存储、删除和销毁各环节的保护要求做出明确规定。

二是分级分类。宁波银行正在对本行数据实施分级分类，在清晰有序归类数据清单的基础上，参照法律法规或监管规定，对每类数据划定合理安全等级，为深入贯彻数据安全保护管理要求奠定基础。

三是技术管控。为采取实际行动，深入贯彻数据安全保护要求，宁波银行已对所掌握的各类敏感数据采取一系列技术管控措施，包括内外网隔离、测试环境数据脱敏、办公电脑防U盘拷贝、信息系统重要页面加水印等。

四是留痕审计。为筑牢数据安全保护的最后一道"防线"，宁波银行对于所有数据提取与使用已采取工号绑定、线上审批、操作日志等留痕措施，同时由合规审计条线不定期对全行数据安全保护执行情况开展审计。

五、宁波银行数字化转型的下步规划

尽管在数字化转型过程中已取得一些成果，但作为一家中小银行，宁波银行深知距离同业数字先进银行仍有很大差距，需要持续努力，下阶段从以下三个方面加以重点提升。

一是加强数据技术应用。宁波银行目前通过搭建技术中台，统一纳管公共、标准、可复用的技术组件，为前台业务系统提供统一服务，加快系统集成速度，降低系统建设成本。接下来，宁波银行计划进一步加快数字化技术的研发和应用速度，针对人工智能、机器学习等新兴技术，大胆探索、快速应用，满足新形势下本行业务发展的新需要。

二是完善数据资源积累。宁波银行相较大型银行，自身所掌握的数据资源在范围上不够广、维度上不够多，使得在应用大数据技术对业务营销、风险防控、合规管理等领域进行数据赋能时缺少足够要素，影响转型效果。接下来，宁波银行将持续探索完善数据资源积累的有效途径和方法，同时进一步提升数据价值深度挖掘的能力。

三是确保数据合作安全。当前，金融行业数据共享标准尚未明确，数据共享机制有待完善，可共享数据类型和数据格式缺乏统一标准。接下来，宁波银行将通过联邦学习、脱敏验证等技术手段探索与外部机构建立安全可控的数据合作机制，确保用户隐私和企业数据安全。

第17讲　农村金融机构数字化转型实践

谢文辉

以大数据、云计算、人工智能为代表的金融科技快速发展,给银行业整体服务水平和经营效率带来的全面革新,银保监会在2022年初印发了《关于银行业保险业数字化转型的指导意见》,从监管顶层进行规划和设计,让国内传统金融机构都纷纷从"科技支撑"和"科技赋能"向"全面数字化"转变。但是国内银行金融机构众多,各家银行在科技能力、服务场景、渠道布局、客户信息等方面的历史根基和发展禀赋不同,同时战略定位和路径选择也各有差异,造成了国内银行业各机构数字化转型步调不一,各有千秋。

重庆农村商业银行(以下简称"重庆农商行")在数字经济大背景下肩负着金融科技助力乡村振兴、服务普惠金融等新时代使命,从2018年开始,重庆农商行便体系化地实施数字化转型,坚持问题导向,探索出具有地方金融机构特色的"自建团队,自主风控,自有技术,自创产品"的"四自"数字

作者系重庆农村商业银行党委书记、董事长。

化转型模式，加速推进银行业务与科技的融合；并且利用数字化手段提升客户触达能力，通过"自拓客户"，推进"四自模式"向"五自模式"发展，进一步完善银行数字化转型能力版图，切实践行出一条农村金融机构的数字化转型发展路径。

一、持续优化组织架构，适配数字化发展需求

与国内大部分银行的数字化转型工作由信息科技部门或者网络金融部门牵头开展并负责推进不同，重庆农商行的数字化转型工作是从2018年以业务数字化创新为核心开始的。重庆农商行通过组织变革建立牵头数字化转型的大综合条线、建立赋能全行的能力中台、围绕能力中台配套系列价值放大机制，以能力中台向数字化产品服务赋能，形成全面的数字化业务能力。

（一）2018年全新设立金融创新部，快速展现变革效果

2018年初，重庆农商行全新设立高管层委员会——创新管理委员会、数字化业务创新牵头部门——金融创新部，创新管理委员会办公室设在金融创新部。金融创新部归口管理全行产品、技术、机制创新，对全行各业务部门创新业务行使考核权，重大创新议案须经过创新管理委员会审议后实施。金融创新部内部设置产品中心、大数据中心、开发中心3个二级部门，具备全流程产品服务创新的技术和团队能力，有充分资源牵头全行数字化业务创新，同时金融创新部定位为中台部门，与前台部门共建创新产品、通过能力中台为各部门赋能，不作为单独利润中心核算，避免了数字化业务创新与前台部门产生利益冲突，从无到有建立起完善的金融科技基础能力和完备的数字化产品体系。

在金融创新部大综合式的组织架构体系下，到2019年10月，重庆农商行

数字化业务创新取得阶段性突出成效。感知认知中台已经建成了人脸、图像、语音、语义四大平台，分析决策中台已经上线了申请反欺诈、智能数据决策平台，快速开发上线了"渝快贷""房快贷""税快贷"3款自研数字化创新"拳头"产品，数字产品信贷余额超170亿元。但金融创新部单个部门的权限、资源、能力限制了数字化业务创新进一步深化发展。

（二）2019年升级数字化统筹部门为条线，放大机制红利

2019年10月，在数字化业务创新成效凸显以后，为了放大金融创新部组织架构优势，重庆农商行全面重塑科技组织架构。成立金融科技管理委员会，在高管层将原IT战略发展委员会、创新管理委员会合并为金融科技管理委员会，统筹IT架构、系统开发、系统资源配置，统筹全行重点转型项目、产品创新等建设实施，金融科技管理委员会办公室设在金融创新部。

成立深度整合前中后台5个一级部门的金融科技中心（条线），其中保留金融创新部，定位为中台部门，负责全行创新发展战略的制定、分解和组织实施，金融科技政策和技术研究，统筹全行金融科技平台、牵头线上产品体系和大数据风控体系建设，统一对接业务部室创新类业务和产品的需求；成立应用研发中心，定位为后台部门，在金融创新部开发中心基础上，整合科技信息部部分开发团队、直销银行业务团队开发人员和现电子互联网金融部开发人员。负责具有敏捷开发和迭代需求的业务系统、线上产品、电子渠道功能研发、测试、发布；成立数据管理部，定位为后台部门，在金融创新部大数据中心基础上，整合电子互联网金融部大数据团队、现科技信息部部分数据团队。负责全行数据资产管理、数据治理和大数据平台建设及分析等工作；电子互联网金融部变更为电子银行部，定位为中台部门，将电子互联网金融部变更为电子银行部。负责全行移动金融、线上渠道的建设及运营；保

留直销银行团队，定位为前台部门，负责直销银行平台、产品的运营管理，协助申请直销银行资质牌照。

调整科技信息部职能，专注信息安全保障、基础设施和科技运维。将科技信息部开发方面的职责调整为负责全行基础平台类、公共平台类、财务及管理类系统相关开发优化工作，金融科技中心与科技信息部共同形成的银行信息科技治理体系得到持续完善，金融科技中心专注于金融科技敏捷研发，科技信息部在信息安全保障、基础设施和科技运维等方面得到进一步强化，业务连续性保障能力不断提升巩固。在组织机构层面将科技"敏态"和"稳态"职能分离，形成了真正意义上的"双速IT"架构。

（三）2022年探索设立金融科技公司，加速推进银行数字化转型

银行数字化转型不仅是科技基础平台和设施的建设和投产，也是银行经营、管理、服务等业务流程全面数字化升级迭代的过程，这个过程中离不开大量的科技资源和人力投入。虽然经过近几年的高速发展，重庆农商行具备了技术、业务、产品的自主创新能力，也形成复合型的人才梯队，但是系统建设需求多，业务端对端流程改造工作量大，造成了银行科技开发依赖外包；同时受限于技术力量和人才配备，通过采购产品或服务引入的金融科技技术在行内难以实现自主闭环控制，那数字化建设就可能成为少数场景的一锤子买卖，无法对广阔的增量场景进行迭代支持，从整体上容易失去对相关金融科技领域的长远控制。

在2022年，重庆农商行正式启动设立金融科技公司的相关工作，以形成更加完备的科技组织架构和科技管理体系，将金融科技作为全行创新"引擎"和发展动力，将科技发展和科技输出能力建设纳入全行"十四五"规划，致力于打造自主可控、智能高效、引领发展的金融科技平台。通过设立金融科

技公司，将进一步助力全行战略落地，更好实现全行信息科技发展规划，加快银行自身数字化转型步伐，同时有效符合《银行业保险业绿色金融指引》要求，有效提高信息化、集约化管理和服务水平，渐进有序减少碳足迹，实现特色化的"数字农商行"，打造农村金融机构科技创新应用领域的"示范银行"，持续提升自身行业竞争力，有效巩固全国农信系统"标杆银行"地位。此外，通过设立金融科技公司，可以有效统筹风险防控科技力量，提升风险防控能力，一方面实现对银行内部科技能力的集约化管理，全面优化银行金融科技领域的研发创新布局和人才梯队架构，完善开发、测试、运维管理体系，有效提升银行业务连续性保障水平；另一方面通过市场化手段加速引入高水平科技人才，有效降低对外包人员、服务依赖度，实现核心人员、关键技术等自主掌控，有效防止银行信息泄露，建立信息科技安全"防火墙"，有效隔离外部风险，夯实银行信息安全保障能力，在金融科技运用过程中牢牢守住风险底线。

二、统一认知行动，全面激活数字化转型效用

银行数字化转型的基础是金融科技相关技术的成熟和大规模应用，这也形成了行业中一部分人把"数字化转型"简单认作"科技赋能"的升级版本。其实两者之间有着较大差别，在"科技赋能"中，业务是"被动"接受科技的助力，而在"数字化转型"中，业务则是"主动"寻求科技来改变和升级。重庆农商行把"数字化转型"统一到业务主导，为业务服务的数字化，并从战略规划、能力平台建设、关键机制设计方面都加以落实。

（一）开展数字化转型顶层设计，统一全行认知

一是制定全面可行的数字化转型战略规划。重庆农商行在2018年启动数

字化转型工作初期就统一全行认知，作出了全行金融创新总体规划，有效加速了行内数字化转型进程；2020年，重庆农商行通过自主调研分析规划，制定了《金融科技中期战略规划》；2022年，在人民银行和银保监会发布最新的金融科技规划和数字化转型指导意见后，进一步针对监管意见，重新编制了《数字化转型规划（2022—2025年）》，确定了有效形成一个方向、两种形态、三条路径、四自模式、N个支撑的"1234N"数字化转型发展模式，打造西部金融中心最具科技活力的"数字农商行"的总目标。

二是确立以能力中台为核心、数字化业务创新为目标的实施路径。能力中台集中资源优先建设感知认知和分析决策两大金融科技关键中台，为数字化业务创新产品、服务提供支撑，再逐点建设一系列提供基础金融科技能力的平台，渗透到管理领域业务创新。能力中台建设按照能力化、平台化、场景化方式建设，能力化、平台化、场景化三套打法贯穿能力中台建设全过程。数字化业务创新目标选择按照先产品、服务，后管理的路径实施。由于管理领域牵涉利益复杂，重庆农商行数字化业务创新选择首先从产品、服务领域突破，在产品数字化业务创新上聚焦直接关系银行主营业务的信贷产品，打造数字化贷款产品，做大银行信贷余额。

三是建设完备的数字化业务创新制度体系。以科技研发、数据管理为基础，数字产品、数字风控、数字渠道运营为核心，建设了数字化业务创新制度体系。

（二）体系化建设能力中台，全面支撑业务发展

一是建设感知认知中台，满足银行任意感知认知场景能力需求。重庆农商行统筹业务部门相关场景的感知认知需求，整体性提出了建设全行级"智能化感知认知中台"目标，体系化搭建起图像、人脸、语音、语义、知识库、

视频、机器人流程自动化七大智能化平台,定义了21项标准化感知认知能力,21项能力几乎涵盖了银行业金融机构对所有感知认知能力的需求。采用SOA面向服务的架构,核心能力服务表现为通用接口形式,能快速赋能各外围业务系统、渠道、应用场景。在金融科技平台建设同时,一并推进多个场景建设,并规划几十个未来落地场景,保证平台具有较强可拓展性。

二是打造分析决策能力中台,支持全流程信贷风险控制。在基础数据处理层,通过大数据平台、三方数据平台、数据资产平台和数据分析平台,完成采集、清洗、存储、加工、分析等基础数据处理功能;在数据应用层,搭建四个信贷风控数字化平台,支持从客户准入到贷后处置的闭环,反欺诈平台搭建行内风控知识图谱,阻断欺诈风险事件,智能决策平台,以自主模型为基础,实现模型自动化审批,改变传统人工授信方式,日均决策10万笔,贷后监测管理系统,对信贷资金流向和用途的自动化有效监测,减少银行贷后核验的人力投入,在线仲裁系统,在信贷全流程电子证据保存的基础上,在线仲裁,通过法律手段进行贷后处置。

三是开放银行平台赋能外部机构数字化业务创新。开放银行平台依托API技术实现内部与外部互联,重庆农商行通过开放银行面向政务服务机构输出感知认知等金融科技基础能力,面向银行同业机构输出产品及风控能力,赋能外部机构开展数字化业务创新,截至目前,对外开放接口87个,已与重庆市公积金中心开展合作,输出重庆方言识别能力,助力公积金中心智慧服务大厅建设,让自助机具听得懂方言土语,正在推进与中小银行的产品输出合作。

(三)围绕能力中台,配套系列关键机制

1.项目实施"五步走"分工协作机制。采用"预研—初建—试点—推广—迭代"五步走模式,厘清部门职责和权利边界,推进产品、平台建设。预研是指项目正式建设前的技术选型和方案研究、初建是指基础平台或者产品建设、试点是指在个别场景进行可用性验证、推广是指在行内大规模推广应用、迭代是指功能优化或升级。金融科技中心负责预研、初建和试点，业务部门负责推广，在个别场景试点成功后，金融科技中心"交棒"业务部门，由业务部门负责全行场景推广，释放金融科技中心人力投入其他产品、平台建设，推广应用后金融科技中心和业务部门分别从技术和业务角度发起迭代。

2.建立全行数字化转型共识。各家银行在治理层和决策层都建立了数字化转型共识，但数字化转型最终有赖于各个部门和机构实施，在部门级层次，数字化转型往往只是牵头部门"剃头挑子一头热"。重庆农商行对内重价值，关注部门间共同利益"拉统一战线"，对外扩大影响力让"鸡蛋壳从外部敲破"，建立部门级数字化转型共识。

在内部通过对业务部门赋能"拉统一战线"。优先在产品、服务领域突破，与前台业务部门共建数字化产品。数字产品关系前台业务部门考核绩效，与数字化转型牵头部门形成共同利益，与中后台部门共建数字化服务，提升网点、柜面、集中授权工作效率，符合相关部门利益，在成效凸显后渗透到难度最大的管理领域。

从外部采用"鸡蛋壳从外部敲破"的思路，推动数字化转型经验、做法、具体项目先从外部获得认可，如"面向感知认知能力的银行智能化数字平台"获得2020年国务院国资委数字化转型典型案例全国30个优秀案例之一，有效提升了全行各级领导干部和员工对数字化转型的认同感，对于项目推动发挥了有利作用。从考核、绩效管理维度建立数字化激励机制，如对于行内数字化转型项目获得政府机构等外部资金奖励，按照奖励金额的一定比例，从行内拿出资金奖励到项目参与个人，对于行内获得发明专利授权的主要发明人，参与国家、行业、团体标准制定的主要起草工作人员，按照每件发明专利、每项标准给予现金奖励,提升员工参与数字化建设的积极性、主动性。

3.人工智能技术自主闭环管理。私有化部署感知认知平台及训练引擎,统筹业务、技术、标注团队自主开展本地化标注训练,围绕人工智能技术核心领域开展应用级技术创新,实现人工智能技术"标注—训练—发布—调优"的自主闭环管理。一是私有化部署感知认知平台及训练引擎,感知认知七大平台均实现本地部署,同步引进标注训练平台。二是自主开展本地化标注训练,金融科技技术PO统筹业务、技术、标注团队,开展本地化标注训练。其中,重庆农商行金融科技中心与运营管理部共同建立"人工智能统一标注"模式,金融科技中心通过建设标注平台、提供标准化标注工具,使得标注任务可以统一分配,标注工作量可精确统计到人,取得运行管理部支持,建立了一支能够承接全行人工智能标注工作的团队,"战时为兵、闲时务农",在集中运营工作闲时从事标注工作,目前标注团队已经承接了全行语音、语义、图像、数据标注工作。三是自主开展应用级调优,围绕人工智能技术核心领域开展应用级技术创新,如图像双平台GPU智能调度、小模型复用及增量训练、ASR混合自适应模型、重庆话声学泛化、双录自动质检、多轮对话状态机构建优化、知识库领域的自动知识构建、视频/人脸全渠道支持及硬件复用、RPA脚本组件复用体系等,相关技术已有16项发明专利在实审中,其中语音/语义/知识库平台7项,图像平台7项,人脸平台1项,RPA平台1项。

(四)建立保障措施,确保数字化转型稳步推进

一是打造全功能数字化人才队伍。在科技人才招聘上,赋予金融科技中心充分的招聘权,招聘人数、薪酬"双不封顶",数字化人才引进实行市场化薪酬制度,参考互联网行业薪酬水平,以招录人员工作履历、教育背景为依据,应聘人员可与人力资源部门议定薪酬,提供在重庆市内具有竞争力的薪

资水平，以技术序列为例，部门技术总监薪酬高于管理序列总经理、副总经理，对外引入的金融创新技术总监薪酬数倍于行长、董事长，处于全行最高水平。在科技人才培养上，一方面"不拘一格"对内选拔优秀人才，另一方面开展形式多样的学习培训，建立起涵盖研发、数据、风控、产品、运营在内的全功能数字化人才团队，截至目前，全行金融科技人员近500人。

二是全面实施金融标准化战略，平衡创新和风险。一方面通过金融标准指导智能中台建设，另一方面在数字化业务创新过程中建设标准，成为首批入选全国金融标准化技术委员会观察员单位的地方性银行机构。截至目前，累计参与JR/T 0199-2020《金融科技创新安全通用规范》、JR/T 0200-2020《金融科技创新风险监控规范》、JR/T 0198-2020《金融科技创新应用测试规范》等6项金融行业标准制定，参与13项团体标准制定，其中6项已发布，主导或联合牵头《银行业便民服务 方言智能服务 技术要求》《银行业便民服务 音视频应用 技术要求》《应用开发安全设计 技术要求》等团体标准制定；完成9项企业标准制定。《网上银行服务质量规范》《移动金融客户端管理规范》《商业银行应用程序接口服务》三项企业标准入围2021年企业标准"领跑者"名单。

三是保障科技资金充裕和关键领域研发投入。重庆农商行制订金融科技投入增长计划，年度预算优先保障科技资金充裕，重点要求金融科技创新类研发投入保持逐年增加，增速不低于20%。

三、创新产品服务，充分发挥数字化转型价值

重庆农商行坚持服务实体本职，坚持"支农支小"宗旨，支持了重庆28%的涉农贷款、25%的普惠小微贷款。通过数字化转型全面提升银行数字

化经营能力，让金融产品、服务与科技深度融合，全面提升重庆农商行服务"三农"、小微等实体经济的覆盖度和便捷性，提升"三农"、小微等市场主体的金融获得感。特别是在传统乡村网点智能化改造、特色支农支小产品数字化改造等方面，充分利用科技创新手段全面提升农村金融机构服务三农、服务县域的能力，为农村金融机构探索更多可复制可推广的经验，进一步提升服务乡村振兴等重大战略的质效。

（一）数字风控自主闭环控制，形成全流程信贷风控能力

结合互联网发展趋势重塑数字风控体系，配置反欺诈、决策、贷后、模型策略等数字风控关键团队，反欺诈团队、数据决策团队、贷后管理团队负责贷前、贷中、贷后管理，模型策略团队通过基础模型开发、策略研究为三个团队提供支持，四个团队相互配合实现自主风控能力有效覆盖数字信贷业务全生命周期管理。

一是实现全链路欺诈风险防控。事前通过数据采集和埋点收集用户侧信息，通过行为分析形成规则来限定准入门槛，防止风险事件的发生；事中准实时的短信监控以及节假日人工排班的方式，检测风险事件的出现，并做相应的风险处置；事后分析回馈，基于长周期的离线数据分析，提炼用户侧、设备侧、业务侧等各种风险特征，并作为案件线索提供给人工进行排查，最后反哺事前和事中的风险防控。

二是构建数字化信贷决策体系。完成信用类、抵押类、按揭类、质押类、担保类等产品的风控策略开发及迭代，基本完成了对自营产品的全部线上化策略的覆盖；上线差异化利率，解决目前线上化贷款产品仅能统一定价或采用线下定价方式的问题，提升优质客户支用率和贷款产品的利润空间。

三是建立线上线下融合贷后管理模式。建设上线大数据贷后预警系统，

实现了多维度数据源核心风险监测和自动化预警，同时能够快速引导客户经理及时跟进风险处置，提高贷后检查的针对性，有效解决传统贷后"任务重、成本高、效果差、流于形式"的弊病，推动传统贷后管理模式由"人工全面管理"向"系统全面监测+人工针对性管理"相结合的综合管理模式转变；上线智能催收（ICS）系统，系统覆盖客户占比达到全行贷款客户的61%，有效提高M1逾期催回率；在线仲裁有序推进，仅"渝快贷"已经完成存证40余万笔。

四是模型策略赋能。搭建大数据风控模型体系，初步完成从营销到风险信贷全流程的风险模型搭建，模型所涉及维度跨越个人征信、企业征信、企业纳税信息、银行卡流水、运营商行为、跨行交易行为六大维度，强有力支持信贷产品对客户的风险定量评级和风险定价。

（二）建立产品研发敏捷机制，大幅提升上线迭代效率

重庆农商行建立包括小微、个人等跨部门产品研发敏捷小组，负责各条线数字创新产品敏捷研发，确保产品持续优化，有效平衡效率与质量的关系。小组整合产品经理（PO）、业务人员、研发人员，金融创新部产品经理和产品对应业务部门人员组成业务管理组，对产品研发整体负责，金融创新部项目经理负责项目管理，应用研发中心技术人员负责具体开发工作，风控、数据、渠道等专业技术将以资源池的形式为产品小组提供专业技能服务，支持产品的创新设计、迭代优化和运营。在产品化团队模式下，团队的沟通将变成面对面交流，共同承接业务目标、制定迭代目标、迭代任务跟踪以及交付验证，齐心协力为业务的目标而努力。通过产品小组专属资源的分配，将确保业务部门高优先级需求在第一时间获得响应和最快速度交付。

（三）形成完备的数字创新产品体系，快速成为全行经营支柱

目前已经上线13款自营产品，包括渝快贷、渝悦贷、税快贷、房快贷、房快借、捷房贷（一手房）、捷房贷（二手房）、渝快乡村贷、渝快振兴贷、渝快车位贷、票快贴、质押贷、线上创业担保贷。建立了涵盖个人经营消费和小微信用、抵质押、票据贴现等形态的完整产品体系。

如线上线下融合的房屋抵押贷款产品"房快贷"，具有贷款流程线上化、房屋估值自动化、贷款审批自动化、贷款资料无纸化等创新点，实现了房产线上评估、授信线上审批、款项线上支用，发挥重庆农商行"人多面广"的优势，依据第三方评估机构的价值评估，同时充分结合银行客户经理的现场调查情况，对每笔交易的房产进行单独定价。在房产估值的基础上运用多维度数据及量化模型进行数据分析和综合风险评判，实现精准授信，将银行传统抵押贷款业务近1个月受理耗时大幅缩短为3天，为客户个人经营和消费抵押贷款需求提供极大便利。截至目前，"房快贷"余额近300亿元，不良率为0.43%，为低风险条件下的贷款余额增长提供了强劲动力。"渝快贷"是我行首款自主研发数据决策的全线上信用消费贷款产品，通过手机银行操作，实现"秒批秒贷"，极大方便了客户的授信用信业务体验；"渝悦贷"采用联合建模、多方安全学习等领先的数据共享建模技术开展外部数据合作，极大地拓展了银行服务场景；"线上创业担保贷"将传统政策性贷款产品直接改造为线上贷款产品，以数字化风控能力与流程赋能再造传统线下产品，探索了传统产品线上化改造路径。

（四）全面升级数字化创新服务，打造适农适老的经营特色

在传统金融服务基础上，应用数字技术手段，创新金融服务形式，打造

非接触式银行服务和触客模式的"空中银行",面向"数字鸿沟"人群提供全渠道全场景方言语音服务的"方言银行",替代简单重复劳动、提升银行运营效率的"数字员工",提供轻量化触客方式的"微银行",面向小微客户提供便捷化线上开户服务的"渝账通"等数字化创新服务。

如"方言银行"应用语音、语义、知识库平台能力,针对各平台相关技术点逐个进行优化,实现了四个目标:一是"听得懂",单独或混合使用普通话、重庆话,带重庆话口音的"川普",各区县重庆话,对人对话、环境嘈杂等复杂场景都能准确识别;二是"讲得清",能够合成方言、普通话的男女声,并且语速语气自然,提供浑厚、轻柔等多种音色选择;三是"答得准",能实现单轮、多轮对话,通过反问引导、兜底问答理解客户意图,智能推荐产品服务;四是"场景全",面向内外部用户,在网点、APP、电话等渠道提供各类方言语音服务,覆盖方言智能导航、智能填单、对话机器人、员工智能辅助、智能呼叫等共九大类几十种应用场景。"空中银行"在视频、语音、语义、知识库平台支撑下,全域出击,升级银行网点、便民金融服务点、移动银行服务三级触客体系,结合集中运营模式,赋能本行和民生服务延伸,完善基层乡村普惠金融基础设施,不论是在智能柜台,还是线上渠道端,通过远程双向视频呼叫"云柜员",即可体验"临柜式"综合服务,可支持24小时高清视频,不仅能随时进行客服咨询,还能在各个渠道根据业务属性匹配"云柜员"直接办理业务,让智慧金融可观、可听、可感知,为使用智能技术困难的农村及中老年人群提供全方位服务,化解"数字鸿沟"困境,真正实现金融服务"零距离"。

(五)数字化转型取得良好效果,各项能力全面提升

一是数字化创新产品支撑全行业绩快速增长。截至2021年底,重庆农商

行已研发投产10余款自研数字产品,全行线上信贷余额超千亿元,占全行零售贷款比例超过1/3,2021年新增余额占比超2/3,其中自主风控的产品质量远优于行业平均水平。

二是数字化创新服务促进降本增效和提升客户体验。数字服务通过硬件复用、减少人力支出节约成本超1.5亿元;通过适农适老便民化服务提升客户体验,如"方言银行"为"银发"客群提供便捷金融服务,"空中银行"面向自助服务使用困难人群提供"面对面"人工服务。

三是锻造出系统化数字化经营核心能力。重庆农商行数字化转型实施过程中,通过组织、机制、文化、团队的全面变革,形成以能力中台为引领的农商行特色数字化管理模式,为数字化领域长远发展积累了宝贵财富,推动银行数字化转型向纵深发展。

四是数字化转型阶段成果获得认可。"区域性银行以能力中台引领的数字化业务创新管理"获评第二十八届全国企业管理现代化创新成果"一等奖";"面向感知认知能力的银行智能数字化平台"入选国务院国资委2020年国有企业数字化转型案例的"优秀案例",被列为国务院国资委管理提升"标杆项目";该项目同时荣获中国人民银行"2020年度金融科技发展奖"三等奖。

四、"四自模式"向"五自模式"升级,数字化转型一直在路上

银行传统经营模式主要依靠营业网点和客户经理进行线下客群拓展,即使通过数字化转型,推出了线上化的产品和服务,仍然依赖客户经理点对点向客户推介,未建立起线上、线下全场景的数字化运营模式;而受限

于规模效益，一些中小银行把助贷、联合贷当作技术外包和数字化转型目标，并且个别银行因为大量发展这类业务获得了短期业绩，且形成了一定程度的路径依赖，数字化转型陷入新的困局。重庆农商行深刻认识到银行业务特点，从客户视角出发把银行的业务作为一个完整的服务过程，而不是一手交货一手交钱的交割买卖进行持续优化，通过组建数字化运营团队，构建涵盖数字化产品和客户全生命周期的数字化运营体系，搭建数字化产品营销闭环，实现"自拓客户"，推进"四自模式"向"五自模式"延伸。

（一）搭建数字化运营分析平台，多触点感知客户

通过运营分析平台获取手机银行、微银行等多渠道客户埋点数据，结合信贷系统业务结果数据，实现客户全流程业务办理的数据分析闭环。平台接入短信营销平台和微信公众号营销通知功能，可实现基于客户分析的人群圈选再触发自动营销活动的智能化营销闭环，为数字化信贷产品运营提供了基础的系统支撑能力。平台结合H5通用留资配置工具，对接线上线下流量渠道进行数字化场景获客，有效地评估各引流获客渠道的转换效果，进一步优化了外部场景流量渠道引流获客的投入产出比。

（二）开展线上渠道获客运营，持续优化客户体验

建立贷款顾问服务机制，在客户办贷旅程中利用智能化分流工具、客户需求洞察工具、贷款专线座席和分支行专职对接机构及人员，主动关注前端获客和触客，并解决客户办贷流程中各个节点的问题，初筛客户贷款办理资质、进行业务办理指导、对漏损客户进行打捞和挽留，最大化地将贷款需求客户进行转换。并在自营渠道之外，与十余家线上平台开展合作，扩大重庆

农商行在公域流量渠道的获客能力。

（三）精耕线下客户运营，发挥传统网点禀赋优势

建立乡村振兴金融服务平台，将数字化服务触角延伸到农村"白户"。将重庆农商行长期积累的线下三农信贷工作经验标准化为农户信用评级模型，通过工作软件、移动工作设备等工具开展标准化农户调查评级，建立农户基础信用信息数据库，为农户提供数字化信贷服务。

（四）发挥隐私计算优势，拓展外部客户来源

建成多方安全计算平台，在不交换明细数据的情况下，开展联合建模，与外部机构合作，拓展客群范围。基于多方安全计算技术，上线直销型产品"愉悦贷"，以外部渠道线上获客为主要途径，客户申请数量和规模持续增长。

下一步，重庆农商行将继续大力实施"零售立行、科技兴行、人才强行"的发展战略，加快金融国企数字化转型步伐，将数字化转型作为地方银行创新发展的推动力和"新引擎"，加速本地银行在金融科技能力建设、研究储备和创新应用，推动金融服务提档升级，实现特色化的"数字农商行"，同时为高质量打造西部金融中心贡献农商行的力量。

第18讲　区域商业银行数字化转型的思考与实践

李保旭

近年来，金融改革不断深化，金融创新不断提速，金融业需求侧和供给侧都发生了深刻的变化。在需求侧，客户群体日趋多元化，对服务便捷化、产品个性化、客户体验极致化的要求越来越高。在供给侧，金融机构贯彻落实新发展理念，回归金融本源，以服务实体经济、服务人民生活为本，坚持以市场需求为导向，积极开发个性化、差异化、定制化的金融产品，使金融产品不断多元化。与此同时，以移动互联网、大数据、人工智能、云计算为代表的金融科技迅猛发展，已成为银行业快速响应市场变化、提高金融产品质量、优化服务品质的重要支撑，对银行业的赋能效应更加凸显，对银行业务的影响更趋深入。银行业紧跟时代发展趋势，加大投入，积极推动金融与科技的融合，加速推进数字化转型，以适应金融业供需侧深刻的变化。2020年全年，银行机构信息科技资金总投入为2078亿元，同比增长20%。其中，

作者系北京农商行副行长。

大型银行的金融科技投入已达百亿元级别，工商银行、建设银行首次超过200亿元，招商银行首次突破100亿元，达到120亿元。工农中建交科技投入已占营业收入的2%以上，招商银行更是占到4.1%。大型商业银行以其雄厚的资金、人才和科技实力，在数字化转型中处于前列，在诸多领域处于领先地位。

与全国性大型商业银行相比，区域性中小银行在资金、人才、科技能力等方面均处于劣势，面对激烈的竞争形势，如何进行数字化转型，是中小银行需要面对的重要课题。北京农商银行作为北京地区服务"三农"的主力军，始终坚持科技立行战略，持续加大科技投入，努力把握数字时代的新特征，稳步推进数字化转型。我们认识到，数字化转型是一个逐步完善、持续优化的过程，是一个从简单到复杂、从局部到全局、从量变到质变的过程。数字化转型不可能一蹴而就，需要全行上下"咬定青山不放松，脚踏实地加油干"。在数字化转型过程中，我们注重结合业务发展需求，制定转型发展战略和建设重点，切实将有限的资源投入业务发展的关键领域，以数字化转型促进业务发展，以业务发展带动数字化转型。我们确立了"建设生态圈银行、重塑主营业务流程、提升IT能力与数据分析能力"的数字化转型目标，按照"夯实数字化基础、强化数字化应用、提升数字化服务能力"的思路，以建设新一代核心银行系统为抓手，全力推进业务和信息系统企业级架构建设，加快推进基础设施云化、业务线上化、网点智能化、会计运营节约化建设，逐渐探索符合自身特色的数字化转型之路。

一、打造新一代核心银行系统

为紧跟金融行业发展趋势，适应未来数字化管理、数字化经营、数字化监管的需要，我行决定建设新一代核心银行系统，实现核心银行系统的重构，以更好地支持我行数字化转型要求。2016年，我行开始新一代核心银行系统建设的准备工作，上线了ECIF、总账、产品管理等六大新核心外围基础业务平台，完成老核心银行系统功能剥离。2019年9月启动新一代核心银行系统建设，着力打造业务功能完备、技术先进、具备前瞻性的新一代核心银行系统。历时21个月，2021年7月23日，新一代核心银行系统和新柜面系统等116个系统一次性同步投产、切换，成功上线运行。上线后，系统运行平稳，有效支撑了业务开展，经受住了"双十一"等特殊业务时点大业务量的考验。

通过新一代核心银行系统建设，我行实现了企业级业务架构重塑、优化提升了IT基础运行体系、探索建立了以结构化需求分析模式为核心的系统开发管理新模式。新一代核心银行系统为我行实施数字化转型奠定了坚实的基础，铸造了我行高质量发展的新引擎。

（一）以客户为中心，构建业务驱动、层次合理、面向服务、功能完备、响应快速的企业级核心银行业务体系

我行新核心银行项目建设，不是简单的业务功能平移，而是以客户为中心，通过行业先进理念与本行实际业务情况相结合，以解决业务难点、堵点问题为突破点，完成企业级业务架构体系重塑，实现更优质的客户体验、更快速的产品创新、更精准的客户营销、更高效的业务运营、更准确的数据分析、更科学的风险管控。

1.实现企业级业务架构重构，铸就快速创新、集中管控、精细管理的业务能力

基于企业级业务架构开展顶层设计，优化账户体系，实现交易与核算分离，完成产品、费用、利率三大工厂和统一产品、统一费用、统一签约等"十个统一"，为全行提供产品业务全景视图，驱动业务创新。

一是本外币一体的账户管理，支持账户统一管理和精细化账户核算，实现自由组合的账户体系，契合不同客户分账管理、行业应用、多样化结算的需求。

二是企业级产品工厂，对全行600余个可售产品进行了梳理，实现了产品审批、产品目录维护、产品发布、产品应用、产品评估与管理全生命周期的系统管理。产品发布实现了配置化、参数化，有力支持敏捷、高效的产品创新。

三是企业级费用工厂，对全行500余个收费项目，100余个付费项目进行了梳理，实现全行级费用视图；用费用代码取代科目，和客户主体共同形成与费用的强关联；实现费用既可以关联产品，也可以关联服务；提供收费试算、统一费用记账、全行统一收费管理，为管理会计分析提供强有力数据支撑；支持联动收费处理、单独收费入账处理和多种收费模式费用处理需求。

四是企业级利率工厂，实现了根据账户存期、金额、开户渠道、开户机构、开户凭证、浮动方式、优惠方式等客户化要素确定账户利率以及计息方式。

2. 重构柜面服务流程，搭建全新对客信息服务平台，实现对客服务换档升级

深刻洞察客户需求，为客户提供"想你所想"的场景化、情景化服务。一是统一服务视图，实现客户营销、身份识别、统一视图入口，将原柜面系统的近2000只交易整合压缩到700余只。二是面向客户体验的凭证整合与柜面无纸化。将现行9种存折整合形成"本外币活期一本通存折"和"本外币定期一本通存折"两大类，取消纸质填单凭证53种；通过柜外清设备，实现无纸化信息交互及电子签名；实现业务档案、回单查询调阅电子化。三是进一步提升集约化运营水平。大幅压降日终凭证清点归集；完成后台集中作业平台重构，实现后督系统与远程授权系统的整合，后督作业效率、节约化水平和监测能力显著提升。

3. 规范数据信息采集，显著提升经营决策和风险管控水平

统一规范全行数据标准，推动业务数据标准化，确保数据实体和属性的唯一性。严格信息采集要求，有效解决交易对手信息采集不全面的问题。提高管控效率、减少管控差错，实现管控信息集中管理，降低操作风险。

（二）进一步深化功能服务化、管理精细化、架构组件化的IT体系建设，建立弹性扩展高可用基础IT设施

一是建立统一、共享的应用服务体系。在新一代核心银行系统建设过程中，大力推进应用服务网关服务治理和应用服务化改造规模，落实应用服务的封装、注册、发布，实现各系统、各服务板块的透明联动，数据、服务和开发资源的充分共享，服务标准统一，为各渠道提供统一的服务体验，提升对全渠道服务的支持能力。

二是打造稳健高效、灵活安全的技术服务平台。通过稳健高效的通信服务、参数化原子交易调度设计、完善的7×24小时服务机制、灵活高效的报文体系、多样化的联机服务机制、实时消息法制机制和高效的批量服务模型，进一步深化功能服务化、管理精细化、架构组件化的IT体系，为业务创新发展提供有力支撑。

三是建立弹性扩展高可用基础软硬件设施。新一代核心银行系统建设，实现应用系统从小型机向X86平台的下移；加大推进信息系统云化建设，开发、测试全部使用云平台。基于我行两地三中心的架构下，依托于万兆网络基础设施的搭建，采用两地双活，异地灾备的模式部署，联机应用同城双中心集群部署，依靠gateway网关实现读写分离，打造了一套高性能、高可用、可扩展的基础软硬件设施。

（三）建立业务架构引领、需求驱动、测试保障的系统开发管理新模式，实现敏捷、高效的IT响应能力

1. 以结构化需求资产为抓手，建立我行业务架构和数字化资产库

在新一代核心银行系统建设过程中，业务需求的编写模式发生根本改变。我行建立全行需求统一管理规范，以可复用、可量化、可追踪为目标，从业务视角出发，对需求进行结构化管理，形成了五大层级、逐级细化的结构化需求资产库及我行整体业务架构，构建起全行需求资产库。通过结构化需求建设工作，可以更加快速、完整地实现业务产品的变更和系统功能改造，为系统高质高效建设奠定坚实基础。

在新一代核心银行系统建设成果的基础上，我行还将继续优化结构化需求资产管理方法，丰富需求资产库内容，补充完善更多维度信息，并建立更新机制，确保信息持续保鲜，为业务部门提供全局的、可量化、多维度的业务知识网络，帮助业务部门穿透部门间信息壁垒，为业务决策、产品创新提供有效支撑。

2. 通过结构化需求分析模式重塑需求+测试的IT管理流程

新一代核心银行系统建设完成后，我行将继续运用并不断扩大结构化需求分析方法的应用范围，重塑需求分析工作流程，通过业务、技术在需求设计阶段加强的融合，逐步将业务科技融合思维、业务建模思维渗透至全行上下，实现业务快速建模，进而提升需求形成效率和质量，用需求的有序，带动开发、测试的有序和高效。

推动"业务+测试"的新体系落地应用，流程上实现从业务需求到测试的闭环管理，用技术手段确保需求与测试案例的连接，实现业务测试功能全覆盖，提高科技建设效率和质量，满足数字化转型的需要。调整组织架构，将

原有的测试团队与需求团队整合，通过加强完善需求、开发、测试三者间的衔接，建立科学有效的考核机制，确保需求分析完整、准确；开发版本规范、高效、及时满足业务要求；测试全面、充分、可靠；系统投产后安全、稳定运行。通过把控科技项目需求和测试这"一头一尾"，有效提升整体IT服务能力。

二、打造行业领先的节约化会计运营平台

我行充分利用OCR识别、自动验印、机器学习等先进信息科技手段对会计运营平台进行数字化改造。按照"专业化经营、系统化管理、集约化控制"的工作思路，通过集中清算核算、票据集中提入、远程集中授权、集中后督、参数集中、前后台分离、反洗钱集中、账户集中等八大会计集约化管理项目，实现了前台业务受理、中台处理、后台集中风险防控的新模式，彻底改变了柜面业务手工处理为主的状况，前台服务效率大幅提升，后台风险防控能力和作业标准化程度显著提高。在新核心银行项目中，我行又进一步优化流程，将远程集中授权和前后台业务进行整合，节约化运行水平进一步提升。全行会计集约化处理平台建立后，在业务量增加的情况下，柜员数量由4000余人压降至2400余人，每年节省人力成本约3.42亿元，节省业务运营成本约1636万元，取得了突出的经济效益，会计运营集约化达到同业先进水平。

在会计节约化运营中，我们注重应用数字化技术解决难点、痛点问题，实施了多个数字化创新项目。前后台分离、票据集中提入、基于机器学习技术的大数据现金管理模型是其中具有代表性的项目。

（一）前后台分离

在传统的柜员业务流程下，柜员受理业务后，要依靠自己的业务知识，判断凭证真伪、要素是否齐全，完成信息录入、手工发起交易、打印回单等操作，网点还需要本地授权人员和事后监督人员，完成风险控制工作。在这种模式下，存在客户需要全程等待，等待时间长；柜面工作量大、占用人力多；操作流程不统一；风控难等问题。

为解决传统业务流程的问题，我行启动了前后台分离业务工作。前后台分离简化柜面操作，前台柜员只负责接单，将相关凭证影像提交系统，由后台实现合规性检查和各要素信息补录，验印等工作由系统自动完成。通过远程集中授权系统和事后监督与凭证影像管理系统，将原来柜面手工处理的工作，集中到后台统一处理。待各审核环节符合记账要求后，系统自动推送核心执行记账操作。

前后台分离实施后，业务实施了异步处理，柜员受理客户业务，系统生成受理回单，告知客户该笔业务已受理，正在处理中，柜员可利用客户等待时间营销我行产品，客户也可选择受理后离开，待下次办理业务时在自助回单机上打印记账凭证。在前后台分离模式下，客户业务办理时间大幅缩减，客户平均等候时间减少近70%。同时，由于前台工作量的减少，系统自动化水平的提升，柜面的工作压力得到有效释放，目前我行网点的关门时间压缩到了15分钟之内，在同业中处于较高的水平。

（二）票据集中提入

传统的票据提入业务采用分散提入处理模式，会计核算实行分级管理，票据交换从人行清算中心提出后，逐级传递至各个营业网点，由各个网点人工校验真伪后发起记账交易。这种模式存在人力资源占用大，自动化水平低，风控难等问题。实施票据提入业务集中后，人行清算中心直接将票据传递至后台业务处理监督中心通过集中作业处理。该系统整合了OCR识别、自动验印、影像切片及版面识别技术、工作流等多种信息科技手段，采用人机并行的业务处理流程，票据采取切片形式分发至不同操作员，并按规定流程在各环节流转，票据处理呈流水线式，以"机控"代替"人控"最大限度控制风险，最大限度减少人工操作，显著提升业务风险控制能力和处理效率。采用该系统，全行参与票据提入处理的人员由170余人压缩至30余人，日人均处理业务峰值可达1000笔，业务处理能力已处于同业领先水平。

（三）基于机器学习技术的大数据现金管理模型

我行是北京唯一一家金融服务覆盖全市所有182个乡镇的金融机构，现金服务点广、使用量大，是北京现金投放量的大行。为解决传统人工现金管理面临的效率低、准确率差、现金库存占用较多等问题，我们探索运用大数据、机器学习等先进技术建立预测模型，自动生成加钞策略，实现现金资源的智能化精准配置，科学合理压降现金库存，有效提升了我行现金服务水平。2019年1季度模型线上后，自助设备台均库存备付较运行前压降30.97%；网点平均现金备付较运行前压降29.46%；整体节约3亿元左右的无息资金库存占用。

三、打造线上线下协同发展的金融服务网络

北京农商银行坚持线上线下一体化发展，打造全天候立体化服务网络。一方面开展移动银行建设，通过数字化技术应用提升客户体验、简化业务流

程、强化风控能力，助力客户足不出户完成业务办理；另一方面积极布局轻型金融服务网络，实施网点智能化改造，创新乡村便利店、金融便利店、社区便利店等轻型服务渠道，打造智慧远程银行中心，全力推动金融服务便捷化、均等化。

（一）构建安全便捷、建立完备的线上服务体系

北京农商银行通过网上银行、直销银行、手机银行、微信银行、快捷支付五大核心平台建设，打造掌上金融服务中心，建立完备的线上服务体系，推动业务线上化，线上渠道受理的交易量占比已超过了95%。除金融功能外，移动平台还搭建了乡村游、社区服务、民政、教育等诸多业务场景，推动业务综合化发展，构建综合服务生态圈。截至目前，我行拥有网上银行客户数395万，手机银行客户数427万，微信银行绑卡客户数309万。2020年，快捷支付2亿2541万笔，金额824亿元。

我行的新一代个人手机银行系统和企业手机银行系统采用人脸识别、数字软证书技术等先进数字技术，显著地提升用户体验和信息安全性。为应对欺诈由线下转向线上、由批量转向精准，传统事后监督为主的风控策略显得及时性不够、有效性不足的情况，2019年，我行上线了实时交易风险监测系统。该系统应用人工智能、大数据分析等技术，引入基于规则引擎和机器学习模型的智能风险监测平台，支持灵活快速自定义风控模型，有效实现各业务场景下的智能风控和反欺诈决策。以一笔手机银行转账交易为例，该系统基于用户一段时间内操作设备、地点、交易时间、交易金额、交易对手等多维度信息，实时判断当前交易的风险级别并做出放行、阻断还是增强认证的决策。该系统的上线实现对交易7×24小时的实时风险判断，大幅提升了我行实时风险的监测能力，为电子渠道构建了有效的风险监测手段。

（二）网点智能化转型开创业务高质量发展新局面

为全面提升传统物理渠道服务能力，自2017年以来，北京农商银行在传统物理渠道智能化转型升级过程中，秉承"稳步推进、注重效益、做实做透"的工作思路，以"管理提升、服务提升、效能提升"为核心目标，以我行客群特点及服务需求等实际情况为出发点，全面启动智能银行建设，应用智能机具和智能化技术，构建全新的业务流程，提升了客户体验、延伸了服务触手。在智能化网点，引入新型智能自助终端、ITM、现金柜员机、自助回单打印机、实物领取机、网银体验机、手机银行体验机等多种智能终端机具，实现了智能自助设备替代柜面人工，全面深化智能化改造建设及运营管理提升的能力水平。在实体网点的厅堂实现了多队列并行处理机制，也对不同服务需求特点的客户完成了精准识别和引导，促进了全行实体网点的运转效能的提升，为客户提供了稳定、高效的服务支持，为后续全渠道联动服务转型，推动全行高质量发展夯实基础。目前，我行智能网点覆盖率已超过60%。智能银行网点智能设备受理业务量占比达93%以上，柜面压力和高峰期客户等待时间大幅下降，业务的差错率显著下降。完成智能化改造的网点可关闭约50%的柜台，释放40%的柜员从事营销工作，实现从传统操作型网点向营销型网点转型。

北京农商银行还将继续推进网点智能化转型。智能机具向"智能化、小型化、平台化"方向转型升级，增强系统复用性及可拓展性，降低开发及布放成本。通过引入数字人、5G通信技术等，坚持线上线下一体发展，加快推动网点智慧转型升级，手机银行、自助设备等多渠道实现语音或视频方式辅助客户自助进行业务办理，优化远程智能机器人服务，将传统物理渠道柜面业务向集约化后台转移。深化线上线下协同服务，充分利用客户线上设备的私密性、便捷性和分散性，以及线下设备的安全性和可实物交付的特点，打通线上应用和线下设备通道，实现交易预申请、一对多营销、无卡折交易等功能，提升客户体验，提高设备处理效率。在大数据分析基础上，进行网点互动营销场景打造，实现优惠活动及客户专属权益的精准推送，金融服务与网点周边生活服务的有效结合，打通线上线下全渠道营销脉络，全力助推零售业务发展。

（三）升级农村普惠金融服务网络助推城乡融合发展

为有效填补金融空白村金融服务空白，北京农商银行依托自身经营属地化、客户普惠化、服务专业化等优势，利用"乡村便利店"建设模式，与各级政府共创普惠金融发展模式，搭建起政银企良好协作、城乡区域协同发展、线上线下一体化的广覆盖、立体化、多层次农村金融基础设施和服务体系。"乡村便利店"利用在村委会或村中超市，配备一台专门为农村地区研制的智能化自助终端，采用"智能机具＋辅导员"的方式，为村民提供便捷的存、取、转、汇等基本金融服务，能够满足当地村民80%以上的基本金融需求。截至2020年12月，我行已经建设1300多家乡村便利店，全年交易量达到367.52万笔，同比增长35.28%；交易金额18.63亿元，同比增长48.35%。

作为北京市属金融机构，北京农商银行牢牢把握首都城市战略定位，立足自身业务发展要求，稳步推进数字化转型，不断提速流程银行、特色银行、精品银行建设，更好践行"植根北京、融通农商、服务民生、创造价值"的使命。随着新技术不断发展，客户需求不断改变，市场竞争不断加剧，银行业必将加快数字化转型步伐，数字化转型将进入深水区。北京农商银行将顺势而为，继续以客户为中心，强化业务和技术融合，深入挖掘数字化转型发展潜力，走出一条符合北京农商银行发展战略的数字化转型之路。

第19讲 商业银行数字化转型新阶段的特征及演进方向

王　炯

近年来，随着数字经济与技术的快速发展，各行各业都在经历数字化转型。对银行而言，在金融科技发展较快和客户需求偏好的共同驱动下，对数字化转型已达成普遍共识。同时，新冠肺炎疫情带动行业发展趋势及客户行为模式再次飞速变化，促使商业银行基于线上化、数字化、场景化、生态化的竞争模式更加清晰，越来越多的银行加入数字化转型浪潮，并在乘风破浪的探索之中迈入转型新的阶段。

一、商业银行的数字化转型模式

过去五年，许多商业银行开始探索实施数字化转型，据2019年10月发布

作者系中原银行副董事长。

的《中国商业银行数字化转型调查研究报告》（中国互联网金融协会、新华社瞭望智库联合撰写）显示，当时已有75%的被调研银行开展数字化转型工作。近三年，受疫情等因素影响，数字化转型更是成为银行发展的必然选择。通过总结分析近年来各银行的转型实践，可以发现大家都在根据自身特点，探索不同的数字化转型实施路径，主要分为三种模式。

（一）基于传统业务的合作模式。进入数字经济时代，传统商业银行的一些经营模式已无法满足客户需求和业务发展需要。面对数字化转型的竞争压力，受人力财力所限，部分中小商业银行寻求与外部技术公司合作，实现对传统业务的系统性重构，推动创新业务发展。如西安银行通过自主研发和借力优秀服务商的形式推动技术创新和业务线上化；四川自贡银行引入科技公司的技术和服务，为自身业务转型提供有力支持。此类特定业务转型，有效改变了商业银行传统业务的作业模式与流程，形成了独有的数字化打法，在一定程度上降低了决策成本，缩短了执行周期，提升了特定领域的客户服务水平和业务效能。

（二）试水特色产品的探索模式。在数字化发展趋势下，更多的银行开始为自身发展注入数字化基因，尝试在同业金融产品同质化竞争中崭露头角。商业银行通过选取特定金融产品作为数字化转型目标，实施线下向线上转移、强化视觉设计、简化交互流程、创新客户体验等关键动作，力求更好满足客户需求，打造爆款产品。如上海银行从在线直销产品入手，持续开展产品迭代，实现了项目管理向产品管理的转型，为客户提供全线上化的产品服务。数字化产品使客户在互联网沉浸式体验中享受到银行金融服务，不仅有效提升了客户体验，也实现了传统金融产品在数字化转型中的突破。

（三）深具战略意义的全面转型模式。传统商业银行经过多年发展积淀，各项业务取得突破的同时也面临诸多制约因素，如内部管理流程较为烦琐、线上化程度不高、数字化意识与能力薄弱、业务营销模式传统、系统架构设计理念落后、数据孤岛现象突出等。为突破上述枷锁,以建设银行、招商银行、平安银行、中原银行等为代表的商业银行率先启动全面数字化转型。全面转型围绕"以客户为中心"理念,通过变革组织架构、消灭数据孤岛、提升线上化程度、构建数字化营销体系、提升全员数商能力等,开展一场颠覆固有理念、自我洗礼的变革之战。全面转型没有完整案例可鉴,需要持之以恒地探索,以便自身更加适应新时代发展步伐。

二、商业银行数字化转型的进阶风向标及进入新阶段的研判

商业银行抓住数字经济赋予的发展机遇,深入推进数字化转型,创造了全新的业务价值,也获得了可喜的成绩。通过分析国内商业银行数字化转型案例,可以清晰看到其转型有着明确的方向和目标。围绕转型目标,商业银行分阶段、分层次地推进具体的转型工作,促进自身数字化程度不断提升,为其可持续发展探索全新道路。

(一)商业银行数字化转型的主要目标

1.持续提高服务客户能力。伴随指数级增长的数据和持续迭代的数字技术,商业银行可以更加深入了解客户,掌握和预测客户需求,实现与客户的高水平交互,进而为客户提供更具个性化色彩的服务。如数据搜索与分析技术的进步,使银行能够有效利用海量的非结构化数据,丰富完善客户画像,客户形象进而变得更加立体生动,银行业务与客户需求的匹配度将有质的提升。再如,人机对话技术的突破与发展,可以助力对话机器人在多元场景中完成拟人度更高的对话与服务指引,提升客户的体验感。早在2012年中信银行就推出国内银行业首个智能机器人客服代表"CC",它能借助语音识别技

术理解客户需求，引导客户进入业务办理流程；随着技术的进步，现在的智能客服机器人金融服务功能更加丰富，并且可以营造自然开放的语言交互场景，与客户亲切寒暄、闲聊，实现友好互动。

2.不断提升效率。通过数字技术的运用和深化，商业银行科技弹性增强，业务可以实现点对点的交互式连接，加上区块链技术建立的数字信任，能够有效减少中间节点，业务流程会更加简化，运营效率将大幅提高。同时，数字工具的应用还能最大限度地实现工作的自动化、智能化，一方面，可以实现对客户经理的业务赋能，使其投入更多的时间去拓展、维护和服务客户；另一方面，借助标准化的流程和动态的信息获取方式，既能辅助客户进行投资决策，也有利于银行提升决策效率，增强重要投资节点的准确性与时效性。2016年底，招商银行在国内率先推出了智能投顾产品"摩羯智投"，引起了市场的极大反响；目前国内各家银行都在积极布局智能投顾，为客户提供低门槛、高品质的定制化投资咨询服务，以更好地适应资管新时代。以精准了解你的客户（Know Your Customer，KYC）为基础的智能化服务在供应链金融贷后管理、客户对账及运营管理领域已经逐步普及应用。

3.有效控制风险成本。第一，数字技术实现市场以及个人的海量信息收集、整合，为银行评估计算风险提供技术依托，奠定银行风险政策的数据基础，而且在风控政策执行的过程中，可以有效提升风控效率、降低银行用于风控的人力投入。根据易观分析发布的《中国智能+银行市场专题分析2020》报告显示，商业银行在2019年智能催收人工替代率达到18.65%，并呈大幅上升态势，预计2025年将达到72.39%。第二，数字化的应用还可以帮助银行创设丰富的虚拟场景，进行仿真度更高的沙盘演练，进而提高银行的风险识别敏锐度以及风险应对水平。第三，金融机构资产配置的水平则取决于基于信息对称的风险认知能力，而数字技术可以提高银行KYC能力和市场投研水平，助力资产和负债的精准匹配，有效降低风险发生的概率。

4.创新商业模式。随着利率市场化的深入推进，主要依靠利差赚取利润的传统银行发展模式已经无法适应未来市场发展要求。数字化转型的试水成效，让商业银行在经营管理、业务营销等方面均感受到新技术带来的突破与希望，数字资产有望成为商业银行的新价值核心，而平台模式、生态化发展、去中介化、跨界竞争等数字商业特征也为商业银行勾勒第二曲线提供了方向指引，商业模式重塑成为大概率事件。作为数字化转型"排头兵"，平安银行零售营业收入占比由2016年的31%上升到2021年末的58%，其"数据化经营、线上化运营、综合化服务、生态化发展"的"四化"新策略成效显著，截至2021年末，其管理零售客户资产（Asset Under Management，AUM）达到31826.34亿元，较上年末增长21.3%，零售客户数及平安口袋银行应用程序（Application，APP）注册用户数均突破1亿户。

（二）商业银行数字化转型进入新阶段的判断依据

以转型目标为导向，商业银行数字化转型的成效逐步显现，推进转型的动力更加强劲，数字作用也从浅层次的业务产品创新逐步深化至经营管理的核心层面，数字化转型也进入更高层次，通过"五要素模型分析法"可以对转型的成熟度进行评价，即围绕与转型相关的"数量、质量、投入、技术应用、监管政策"五方面进行分析，从而推断出商业银行数字化转型近年来已开始进入新的阶段。

1.转型数量规模化增长。一方面，开展数字化转型的商业银行数量显著增加，《中国智能+银行市场专题分析2020》中指出，中国85%的银行将智能+银行的转型计划作为未来重点工作；2021年腾讯云与毕马威联合发布的《区域性银行数字化转型白皮书》显示，调研的46家区域性银行中已有91%

开展了数字化转型。数字化转型在银行业已成为大势所趋。另一方面，金融科技公司积极助推银行转型，麦肯锡（2019）调研显示，79%的商业银行与金融科技公司建立了合作关系；全球知名调研机构 CB Insights 根据自身数据分析指出，至少有99家优秀金融科技公司，致力于帮助银行在其前、中、后端的业务中实现自动化。

2.转型质效逐步凸显。衡量一家银行数字化转型质效的标准可以从多个维度入手，如线上化业务占比、业务电子替代率、产品创新能力、客户线上活跃度、经营效益提升等。以中原银行为例，通过实施数字化转型，其对公全线上渠道客户总数达到16.2万户，覆盖全行对公有效户86%；活跃客户数10万户，活跃度62%；线上交易替代率达95%。零售线上渠道客户总数达到1810万户；活跃用户291万户，活跃度28%；线上交易替代率达84%，线上交易金额占比85%，并随着转型的深化，各维度指标呈现加速增长态势。

3.转型投入持续攀升。据《中国智能+银行市场专题分析2020》显示，2019年主要银行机构的信息科技总投入已超过1730亿元。2020年，中国银行业持续加大金融科技投入，A股中上市银行信息科技方面的投入达2078亿元，同比增长25%，占当年银行业1.94万亿元净利润的10.7%。且大型商业银行金融科技投入占营收比重普遍在2.70%—3.15%，更有多家银行科技的资金投入接近千亿元，如招商银行等转型表现优异的大行，科技投入占营业收入比例超过4%。此外，截至目前，银行系金融科技子公司已达14家，也充分体现出银行对科技投入的不断加码。

4.新技术应用进一步深化。一方面，在转型过程中，人工智能、区块链、大数据、云计算等技术在金融业中快速发展应用，对转型形成有力支撑，如《中国商业银行数字化转型调查报告》中显示，多数调研银行已将大数据（98%）、生物识别（96%）、人工智能（78%）等技术应用到业务场景中；另一方面，新技术复合应用程度加深，银行的一款产品中可以同时蕴含多种新技术，新技术的叠加进一步加快银行数字化进程。

5.监管政策日臻完善。近年来，监管机构在银行金融服务创新上给予了更多的政策支持，如中国人民银行先后印发《金融科技发展规划（2019—2021年）》《金融科技发展规划（2022—2025年）》，明确了金融数字化转型的总体思路、发展目标、重点任务和实施保障；中国银保监会出台《关于银行业保险业数字化转型的指导意见》，全面推进银行业和保险业数字化转型。同时，监管机构积极借助科技手段实施监管，既丰富了监管方式，也进一步促进金融机构深化转型发展，如央行明确部分城市进行创新产品试点，推动中国"监管沙盒"落地。

三、商业银行数字化转型新阶段的特征

伴随商业银行数字化转型逐步进入新阶段，也集中呈现出一些新的特征。

（一）数据治理能力大幅提升。多数银行已经将数据视为自身重要资产，纷纷着手改变数据分散、数据质量差、数据管理职责不清晰、缺乏统一数据标准、缺少数据治理工具等诸多历史问题，希望通过厘清数据资产，提升数据质量，从而充分发挥数据价值，形成数据驱动银行发展的新模式，让数据成为其核心竞争力。具体表现为：一是银行更加规范数据采集与存储，通过强化数据资产盘点认责与黄金数据源梳理等措施，让数据"更易用"。二是银行不断加强数据的标签建设和标准化管理，做好数据加工与质量管理，让数据"更好用"。三是银行更加重视数据信息的安全管理，让数据"更安全"。

（二）数据用例规模化推广应用。转型初期银行大多以数据营销用例为切入点，通过试点先行，激发大数据应用的信心。随着大数据在营销领域应

用的不断成熟、配套基础设施建设的不断完善、人员能力的不断提升，数据用例开始大规模推广，数据应用能力也随之不断深化，体现在四个方面：一是数据建模能力有效提升，银行技术人员能够自主实施更多数据模型的构建。二是打造出数据用例闭环管理平台，拓宽了用例执行渠道，实现了用例全渠道触达客户。三是数据用例场景不断丰富，涵盖银行业务营销、风控管理、运营管理、后台管理等各环节，数据融入银行整个运转过程。四是构建了数据生命周期管理平台，建立用例执行的评价机制，促进用例持续迭代优化。

（三）数据驱动营销体系建成。随着数据用例在银行管理各环节的推广应用，银行逐步建立起数据驱动的营销体系。一方面，在业务营销端，银行从市场研判到决策部署，再到机制体制建设等各管理环节，都开始以数据分析作为主要驱动力，数据和业务的结合更加紧密，对业绩的支撑也更加明显，大幅提升了市场营销的精准性，尤其在零售业务、普惠金融等领域表现尤为突出；另一方面，营销体系的建立还包括中后台对业务营销的有力支撑，如银行打造从前端营销到授信落地，再到临期、预警、催收、处置的全流程数字化风控体系，助推小微金融、供应链金融、消费信贷等业务实现全线上化办理；数据分析在成本分摊、综合定价管理等方面的应用，有效提升了银行营销管理精细化水平。

（四）技术支撑能力显著增强。商业银行通过深化人工智能、区块链、云计算、大数据等新技术应用，不断为自身数字化建设赋能。一方面，新技术为银行获取数据提供更多便利，提高了数据采集的即时性和多样性，丰富了数据来源与数据维度，夯实了银行的数据基础；另一方面，通过新技术应用，银行实现了"四个提升"：一是大数据应用分析平台等数据平台的构建，提升了银行大数据应用能力；二是机器学习、自然语言处理、知识图谱等人工智能技术应用，提升了银行运营效率和管理能力；三是云计算技术提升了银行数据计算与存储能力;四是联邦学习、区块链跟踪数据来源等方式方法,有效提升了数据可信性。

(五)组织敏捷化纵深推进。在数字化转型的新阶段,敏捷组织逐步由试点过渡到全面推广,其管理和运作机制也日趋完善。一是领导方式实现转变,由过去的命令式、指挥型管理模式转向授权、协调、支持的赋能型管理。二是敏捷的工作方法得到固化,如看板、敏捷四会等,保证工作计划清晰、目标明确。三是与敏捷相适应的考核与沟通方式得以确立,如考核由关键业绩指标(Key Performance Indicator,KPI)转变为"KPI+目标与关键成果(Objectives and Key Results,OKR)",一方面加强结果的驱动作用,另一方面强化目标和过程管理,激励作用更加凸显;定期开展季度营运会议(Quarterly Business Review,简称QBR)及绩效对话等,强化各层级之间的沟通反馈,促进经营目标有序完成。四是在敏捷小组基础上出现"超级组织""虚拟组织"等更加敏捷的组织形式,如中原银行的风险集市就是一种虚拟组织,虽没有固定的组织成员,但会定期集中各方资源围绕风险的某一主题进行会诊、探讨,并寻找有效解决方案。

(六)数字化产品创设多点开花。产品作为银行服务客户的基础,在转型新阶段也由过去单点、简单式创新向成熟、体系化的多点产品管理和创新转变。一是打造产品创新赛道。包括:通过精益敏捷创新的方式做好现有产品迭代优化;通过组合创新,提升客户黏性,形成客户的结算银行;通过创新大赛、黑客马拉松等形式,实现新产品的创设、孵化、运营。二是建立产品创新机制。搭建自上而下的战略级创意、由外而内的同业盯市扫描、自下而上的全员级创意三个创意收集渠道,并从创意激发、演进、孵化等方面明确资源投入与评价机制,沉淀创新方法论,进一步带动创新发展。三是建立产品全生命周期管理机制,实现从客户需求收集、产品创设、产品运营到产品下架、产品后评估的闭环式管理。

（七）中后台转型有力支撑前台敏捷。在全面数字化转型过程中，中后台也在通过管理前置、路程跟踪、参与设计、提供工具等方式实现同步转型，为前中后台转型同频共振提供保障。如银行成本分摊、综合定价管理的线上化；预算管理、约束激励机制与敏捷组织的配套化；合规、运营管理的前置化；等等，都助力其数字化转型全面推进。同时，银行面向未来视角，不断调整人才发展战略，一方面积极培养了解业务、具备数据分析技能的T型人才，打造出一支熟业务、懂技术、能建模的复合型人才队伍；另一方面持续强化人力资源数据治理，构建员工数字画像，更加精准地提升员工能力素质，为转型注入了人才动能。

（八）数字文化与数字化评估工具作用凸显。在数字化转型的持续推动中，数字文化也逐渐发挥更大作用，成为转型的重要支撑。银行通过积极营造数字化的文化氛围，强化数字思维宣导，使大家更加认识到数据的重要性，并将数据分析作为支持自身判断或决策的有力工具。同时，随着转型的深入，针对商业银行数字化成熟度的评价也有了相应方法和工具，如：中国互联网金融协会金融科技发展与研究专委会发布的"中国商业银行数字化能力成熟度模型""高德纳数字化成熟度评估问卷""麦肯锡数字化成熟度测评问卷"等。这些数字化工具也为商业银行正确认识所处的数字化阶段，明确后续转型工作提供了很好的借鉴。

四、商业银行数字化转型新阶段的目标导向

进入转型新阶段，商业银行更加聚焦以服务客户、强化经营为目标导向，加大科技与业务融合力度，真正让数字化转型赋能客户价值实现、经营业绩

提升、管理能力增强。

（一）根据客户需求梳理转型任务清单并排列优先级。一方面，数字化转型的需求和阶段性任务设定，不再仅由负责转型的部门决定，而是由其与各业务部门一起研究确定，更加注重服务银行当前的重点业务与重点客群，实现价值提升；另一方面，数字化转型需求与任务的设置要建立在充分与分支行一线部门、基层员工沟通的基础上，因为他们是客户和市场需求最直接的感知者，只有积极接受分支行业务人员的需求反馈，并根据其反馈及时优化调整转型任务目标、迭代转型工具等，才能进一步提高转型的实用性和适用性。

（二）充分调动分支行积极性。商业银行数字化转型战略在营销端落地的关键在分支行层面，确保数字化成果充分应用于业务推动，必须充分调动分支行积极性。具体可围绕三个方面发力：一是打造数字化辅助营销工具，助力客户经理盘活、深耕存量客户，提升经营业绩，释放网点产能。二是以KYC助力分支行客户营销，实现对单一客户的数字化分析，为分支行开展精准营销提供策略支持。三是依托大数据分析客户偏好特征，使分支行在执行数据用例时，能够向客户推荐更加符合其特征和需要的营销内容，从而带动经营业绩和客户价值提升。

（三）健全"三轨制"运营体系。一是强化线上渠道闭环营销。针对高度碎片化、个体贡献度小的长尾客群，要积极运用线上化、数字化闭环营销手段，实现精准营销、精准风控、批量化获客、规模化盈利，从而提升该类客群经营成果。二是"线上+线下"相结合提供营销支持。一方面，依托线上数字营销平台，提高客户营销的效率和精准度；另一方面，线下营销也要强化数据支撑，如分支行在营销客户时，可借助数字营销工具分析客户特征与需求，还可通过对市场行业平均数据对比分析，精准定位客户价值水平，从而为其匹配针对性产品，提升分支行经营业绩。三是充分发挥线下营销作用。

对商业银行而言，线下物理网点是其重要组成部分，因此在转型过程中仍要重视网点的属地化运营，进一步挖掘线下营销潜能。

（四）精准描绘客户画像。客户画像是实现精准营销、精细化管理和精准风控的前提和基础。在数字化转型新阶段，要进一步提升客户画像的精准度。一方面，通过应用大数据、聚类分析、关联分析等技术，将客户信息与行为特征标签化，并根据不同的业务场景与银行客群定位规则，建立符合自身经营特色的客户分析模型；另一方面，要随着数据资源与业务场景的调整不断更新完善模型，深化银行对客户全方位理解与认知，实现对客户更加精准的画像和分类，从而有效筛选目标客户、挖掘潜在客户，并制定差异化客户营销方案，助推客户经营和业绩提升。

（五）建立数据可视化驾驶舱。数据可视化驾驶舱不仅清晰直观地展示各项业务指标，还在业务分析和业务决策方面拥有巨大价值。在数字化转型推动至一定程度时，建立数据可视化驾驶舱十分必要。具体而言，商业银行要基于大数据分析挖掘、知识图谱等核心技术，依托银行内部全渠道和外部数据资源，通过设置科学的指标体系，建立直观化、具体化的核心业务数据可视化驾驶舱，直观呈现银行风控、营销、运营等核心指标现状及业务成效，赋能各业务条线、各层级管理者业务决策。

（六）实现从关注内部效率到重视客户体验的转变。随着转型的深入，商业银行应在提供高效便捷金融服务的基础上，为客户带来更具多样化、差异化的客户体验。一是要强化客户体验管理，做好客户需求调研和客群分析，重视体验设计和产品测试，建立健全客户体验监测和评价机制，从而不断提升客户体验。二是要强化客户全流程服务，通过完善营销推动、优化审批流程等，持续改进客户旅程，使客户在进入银行后，就能够获得极致的服务体验。同时，要积极利用数字化营销工具和线下渠道，开展多层次客户经营活动,进一步提升客户黏性和价值贡献度。三是要提高客户经理的体验。客户经理作为服务客户的关键环节,数据化能力和操作的便捷性是推动数字化应用的重要抓手,通过便捷化的操作和有价值的数据支撑,支持客户经理服务质效和经营业绩提高,将极大地推动数字化的应用深度。

五、商业银行数字化转型新阶段的发展方向探索

随着银行数字化转型的不断深入,运营效率和客户经营效能持续提升,转型将进入更高级阶段,重心将从成熟的零售业务逐步转向对公与机构业务等全覆盖,并实现理念转型、业务模式转型和数字化转型的有效统一,带动银行商业模式创新。具体而言,根据服务客群不同,数字化转型的新方向可以围绕三个维度进行:

(一)围绕消费端和小企业端客户,深入推进开放银行建设。商业银行数字化转型多从零售业务着手,主要源于零售客户和小微商户蕴藏着巨大的消费潜能,长尾效应极其明显,适合发展普惠金融,而打造开放银行平台是优化普惠金融的最优模式。目前,开放银行建设主要有协作编排、平台、创新三种模式。一是协作编排模式,重视内部开放,通过内部协作、要素重新编排等方式,强调现有产品和服务的合作与创新。二是平台模式,通过打造专属平台,建设全新的场景,并促进不同场景的相互融合、彼此引流,形成增长飞轮的闭环。三是创新模式,商业银行提供开放的基础设施和工具,让创业者在银行平台上进行开发,进而为客户提供各类服务,建设更加丰富生动的服务生态。这三种模式是共享经济在银行业务中的具体体现,提高了生产要素的运转效率,有助于形成共享、共生、开放、共赢的商业新格局。

(二)围绕企业端客户,大力发展供应链金融。基于消费端(Consumer,

简称C端）客户积累的经验，商业银行可以追踪产业互联网发展，打造产业服务平台，更好地服务企业客户。一是链接产业供给端、流通端和需求端，构筑服务平台。商业银行可以发挥资源和信息中介等优势，深度介入从设计、制造、生产、流通、贸易、渠道以及经营管理等生产链各环节，输出多年积累的数据与技术能力，对其进行数字化的升级改造，提高全产业链的协同效率，与行业共建产业互联网生态平台，推动全行业的转型升级。二是聚焦交易流通环节，强化平台和客户之间的黏性。商业银行要高度重视交易环节，重点推进交易银行平台建设，丰富交易银行产品，促进产业尽快实现精准匹配供需双方、整合线上线下渠道、精简流通链条、贯通支付结算环节、保障资金安全、形成交易闭环等，并为其匹配物流仓储服务、供应链金融等增值服务，成为产业互联的支撑点和连结点，进而有效提升自身资源整合能力和风控能力。

（三）围绕政府端客户，助力政府治理能力提升。数字经济已成为驱动经济发展的重要引擎，数字化转型已经深入社会的方方面面，政府对于数字化转型更是需求迫切，智慧政务、智慧城市建设等成为各级政府提高政府治理能力的关键所在，是提高政府管理和公共服务的重点工程，但受制于服务内容错综复杂、技术实力不足、专业人才缺乏等短板，实施效果尚有较大的提升空间。商业银行可以依靠自身技术能力、公众服务经验、长期与政府合作等资源禀赋，通过建立服务平台、提供服务渠道等方式，有机融入智慧政务、智慧城市、社会治理、公共服务产品供给等领域，为政府提供多生态共存的服务，借金融科技"隐身"在各种政务服务场景中，让政府与社会公众可以随时随地享受"金融+非金融"综合服务。

置身于数字化浪潮之中，商业银行在持续探索着属于自己的创新发展路径，而如何在转型过程中，既脚踏实地，充分发挥自身优势，又顺势而为，积极在转型新阶段赢得先机，仍需要商业银行进行更多的思考与探索。

第20讲 数字金融在小微普惠金融领域的应用

高 嵩

网商银行成立于2015年6月25日,是银保监会批准设立的第一批民营银行之一。由于不设网点,从成立之初网商银行就坚持技术立行,走数字化发展的道路,依托线上化的方式为客户提供服务。截至2022年6月末,成立7年来网商银行以数字化方式累计为4900多万小微经营者提供了信贷服务。

在7年多的业务实践中,我们深刻地感受到,数字化的金融服务,不仅是投入使用一些新技术手段,例如系统上云、推广APP等,而是从业务方向选择、业务模式设计、技术底层建设、创新技术应用以及开放合作理念的形成等全方位地搭建数字化经营方式,只有这样,才能有效地为客户提供优质高效的数字金融服务。

作者系网商银行首席信息官。

一、专注于服务小微的定位,充分发挥数字技术优势

(一)网商服务定位于服务金融覆盖还比较薄弱的小微、"三农"客群

2015年,网商银行起步于服务电商卖家,但发展至今,网商全面走出了阿里电商生态,电商客户的数量占比已不到15%。

2017年,随着二维码支付的普及,网商服务拓展至广大的线下小店、码商。

2018年,农村金融业务取得突破,网商与县政府合作,服务县域小微经营者和三农客户的县域普惠金融模式实现破局,至今已经与上升个县域政府达成合作,覆盖近一半涉农县域。

2018年至今,网商银行不断深耕行业、深入产业链服务的细分领域客户。沿着行业化,我们深入餐饮、商超、服饰、建筑、制造、汽车、物流等小微经营者聚集的行业,提供专业化的金融服务。沿着供应链,我们打造了数字供应链矩阵产品"大雁系统",广泛覆盖上游的供货商、下游的经销商、加盟商,以及终端的零售商,提供采购贷、供货贷、发薪贷、汇款宝、加盟商贷等各个供应链环节所需的金融服务,深入服务实体经济。

虽然网商银行服务的客群不断地发展变化,但是网商银行服务的始终是最微小、最长尾,也是目前金融服务覆盖最薄弱的客群。根据银保监会公布数据,2022年2月末,全国普惠小微贷款户均余额约56万元。大型银行作为普惠小微主力军,普惠贷款户均余额一般也都在50万—100万元上下,如农行和邮储在50万左右,建行在80万左右。而网商贷的户均余额仅4万元左右,平均贷款周期3个月左右,约七成的贷款付息成本低于100元。因此,网商银

行服务的客群与大中型银行定位的小微客群也具有较大的差异性，是"小微中的小微"，网商银行选择了这一服务相对缺乏的市场。

（二）数字技术突破效率极限，实现商业可持续

小微企业贷款难，一直是行业难题。早在2005年，国开行就引入德国国际项目咨询公司（即"IPC公司"）的微贷技术服务，提高小微信贷服务能力，再到后来成为小微贷款银行优秀代表的台州银行、泰隆银行等，大家致力于解决的都是信贷业务的能效问题。

衡量贷款业务利润的一个简化公式，即贷款利润率＝贷款利率－资金成本率－不良率（风险成本）－经营成本率（人员、网点、科技IT、税费等）。在这个公式中，贷款利率和资金成本率都是由市场竞争决定的，单个金融机构难以影响。金融机构只有降低风险成本、经营成本两项，才能提升贷款利润。小微贷款的难点就在于，小微企业本身风险很高，一旦风控筛选能力不足，风险成本就会失控，如果加大投入进行风控，例如让客户经理把小微企业各项情况摸清摸透，控制住风险成本，经营成本又可能过高。

一些优秀的小微银行通过标准化方式把客户经理服务小微客户的效率提升到极致，单个客户经理能够管理几十户甚至上百户小微贷款客户，人均管理贷款资产数千万元，利息收入可以覆盖人工成本，实现了商业可持续。即使如此，单个客户的借款金额也要达到几十万元，制约了服务更小额客户的能力。

人工模式能效存在极限，数字技术成为服务长尾小微信贷需求的必然出路。网商银行首创3分钟申请、1秒钟审批、0人工干预的"310"数字贷款模式，将贷前、贷中、贷后的各个环节都全面数字化，不再需要客户经理专人维护客户，打破了人工能效的制约，也才使得为千万级的客户提供户均几万

元的贷款成为可能。

二、数字化的经营模式贯穿业务各个环节

（一）数字风控突破核心难点

网商银行运用云计算、大数据、人工智能、卫星遥感、区块链、隐私计算等技术，搭建了"准入—授信—贷中监控—贷后管理"的全流程信用风险管理体系，依托"场景—模型—策略"的数字化智能风险管理体系，通过线上触达、大数据风控和人工智能，服务小微企业和经营性农户，实现了大规模、低成本、高效率的普惠金融服务。

网商银行的数字风控体系有以下特点。

第一，风控理念上，网商银行不轻易假设任何一个"坏人"，从小额授信出发陪伴客户信用成长，降低信贷门槛。

难以获得信贷服务的小微经营者主要有两类：一类是"看得清"的坏人，即企业的信用历史和经营状况确实很差；另一类则是"看不清"的好人，缺少历史信用信息，机构只能将其拒之门外。大部分长尾小微其实属于后者，需要更具适应性的风控理念。网商银行的风控理念和传统金融风控存在两个方面的显著差异。

一是网商银行信贷风控和传统金融风控的初始假设不同。传统小微企业贷款单一客户授信额度较大，其风控逻辑的出发点往往是假设客户是"坏人"，然后通过各方面调查，逐步加深对客户还款能力的了解和信任，再予以授信。但是网商银行认为普惠金融需要切换思路，先不预设任何一个坏人，先聚焦分析哪些客户可能是潜在的"坏人"，用大数据风控技术把这些

少数的"坏人"排除出去，不属于该范围的客群则均予以授信准入，并依据客户的经营情况和信用情况给予相应额度和贷款定价。网商银行将这一风控理念称为"善意金融"，其整个数字化风控体系也都建立在这一理念基础之上。

二是对于信用白户从小额度授信开始，陪伴客户逐步实现信用成长。长尾小微经营者大部分是信用白户，在对客户的了解相对较薄弱、看不清客户信用阶段，网商银行非常审慎，先从非常小额度的授信开始尝试，慢慢跟客户互动，随着用户还款行为等数据的积累，对其违约风险判断的准确度越来越高，再逐步提额和降低利率水平。所以小微经营者在使用网商贷的过程中看到的是他的贷款价格越来越低，授信额度逐步提高。这个过程实际上帮助信用白户实现了从无信用到弱信用再到强信用的成长与转化。

第二，风控方法上，核心解决客户身份识别、客户授信准入以及准入后授信额度三大问题。

对线上小额经营贷款来说，风险识别中需要解决的三个层次的主要问题：1）如何确认客户身份的真实性；2）如何决定是否给客户授信准入；3）客户准入后的额度是多少。

在客户身份识别上，网商银行建立了从身份证件识别、设备识别、网络环节识别、生物识别、操作习惯、地理环境等多维度的审核体系。

在客户授信准入方面，业务初期网商银行会圈定部分客群，通过对其历史经营情况和未来经营情况进行预测分析后给予一定额度。在经过一定周期后，这类客群中的风险较大的客户会逐渐暴露，通过对这类客户样本的多维度分析找出他们的一些共性，并在更大的客群范围内将这部分特征的客群剔除后再准入更多的客户，这个循环持续的过程让我们的经验不断丰富，风险识别能力也不断增强。

在授信额度方面，依据客户的多维度数据，分析某类客群、所属行业等情况下可能的还款能力，给予其一定的初始额度。当客户开始使用贷款后，通过使用客户在网商银行积累的信贷行为数据，如逾期、还款、额度使用率等信贷类行为特征，结合其他维度数据，动态评估客户风险变化，给予提额、降额，对额度不断调整和优化。

第三，风控体系建设上，网商银行以数据为基础、以模型为工具、以策略为驱动。

部分观点认为数字化风控的核心是数据，这种观点实际忽略了真正重要的数据应用能力。很多机构其实拥有海量数据，但是数据应用能力不足，所以未完全发挥出数据的作用。在数字信贷业务中，原始数据收集后需要根据贷前、贷中和贷后各贷款环节风险识别的具体需要进行加工，开发训练出有效的风险识别模型；在模型识别基础上再进一步发展形成风控策略，用于客户是否准入、准入额度、利率、提额、降额、关闭等维度的风控决策。整体来看，数字化风控需要数据，更需要配套模型和策略上的沉淀。

在模型层面，网商银行在实践中已经积累了比较丰富的风险识别模型。网商银行通过原始数据的分析，建立了具有10万多个常用指标的数据集市，在数据集市的基础上又开发出超过100个风控模型。主要集中于三类：一是身份识别模型，主要用于贷前环节辨识冒用他人身份申贷的行为，防范贷款欺诈风险；二是经营画像模型，主要是在贷前和贷中环节判断当下经营状况和预测未来经营状况；三是信用评分模型，主要用于贷前、贷中、贷后各环节对客户行为的预测，与线下银行的打分卡功能类似。这些模型覆盖信贷全流程并根据不同场景定制，对海量数据进行分析挖掘，识别客户各个维度的风险要素。模型算法从初始的以逻辑回归为主发展到现在的结合统计算法和机器学习的模式，并向人工智能建模发展。

在策略层面，网商银行已经形成了覆盖全信贷周期的成熟策略体系。网商银行基于大数据和人工智能，对客户的全信贷生命周期采取动态管理，建立多客群、多层次、多维度的授信决策规则，针对不同场景、不同信贷生命周期的客户，通过授信决策规则的不同组合，分别形成差异化的身份核验、授信准入、额度定价以及贷后监控策略。

（二）数字运营提升经营管理效率

除了数字风控降低风险成本，通过数字化的运营提升内部管理运营效率，降低业务成本也是发挥数字金融优势的重要一环。

网商银行一直持续在探索和利用数据要素进行运营提效，参考研究海外比较著名的数据驱动公司如奈飞和同行如摩根大通的数据驱动业务发展的组织和技术模式，结合网商银行自身的战略规划、业务运营模式和数据驱动文化，打造了一套全新的数据化运营体系。

这套数据化运营体系主要由四个支柱构成，即对应四个主要工作职能的角色，分别是商业分析、数据科学、数据产品、智能算法。这四个角色的专业人员在组织上紧密协同，实现从顶层的运营决策到底层用户粒度的运营策略落地，全面实现数据化和智能化驱动。

第一，商业分析团队主要负责收集、整合外部的宏观经济、监管方向和内部的经营信息，在深入理解银行未来战略发展目标的前提下，针对银行的各条产品线，通过高质量的数据分析报告的形式，洞察商业机会，对客户行为及画像进行研究，分析日常经营中的商业问题。同时通过KPI制定、运营的指标体系的构建和定期的业务目标达成效果综合分析，为管理层和各业务条线的管理团队提供经营优化方向和产品发展目标的建议。商业分析团队的角色类似于业务负责人的参谋，作为数据化运营的指南针，协助业务进行更精准、更长期的商业决策。

第二，在管理层通过商业分析决策确定好方向后，真正落到执行侧的数据化运营，最核心的理念即通过线上随机实验（Online Controlled Experiment）平台的方式进行大量的 A/B 测试，持续探索提高业务转化效率和客户体验。而这类工作的核心角色即数据科学家，需要熟练掌握统计学、因果推断、大规模互联网数据处理挖掘和可视化、实验设计和分析解读，同时还需要对所负责的业务条线的金融业务专业知识有足够的积累。

网商银行从 2019 年开始搭建数据科学家团队，初步建成能服务网商银行各项金融产品数据驱动、迭代优化的能力，支持网商各业务团队在各个金融产品，如面向小微企业和个人经营者的信贷产品的流程、UI、业务模块、产品性能等多层次、多维度进行基于实验的数据化运营，大大提高了业务日常基于数据进行产品能力提升的决策效率和质量。

第三，数据化运营是整个公司的工作模式和文化，一线的业务和产品运营日常有大量的看数据、用数据需求，通过人工的方式很难做到人人都可以及时得到数据分析支持。网商银行在过去几年，依托大数据计算平台和开发平台，构建了一整套支持业务从顶层决策驾驶舱到一线业务精细化运营看数的数据产品矩阵，极大地提高了业务的决策效率和节省了成本。

第四，智能算法已经越来越多地成为数据化运营的基础能力，网商银行基于机器学习训练和部署平台，结合离线实时各类数据，在营销活动、客户体验及产品能力优化等多方面使用智能算法进行优化，例如针对不同的用户展示不同营销权益来提高用户转化率，利用自然语言处理和意图识别算法通过服务机器人的放松语态更快更好地服务客户的业务问题和诉求。

三、数字化底层能力的搭建

（一）持续坚定的技术投入

网商银行是全国第一家将云计算运用于核心系统的银行，也是第一家将人工智能全面运用于小微风控、第一家将卫星遥感运用于农村金融、第一家将图计算运用于供应链金融的银行。

之所以能实现以上的创新，是因为网商银行一直坚持技术立行，在技术能力上进行长期的战略投入，近3年年均科技投入均保持在年度营收的10%以上。

比资金投入更加重要的是对人的投资。在人才培养方面，网商银行明确科技人员占比不低于全行员工人数的45%，2021年实际占比超过了62%。我们高度重视科技人才队伍建设，不断吸引外部优秀人才，2021年末硕士及以上员工人数占比达到47%。引入的同时要重视内部的培养与提升，建立了多层次员工培训机制。2021年，网商银行信息科技部共开展超过200场培训课程，内容包含新人培训、在岗能力提升培训、领导力培训等项目，参训人次3.8万人次。

（二）数字治理体系夯实基础

数字时代，数据作为最重要的生产要素，高效、长远、健康的数据运用离不开长效数据治理机制，这需要从顶层机制设计、数据标准规范、技术体系创新多个层次夯实基础。

第一，在顶层设计方面，网商银行将数据治理纳入公司治理范畴，制定了数据治理相关战略规划，建立自上而下、协调一致的数据治理体系。数据治理框架包括董事会、高级管理层、信息科技部、信息安全部、风险管理部、审计部和各业务条线，明确了数据治理各工作主体的职责与分工，建立有效的管控机制。以重点数据的治理为切入点，借助应用系统重构与建设，推广数据模型和数据标准。

信息科技部作为全行数据治理归口管理部门，负责统筹实施数据治理体系建设，协调落实数据管理运行机制。同时，为了进一步理顺跨部门、跨领域的数据协作关系和协作流程，建立了高级管理层决策、数据管理部门统筹、全行参与的数据治理机制，由行长担任主任委员的信息科技管理委员会作为负责数据管理与应用工作的主要机构。

第二，在数据标准规范方面，网商银行于2020年启动网商数据体系升级项目，通过网商数据架构治理、统一数据标准，构建网商核心业务中间层，更好地支撑网商重点业务场景，在带来更大的业务价值的同时节省昂贵的计算存储成本。该项目的核心目的是构建网商统一数据标准，推行一份数据资产规范定义，包含中间层模型主题分类、用户画像、指标体系及应用层资产，并推广全至行，让全行数据人"讲同一种语言"。

在研发规范管理上，制定了新的中间层模型和应用层模型规范，数据表的更新频率和数据生命周期管理上严格按照规范设置，并对模型发布进行管控，同时构建了统一指标体系。

在数据全生命周期管控上，从数据研发态和运维态打造网商银行整体数据质量管控体系。其中，研发全流程管控包含数据质量测试、发布流程管控、数据灰度管理、变更流程管控等方面，运维全流程管控包含数据质量监控、问题定位、数据故障应急、数据故障复盘及故障定级等方面，全方位构建了事前、事中、事后三道数据质量防线，从问题发现、故障定位、影响面评估、故障公告、应急止血、故障恢复整个环节建立了完整的应急处理机制，保障数据的真实性、准确性、完整性、连续性和及时性。

在规范数据安全合规使用上，建设了网商的数据权限管理平台，对全行离线数据的访问权限审批进行统一管控；建立数据安全审批策略，根据数据分级指定不同的审批流程，做到数据授权的"合理、必要、最小化"原则。

第三，在技术体系创新方面，网商银行整体规划、设计、研发了行业领先的数据中台，引入和整合了阿里云、蚂蚁集团的大数据技术中间件产品，包括大数据计算平台MaxCompute、流式计算平台Kepler、图数据库Geabase、机器学习平台PAI、一站式数据研发平台DataGo、数据洞察平台DeepInsight，搭建了流批一体、高效支撑数据采集、处理、应用全生命周期的数据技术平台。基于数据技术平台，搭建了数据资产、数据治理、工程效能一体两翼的数据中台，沉淀了经营者画像、用户增长、金融同业、业务指标等数据资产体系，高效支撑了数字化风控、数字化运营、智能同业、智能营运管理、监管报送等上层业务。

在数据共享融合应用方面，网商银行积极探索隐私计算、共享智能等创新技术，应用了蚂蚁集团多方安全计算、TEE（可信计算环境）等技术，联合合作机构共同探索行业云、数据实验室等机制，共建联合风控、联合建模等创新商业模式，在保障合作各方数据不泄露、保护客户隐私和权益、数据安全的前提下，实现多方数据的价值挖掘和融合应用，有效地增强了服务小微客户群体的能力，促进了小微企业贷款业务的规模增长和健康发展。

四、创新技术的应用

（一）"大山雀"卫星遥感技术助力乡村振兴

一直以来，由于农民缺乏抵押和担保，农业生产、加工和流通环节的风险高,再加上农村信息化程度相对较低,金融机构难以给农户"精准画像",无法准确评定农户的信用情况,农户贷款难一直是行业痛点。为更好满足农户贷款需求,解决生产端农户贷款难问题,网商银行首创卫星遥感信贷技术"大山雀",服务全国的种植大户。

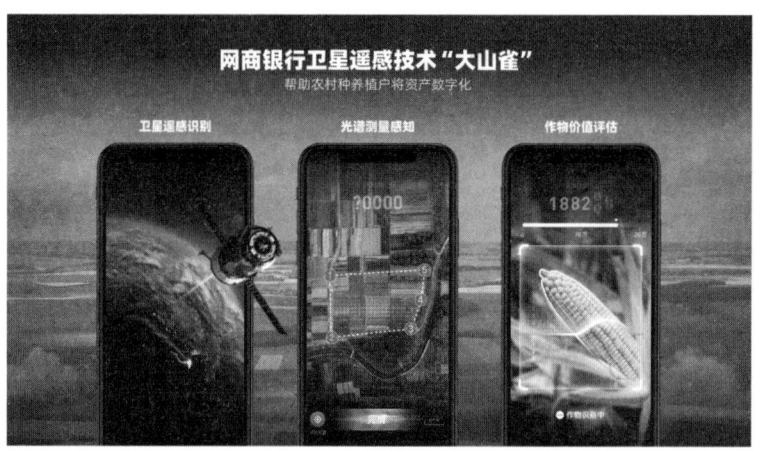

"大山雀"系统创新性地基于深度神经网络、Mask-RCNN等人工智能模型算法建立了28个卫星识别模型,涵盖水稻、小麦、玉米等农作物的全生长周期识别、地块识别、云块识别等,模型识别准确率达93%以上。通过模型识别了解农户在作物类型、种植规模、农作物长势等方面的种植情况,并将相关数据作为向农户进行贷款授信的重要依据。

"大山雀"卫星遥感技术有以下创新突破:

一是高科技辨别农作物:根据卫星照片,通过光谱识别农作物,可以识别出水稻、玉米、小麦、苹果等多种作物。农户在手机地图上圈定自己的地块,网商银行通过了解农户的种植情况和生长趋势,同时结合气候、地理位置、行业景气度等因素,利用风控模型预估产量和产值,给予农户精准的授信和信贷支持。

二是数据连通确认农户信息：农户在手机地图上圈出自己的农田后，与农业机构记录的土地信息交叉比对验证，实现农户信息认证。

三是卫星遥感识别受灾情况：卫星遥感除了可以助力农作物识别及产量产值估计外，还可以自动识别汛期等灾害下农户的受灾情况，助力金融机构定向扶持。

在2020年外滩大会上，"大山雀"系统宣布正式商用，这也使得中国成为全球第一个把这项科技运用在农村贷款领域的国家，帮助解决农户贷款难的世界级难题。

2021年，经过一年多的技术攻坚，"大山雀"迎来技术突破，成功识别苹果、猕猴桃等经济作物，并首先在果业大省陕西落地，为果农贷款难提供新的解决方案。升级后的"大山雀"，实现了融合识别不同分辨率的影像，提升了水果等经济作物的识别精度，这在行业业内尚属首次。

"大山雀"的创新获得了监管部门和行业机构的广泛认可，成功入选人民银行杭州金融科技创新监管试点沙箱，并符合试点推广条件（2020年第一批），所应用的图像识别技术在国际语义分割Cityscapes榜单上排名蝉联第一。

目前，全国已有数十万种植大户通过应用卫星遥感技术，获得无接触贷款，享受到科技带来的普惠价值。

（二）基于行业知识图谱的数字供应链金融"大雁系统"

2021年10月，网商银行正式发布了数字供应链金融解决方案——"大雁系统"，该系统基于核心企业和上下游小微企业的供应链关系，帮助解决小微企业在供货回款、采购订货、铺货收款、加盟、发薪等生产经营全链路的信贷需求及综合资金管理需求。网商银行的数字化供应链金融服务，改变了以往供应链金融以核心企业为中心、仅覆盖头部供应链客户的"1+N"的模式，以数字化方式服务产业链中广泛存在但金融服务覆盖薄弱的小微企业，实现数字供应链金融向"1+N^2"模式的升级。

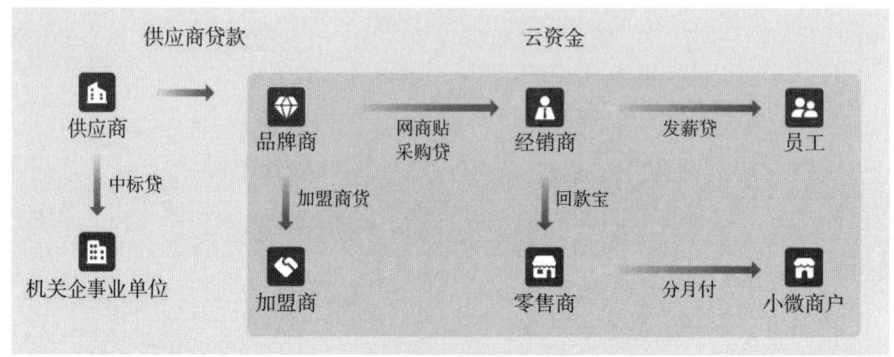

图 5 大雁系统·产品矩阵

大雁系统有效提升了供应链中长尾小微企业的信贷可得率。以海尔和网商银行的合作为例，2019年，海尔和网商银行签订合作协议，为海尔下游经销商和终端门店提供金融服务；依靠对产业的深刻理解和对产业数据关系的捕捉，为产业下游的中小经销商户提供纯信用、纯线上的采购贷，海尔集团下游经销商获得融资的可得率达到90%，拉动海尔集团销售额提升5%。未来，海尔计划联合网商银行，借助"大雁系统"，为超3万家下游小微经营者提利率更优惠的综合金融服务，加快产业链数字化进程。

（三）数字交互创新客户服务方式

网商银行没有线下网点，要完全依托线上渠道服务客户，打造智能化、数字化的客户交互能力和服务方式也是必不可少的。网商银行在数字化的智能交互方面做了多方面的探索创新。

在智能感知领域，网商银行探索让用户在申请信贷服务时提供多维度可信数据，结合大数据和智能风控能力，完成用户信贷画像构建。例如用户可以提供自己的合同、发票、票据、银行账单，或者经营品类和场所的照片，通过智能感知、智能交互、智能验真、智能审批完成用户的信贷全链路服务。为了支持这样智能化的客户自证模式，网商银行在OCR图像识别等智能感知技术方面不断提升，在合同文档、纳税表单、印章和手写数字上的文档解析准确率大于90%；在资产确权相关的资产拍照识别中，对农作物、卡车、车牌的识别准确率大于90%。

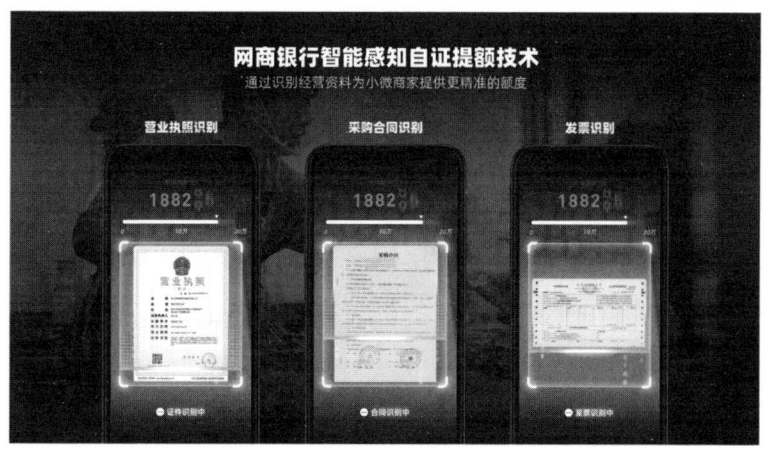

在大额信贷审批方面，积极探索智能审批技术，将专家经验和小样本数据学习相结合，探索额度区间在百万级别的纯线上风控。目前已建设了智能圈人和智能预审能力，研发了辅助信审人员的机器助手、专业的机器评审团以及策略推荐机器人，初步实现了100万授信额度的纯数据化风控部分的自动化和智能化。

在智能服务领域，通过主动服务、猜你想问、在线多轮问答三层AI能力，形成完整的在线客服体系，提供7×24小时在线服务，覆盖网商银行关键业务场景，问题解决率达92.8%；具备智能语义打断、停顿控制、背景音植入、环境音抗噪等拟人化的智能交互能力，同时还具备自主学习会话迭代的类人学习能力，意图识别率达93%。

五、坚持开放合作的理念

（一）与实体经济中具备数字能力的机构广泛合作

当前国内数字经济蓬勃发展，实体经济在快速地数字化转型，从个人消费者C端的数字化普及，到产业互联网B端的数字化兴起，也要求金融服务的数字化进行相应的转型升级。在实体经济中，数据广泛分布在各类机构之中，要走数字化的发展道路，必然要与广泛拥有数字能力沉淀的机构合作。能够为开展数字金融提供基础，帮助小微企业获得更加便利、更加优惠金融服务的机构，都是网商银行的合作伙伴。网商银行积极与实体经济中的各类机构开展数字化的合作，深入数字经济之中服务实体经济的数字化转型。

以数字供应链产品矩阵"大雁系统"为例，我们已经与海尔、格力、蒙牛等超过500家品牌企业达成合作，依托与品牌企业的供应链数字化能力沉淀，为上下游的小微经营者提供服务，使得合作品牌企业下游经销商的贷款可得率从30%左右提升到80%。

又如在物流行业，上海某供应链管理有限公司是国家5A级综合服务型物流企业，作为零担快运头部企业，截至2021年底，公司在全国拥有29100多家货运合作商和代理商，快运网络覆盖中国约96%的县城和乡镇。网商银行依托该供应链公司总部与货运网点的交易记录，为货运网点合作商和代理商提供线上核定专项授信额度，有效地解决了公司网点合作商和代理商在业务经营发展过程中的资金周转问题。疫情期间，物流行业货运网点经营受到较大影响，网商银行为网点合作商和代理商企业提供了"延期还款券"、贷款降息服务等多种精准的纾困措施，帮助经营困难的网点渡过难关。

（二）与同业金融机构的合作

要服务数千万的小微经营者，任何一家银行的规模能力都相对有限，需要金融同业机构的广泛合作。网商银行也一直坚持积极开放、合作共赢的理念，主动输出经验能力，与广大同业合作伙伴一同努力，共同促进小微服务生态的繁荣。

自2020年新冠肺炎疫情发生起，网商银行连续两年成为全国工商联"助微计划"的联合发起银行，通过发挥普惠金融的力量，助力全国小微企业、个体经营者和农户的生产经营，支持实体经济发展。两年间，超过100家银行参与和响应"助微计划"，各展所长，助微计划从应急纾困，逐渐转变为多年持续的长效举措，不断扩大小微普惠金融覆盖面，提升小微融资获得性，共同助小微、稳就业、振乡村。助微计划开展两年来，全部参与的金融机构平均每月服务小微客户超300万户，累计发放贷款超4万亿元。

2022年，全国工商联与网商银行达成全面战略合作，将共同实施"两计划"、"六行动"，构建支持小微、"三农"的金融服务体系，推进数字经济与实体经济深度融合。"两计划"指深化助微计划、推进助农计划，"六行动"指开展助力小微、助农振兴、共促科创、数字赋能、服务就业、践行公益等六项行动。网商银行将继续与同业合作伙伴一起为助微助农、服务实体经济共同努力。

（三）与各级政府部门和政策性机构的合作

金融服务支持小微、支持"三农"是国家政策鼓励的重点，政府部门本身具备强大的资源和能力，因此网商银行也积极与各级政府部门和政策性机构开展合作，在国家政策的指导与支持下，发挥自身优势帮助小微经营者与"三农客户"。

与涉农县域政府开始数字金融合作是网商银行开展县域农村金融业务的一大创新。

2017年12月，网商银行和河南内乡县正式签约开展县域金融合作，摸索出了一条有效可行的农村金融服务路径。网商银行通过数据风控能力，把农村的交易、物流、支付等信息形成信用资产，政府则将涉及农户可公开的数据资源，例如农村土地确权、种植情况、当年领取的农业补贴等这些数据与网商银行共享，在获得用户授权后使用，技术与数据结合使得低成本、低风险农村线上信贷成为可能。

县域金融模式得到许多地方政府的认可，截至目前，网商银行已与全国28个省、自治区、直辖市的超1000个涉农县区相继达成县域数字普惠金融合作，数量占全国涉农县域总数约一半，其中陕西省、宁夏回族自治区实现数字普惠金融合作的全域覆盖。

此外，网商银行还积极与政府性担保机构合作，成为与全国各省市政府性融资担保公司合作范围最广、服务小微客户数量最多的银行之一。

2021年，我们陆续与18个省市的融资担保公司开展合作，发放担保贷款近500亿元，担保小微企业超50万户。

相比以往银行与担保机构的传统模式——由担保机构先行线下尽调、出具担保推荐函，之后由银行审核放款的单笔承保，网商银行整合了从尽调、客户推荐、信息同步、银行审核到放款的全流程，实现线上"310"快速担保到放款、"见贷即保"批量担保的模式创新。多家合作担保公司服务的小微、"三农"客户数量实现数倍增长，放大了政府性担保公司对实体经济的促进作用,扩大小微贷款的覆盖面。

网商银行通过数字化的方式,选择在当前金融服务还相对薄弱的小微金融、农村金融领域创新,取得了比较好的经营成果,也为促进就业、助力共同富裕贡献了一份力量。

成立7年来,网商银行累计服务4900万小微经营者,2021年80%的客户是银行经营性贷款的首贷户。北京大学《中国小微经营者调查报告》显示,不包含雇主本人,每户小微经营者带动4人左右的就业,并且44.2%的被调查者认为,金融机构贷款对维持雇员规模非常重要。因此,通过提供贷款支持,网商银行也间接为稳定就业提供了帮助。

此外,2021年网商银行西部地区客户增幅比东部地区高出14%,当年贷款金额增幅高出32%;县域用户数的增幅较城市用户高出7.4%,当年贷款金额增幅高出17.4%,充分发挥了数字信贷技术不受地区发达程度的影响的特性,促进资金回流至相对不发达地区,促进地区差异、城乡差异缩小,为国家共同富裕的发展目标贡献力量。

总之,技术创新是网商银行的立行之本,是网商银行实现自身发展和服务社会的根本驱动力。未来,网商银行会坚持服务小微、服务"三农"的定位,继续在数字金融领域探索创新,为服务实体经济做出努力。